어니스트 섀클턴
극한상황 리더십

어니스트 섀클턴
극한상황 리더십

초판 1쇄 발행 2001년 4월 27일
개정 2판 3쇄 발행 2023년 1월 13일

지은이 데니스 N.T. 퍼킨스
옮긴이 최종옥 홍성화

펴낸이 고영은 박미숙
펴낸곳 뜨인돌출판(주) | 출판등록 1994.10.11.(제406-251002011000185호)
주소 10881 경기도 파주시 회동길 337-9
홈페이지 www.ddstone.com | 블로그 blog.naver.com/ddstone1994
페이스북 www.facebook.com/ddstone1994 | 인스타그램 @ddstone_books
대표전화 02-337-5252 | 팩스 031-947-5868

ISBN 978-89-5807-660-5 03320

어니스트 섀클턴
극한상황 리더십

—— Leading at the edge ——

데니스 N.T. 퍼킨스
마거릿 P. 홀츠먼 / 질리언 B. 머피 지음

최종옥·홍성화 옮김

뜨인돌

미 합중국 해병대 일등병 루이스 앤터니 레더버리에게,
그리고 다른 사람을 위해 기꺼이 극한상황으로 뛰어든
모든 사람들에게 이 책을 바칩니다.

| Leading at the edge |

차례

프롤로그

1913년 6월 17일, 빌흐잘무르 스테팬슨Vilhjalmur Stefansson이 이끄는 캐나다 탐험대가 캐나다 최북단 해안과 북극점 사이에 있는 얼어붙은 북극 지역을 탐험하기 위하여 출발한다.

1914년 12월 5일, 어니스트 섀클턴Ernest Shackleton이 이끄는 영국의 남극대륙 횡단 탐험대는 남극해에 있는 사우스조지아 섬에서 돛을 올린다. 이 탐험대의 목적은 남극대륙을 최초로 육로횡단하는 것이었다.

공교롭게도 북쪽의 탐험선 칼럭Karluk 호와 남쪽의 탐험선 인듀어런스Endurance 호 모두 단단한 빙벽에 둘러싸이고 말았다. 그리고 빙벽에 갇힌 두 배의 대원들은 곧 생존을 위한 처절한 사투에 직면했다. 그러나 두 리더가 난관에 대처한 방법과 그 결과는 완전히 상반되었다.

북쪽의 칼럭 호 승무원들은 고립된 지 수개월 만에 이기적으로 변해 버렸다. 거짓말과 도둑질이 일상적으로 벌어졌다. 팀의 붕괴는 결국 비극적 결과를 초래해 11명의 승무원들이 북극의 황무지에서 죽음을 맞는다.

그러나 남쪽 인듀어런스 호의 경우는 달랐다. 섀클턴의 탐험대 역시 똑같은 상황에 직면했다. 얼음에 둘러싸여 추위에 떨며 식량과 보급품 부족으로 고통을 겪었다. 그러나 이 지옥 같은 상황에서 대원들이 보여 준 행동은 거의 모든 면에서 칼럭 호 승무원들과는 정반대였다. 섀클턴 탐험대에는 거짓말, 속임수, 약육강식의 논리, 이기심 대신 팀워크, 희생정신, 그리고 서로에 대한 격려가 있었다. 그들은 인듀어런스 호가 칼럭 호와 정반대의 극지방에 있을 뿐만 아니라 완전히 다른 차원의 세계에 있는 것처럼 행동했다.

극한상황에 처한 탐험가들로부터 무엇을 배울 수 있을까?

스테팬슨과 섀클턴의 탐험에는 많은 변수들이 작용했다. 그러나 나는 이 두 탐험에서 일어난 수많은 일들이 그저 운명의 장난이라고는 생각하지 않는다. 두 팀이 직면했던 인간의 인내력과 물리적 한계를 시험하는 수많은 생사의 순간들을 연구하는 동안, 나는 성공한 사람과 실패한 사람 사이에는 근본적인 차이가 있다는 사실을 발견하게 됐다.

이 책의 초판을 쓰기 위해 나는 난파 사고, 항공기 사고, 등반 탐험, 극지방 탐험 같은 생사의 기로에 섰던 수많은 사례들을 연구했다. 그리고 그 결과 10가지 리더십 원칙이 성공하는 조직과 실패하는 조직을 가르는 주된 요소임을 발견했다. 이 10가지 리더십 전략이 이 책의 중추를 이루고 있다.

2000년에 초판을 출간할 때, 내 목표는 섀클턴을 비롯하여 극한 상황을 성공적으로 극복한 사람들이 보여 준 10가지 리더십 전략이 개인과 조직의 성과를 극대화하는 데 어떻게 도움을 줄 수 있는가를 설명하는 것이었다. 어떤 사람들은 섀클턴의 사례처럼 특수한 상황에서 찾아낸 리더십 전략이 일상적인 비즈니스에 적용될 수 있겠느냐는 의문을 제기하기도 했다. 물론 현대를 사는 경영인들이 굶주림이나 저체온증 때문에 목숨을 잃을까 걱정할 필요는 없을 것이다. 그러나 오랫동안 경영자들과 대화해 오면서, 나는 오늘날의 조직이 맞닥뜨리는 많은 문제들이 내가 연구한 극한상황들과 대단히 유사하다는 확신을 갖게 되었다.

초판이 발간된 이후 10년 사이에 9·11테러와 경제 붕괴라는 극한상황이 우리를 덮쳤다. 경영자들은 어느 때보다 더 현대의 비즈니스 환경이라는 거친 파도를 무사히 헤쳐 나갈 방법을 필요로 한다.

이 책은 극한상황을 이겨 낸 리더들의 전략을 살펴봄으로써 이 전략들이 경쟁상황이나 경제적으로 불확실한 상황을 이겨 내는 데 어떻게 사용되는지, 조직이 혁신·성장·변화하는 데 어떤 도움을 주는지 살펴볼 것이다.

제1부에서는 조직이 극한상황에 처할 때 이 10가지 전략이 어떻게 활용될 수 있는지 설명한다. 각 장은 이 전략들을 수행하기 위한 구체적 방법들을 다루고 있어, 유사한 문제에 직면한 조직에 도움이 될 수 있도록 하였다. 각 장의 맨 뒤에는 자신을 돌아볼 수 있는 일련의 질문들을 담았다.

제2부에서는 극한상황 리더십 학습에 대한 나의 생각을 이야기한다. 에필로그에서는 '섀클턴과 다른 유명한 극지 탐험가들을 비교할 것이다.

부록에는 새로운 자료가 추가되었다. 부록은 '리더십 능력 측정표' '숨은 갈등 파악하기' 등의 자료로 구성되어 있다.

'극한상황 리더십'이란 무엇인가?

나는 리더십을 연구하고 공부하는 데 내 인생의 상당 부분을 보냈다. 이 같은 열정은 미 해군 사관학교 시절부터 시작되었다. 해군 사관학교의 생도로서 나는 리더십 훈련이야말로 경력 쌓기의 기본이라고 생각했다.

사관학교를 졸업하고 해병대 소위로 임관한 뒤부터 리더십을 심도 있게 탐구하기 시작했다. 노스캐롤라이나 르젠 캠프의 모래 언덕에서 35명의 젊은 해병대 병사들을 지휘하는 소대장의 임무를 맡게 된 나는 해군 사관학교에서 배운 것들을 실제로 적용해 보려고 했다. 그러는 와중에 나는 장교들이 학교에서 배운 것 중 어떤 것은 효과가 있고 어떤 것은 효과가 없다고 생각한다는 사실을 알게 되었다. 우리는 모두 동일한 훈련을 받았지만 실제 각 개인이 지닌 리더십 역량에는 엄청난 차이가 있었다. 대부분의 장교들은 평범한 수준의 리더십을 가지고 있었지만, 가끔 아주 뛰어난 리더십을 가진 장교도 있었다. 나는 커다란 충격을 받았다.

리더가 평범하냐, 뛰어나냐에 따라 부대원들의 태도와 행동에는 커다란 차이가 생긴다. 다만 평상 시에는 그 결과가 심각하지 않았다. 리더의 실수는 실수일 뿐이었고 죽는 사람도 없었다. 대원들이 불평할 수는 있지만 그들은 해병대였고, 모두가 명령에 복종했다.

나의 리더십 연구는 베트남 해안에 도착해서도 계속되었다. 나는 제5해병연대 3대대에 배속되어 있었다. 나는 비무장지대 근처에서 적에게 포위된 부대를 구출하기 위해 감행한 수륙 양면 작전에 특수 상륙 부대의 일원으로 투입되었다.

상륙 후 나는 많은 전투에 참가했고 수많은 임무를 수행하며 전쟁을 경험했다. 민간인 문제를 담당하라는 임무를 부여받았을 때는 베트남 양민의 시각에서 전쟁을 보았다. 민간인들을 위해 방어벽을 세우고, 우물을 파고, 식료품과 물자를 배분했다. 나중에는 소총부대 지휘관으로서 전혀 다른 시각에서 베트남을 보게 되기도 했다.

베트남은 극도로 위험한 곳이었기 때문에 무조건적인 복종이 당연한 것으로 받아들여지지 않았다. 카프카의 작품에서나 있을 것 같은 불합리와 모순이 가득한 상황에서, 부대원들에게 위험한 곳으로 진격하라는 명령을 내릴 때에는 명령 그 이상의 무엇인가가 필요했다. 내가 리더십의 본질을 진정으로 이해하기 시작한 것은 바로 이곳에서였다.

나는 지치고, 온몸이 물에 젖고, 완전히 사기가 꺾인 극한상황 속에서도 부대원들에게 용기를 불어넣는 능력을 가진 지휘관들을 보았다. 그들은 리더십을 발휘하여 깊은 곳에 잠재되어 있는 인내심과 전우애를 불러일으켰다. 그들은 두려움과 걱정에 휩싸인 대원들을 격려하여 안전한 가시철망 경계선을 넘어 죽음이 기다리고 있을지도 모르는 어둠을 향해 전진하도록 했다. 그들의 리더십에는 해병대에서 배우는 것 그 이상의 무언가가 있었다.

리더십을 이해하고자 하는 나의 열정은 베트남전 이후 대학원에 가서도 계속되었다. 이 열정은 하버드 비즈니스 스쿨을 다니면서도, 미시건 대학에서 심리학 박사 과정을 밟으면서도 이어졌다. 그 과정 중 나는 베트남전 참전 경험이 그 무엇과도 바꿀 수 없는 아주 소중한 것임을 알게 되었다.

예일 대학 경영대학원 교수가 되었을 때 리더십에 대한 내 생각은 한쪽 방향으로 모아지기 시작했다. 교수로서 나는 나 스스로에게

두 가지 질문을 던졌다.

- 진정으로 뛰어난 리더는 어떠한지, 어떤 리더가 팀을 단합시키는 지 말할 수 있는가?
- 어떻게 가르쳐야 학생들이 사회에 나가서도 배운 것들을 잊지 않고 리더십을 발휘할 수 있을까?

내가 해 온 학문적 연구, 소위 저술 활동에 대해 생각할 때마다 나는 여전히 뭔가가 빠져 있는 듯한 기분을 떨쳐 버릴 수가 없었다. 리더십에 대한 학문적 이론이 내가 리더로서 겪었던 상황들, 특히 베트남전에서의 경험과 너무도 동떨어져 있었기 때문이다.

또한 나는 학생들에게 리더십 전략을 가르치는 것 또한 쉬운 일이 아님을 알게 되었다. 학생들은 사회에 나가면 배운 것들을 금방 잊었다. 외부 강연이나 컨설팅을 할 때 나는 더욱 어려운 상황에 처했다. 나는 다양한 조직과 함께 일하면서 리더들이 종종 한계에까지 몰리며 단기간에 불가능한 목표를 달성하도록 압력을 받는다는 사실을 알게 됐다. 그들은 경영 이론 시험에서 학점을 따는 데에는 전혀 관심이 없었다. 그들은 직면한 문제의 해답을 찾는 데 전력을 기울였다. 그들은 내게 조직을 이끌어 가는 데 필요한 조치가 무엇인지 조언을 구했다. 그들은 자신들의 기억에 남을 만한 사례를 요구했다.

나는 개인적인 경험과 학문적 이론 간의 괴리를 느끼면서도 리더십에 관해 가르치고 컨설팅을 해야 했다. 이 이중의 압박 사이에서 나는 새로운 길을 발견했다. 베트남전 경험을 떠올리고는 외부적 환경에 의한 한계(나는 이것을 '극한상황'이라 부를 것이다)에 직면한 그룹들의 사례에서 리더십을 배우기로 결심한 것이다.

이 새로운 길을 통해 나는 리더십의 정수는 인간이 한계에 처한 상황에서 발견할 수 있다고 믿게 되었다. 극한상황을 연구함으로써 조직의 힘을 극대화하는 데 필요한 것이 무엇인지 이해할 수 있고, 곤경에 빠지고 도전에 직면했을 때 이 원칙들을 기억해 내 행동할 수 있다.

이 책에서 '극한상황'이라는 개념은 두 가지 의미를 가진다. 첫 번째는 '생존 극한상황', 즉 인간의 인내력이 한계에 맞닥뜨리는 상황이다. 두 번째는 '성과 극한상황', 즉 개인과 조직이 힘의 한계에 맞닥뜨리는 상황이다. 이 책에서 나는 첫 번째 극한상황에서 교훈을 얻은 뒤 그 교훈을 두 번째 극한상황에 적용할 것이다.

물론 오늘날의 조직들이 직면하는 문제들이 내가 경험하고 연구한 생사의 상황과 같지는 않다. 그러나 나는 많은 사람들이 일상적인 일들을 마치 생사가 달린 문제처럼 대하는 것을 봐 왔다. 또한 많은 사람들이 데드라인을 지키지 못하거나 프레젠테이션을 앞두고 자동화기와 박격포 포화 속 해병대 용사들보다 더 당황스러워하는 모습도 봐 왔다. 언젠가 한 사업가가 막 이륙하려는 비행기를 타기 위해 서류 가방을 손에 든 채 활주로를 달리는 모습을 본 적이 있다. 그는 회의에 참석하기 위해 목숨을 걸 각오를 한 것처럼 보였다.

리더로서 맞닥뜨리는 일들 때문에 실제 목숨을 잃을 일은 없을 것이다. 그러나 당신은 스트레스 상황에서 인간이 공통적으로 보이는 반응들을 다룰 필요가 있다. 극한상황에서는 평범한 수준의 성과도 실패나 죽음을 의미한다. 당신은 극한상황에서 리더십을 배움으로써 역경에 처한 조직을 이끌고 발전시키는 능력을 키울 수 있을 것이다.

극한상황에서 배우는 10가지 리더십 전략

역경을 극복하고 커다란 성취를 이룬 감동적인 사례들을 찾기 위해 노력하던 중 나는 섀클턴의 남극대륙 탐험 이야기를 알게 되었다. 극한상황을 극복한 다른 많은 사례들이 있지만, 특히 인듀어런스 호의 이야기는 정말 대단한 것이었다. 섀클턴의 모험담에는 성공을 위해 절대적으로 필요한 전략들이 모두 담겨 있다. 이 책에서 나는 섀클턴 이야기를 토대로 극한상황에서 필요한 리더십에 대해 탐구하고 리더십과 팀워크란 무엇인지 설명할 것이다.

극한상황에서 성공을 결정짓는 요소는 무엇일까? 인듀어런스 호의 탐험을 칼럭 호의 탐험과 다르게 만든 요소는? 날씨, 얼음 상태, 운 등이 영향을 미쳤다고 말할지도 모르겠다. 그런데 사실 섀클턴은 그렇게 운이 좋지 못했다. 그는 연이어 불운한 상황을 겪고는 했다. 탐험 출발 때부터 불운은 탐험대를 따라다녔다.

섀클턴의 탐험대가 안전하게 귀환할 수 있었던 것은 행운 때문이 아니다. 섀클턴과 대원들로 하여금 역경을 이겨 내게 한 리더십 전략은 다른 많은 생존 사례들에서도 공통적으로 발견되는 것들이다. 다음 10가지 전략이 바로 성공을 결정짓는 요소들이다.

1. 최종목표를 잊지 말되 단기목표 달성에 총력을 기울여라
2. 상징적인 행동, 인상적인 행동으로 솔선수범하라
3. 낙천적 마인드와 자기 확신을 가지되 현실을 직시하라

4. 자신을 돌보라. 체력을 유지하고 죄책감에서 벗어나라

5. 팀 메시지를 강화하라. "우리는 하나다"

6. 특권을 최소화하라. 예의를 지키고 서로 존중하도록 하라

7. 갈등을 극복하라

8. 함께 웃을 일을 만들라

9. 불가피한 위험을 기꺼이 감수하라

10. 절대 포기하지 말라. 항상 대안이 있다

이 10가지 전략들은 서로 밀접하게 연관되어 있다. 축구 선수가 공을 찰 때 균형 감각, 집중력 등의 여러 능력을 동시에 사용하듯이, 리더의 한 가지 행동이 몇 가지 전략과 연관되어 있을 수도 있다. 제 1부의 각 장에서는 이 10가지 전략을 하나하나 살펴볼 것이다. 이들 사이에 존재하는 연관성을 기억하는 것이 중요하다.

이어지는 장들은 이 각각의 전략이 극한상황에 놓인 그룹과 조직의 성공에 있어서 얼마나 중요한지를 보여 준다. 이 장들은 리더인 당신에게 보다 더 개인적으로 도움이 될 수 있는 방법들을 제시한다. 우선 섀클턴의 특별한 모험을 보다 주의 깊게 살펴보자.

섀클턴의 모험

나는 그동안 섀클턴의 남극 탐험 이야기를 수없이 들어 왔다. 내가 이 이야기를 처음 들었던 것은 약 30년 전, 극한상황에서 생존한 사례에 대한 나의 관심을 잘 알고 있던 한 친구가 내게 알프레드 랜싱Alfred Lansing이 저술한 『섀클턴의 위대한 항해Endurance』를 추천했을 때였다.

나는 이야기에 매료되어 도저히 책을 내려놓을 수 없었다. 이 모험담은 단순한 흥밋거리가 아니었다. 나는 극한상황에 놓인 조직을 이끌어 가는 리더들에게 도움을 주기 위해 이 탁월한 사례를 자주 활용했다.

내가 이 책을 저술한 목적은 이 이야기를 리더십과 팀워크라는 렌즈를 통해 새롭게 살펴보기 위해서다.

남극대륙 횡단을 위하여

섀클턴 탐험대의 이 위대하고도 특별한 이야기는 극지방 탐험에 관한 이야기들 중 가장 흥미롭다. 섀클턴과 그의 탐험대는 우리가 상상하는 것 그 이상의 극한상황에서 곤경과 궁핍이라는 악조건을 견뎌 낸다.

다음과 같은 질문을 던져 보겠다.

당신은 추워 본 적이 있는가?

내 말은 정말 끔찍하게 추워 본 적이 있느냐는 것이다. 일생 동안 가장 추웠던, 그리고 가장 불행했던 시간을 떠올려 보라. 캠핑을 갔다가 폭우를 만나 젖은 침낭 속에서 밤을 지새운 적이 있을지 모른다. 추운 겨울 배터리가 방전되어 견인차를 기다리며 발을 동동 구른 적이 있을지도 모른다.

그때의 느낌을 떠올리며, 이제 누군가가 당신에게 이렇게 말한다고 상상해 보라. "당신은 앞으로 634일 동안 그 상태로 살아가야 한다. 외부 세계와 완전히 단절됐다. 가족들은 당신의 생사도 알 수 없고, 당신은 지금 아사 직전이다."

만일 당신이 추위와 절망감에 좌절한 자신의 모습을 떠올렸다면, 어니스트 섀클턴과 탐험대원들이 처한 상황에 어느 정도 공감할 수 있을 것이다.

이 탐험은 런던의 여러 신문에 실린 다음과 같은 다소 의심스러운 광고와 함께 시작되었다.

'위험천만한 여행'에 참가할 사람 모집. 임금은 많지 않음. 혹독하게 춥고, 칠흑 같은 어둠이 수개월간 계속되며, 위험이 끊임없이 다가오고, 무사 귀환이 의심스러운 여행임. 물론 성공할 경우에는 커다란 명예를 얻고 인정을 받을 수 있을 것임.

도대체 누가 이런 여행에 지원하겠는가? 어쩌면 이 책을 읽고 있는 독자들 중에는 이미 이러한 일에 뛰어든 사람이 있을 수도 있고,

아직은 아니더라도 앞으로 자신이 겪게 될 일이라고 생각하는 사람이 있을지도 모르겠다. 놀랍게도 실제로 수천 명이나 되는 사람들이 이 광고를 보고 지원했고, 그들 모두가 탐험에 참여하기를 희망했다.

이 탐험의 목적은 무엇이었을까? 섀클턴의 목적은 최초의 남극대륙 횡단이었다. 그는 명확한 비전과 그 비전을 실현할 계획을 가지고 있었다. 섀클턴은 우선 탐험대를 이끌고 런던에서 부에노스아이레스를 거쳐 사우스조지아 섬까지 항해할 생각이었다. 그다음에 사우스조지아 섬에서 웨들 해로 들어가 육로로 남극대륙을 횡단해 배가 기다리고 있는 반대편에 도달할 계획이었다. 시간과 거리를 계산한 뒤 섀클턴은 120일이면 탐험을 마칠 수 있겠다고 생각했다. 섀클턴의 목표를 이해하는 한 가지 방법은, 지형이 완전히 다르기는 하지만 아이다호에서 텍사스까지 걷는다고 상상해 보는 것이다.

남극대륙은 환경역사학자 스테픈 파인Stephen Pyne의 책 『얼음The Ice』에 잘 묘사되어 있다.

얼음은 우리에게 남극대륙에 관한 지구물리학적, 지리적 정보를 제공한다. (…) 단순한 얼음 결정이 모여 얼음덩어리, 얼음 층, 얼음 구조물 등을 이룬다. 다시 이 얼음들이 모여 얼음으로 된 대륙을 이룬다. 빙산, 빙하, 얼음판, 얼음 섬, 빙산 조각, 녹은 얼음, 하얀색 얼음, 파란색 얼음, 초록색 얼음, 더러운 얼음, 바다 속 얼음, 얼음 벌판, 얼음 언덕, 연필 모양 얼음, 접시 모양 얼음, 탄환 모양 얼음….

이 글은 남극이 어떤 곳인지 확실히 보여 준다. 남극대륙은 그야말로 얼음뿐이다. 남극대륙은 10층 높이의 빙벽으로 둘러싸여 있다. 그 빙벽을 지나도 또 다른 장애물들이 기다리고 있다. 톱날처럼 날카로운 크고 작은 얼음들이 길을 가로막는다. 개썰매를 탄 대원들을 금방이라도 삼켜 버릴 듯한 크레바스가 도처에 도사리고 있고, 혹독한 추위가 살을 찢어 버릴 듯하다. 자연 환경에서 측정된 가장 낮은 온도는 −89.2도로, 남극대륙에서 기록되었다.

섀클턴과 탐험대

이러한 남극대륙을 횡단한다는 것은 실로 엄청난 도전이었다. 도대체 어떤 인물이 이 일을 시도할 것인가? 어니스트 섀클턴은 자신이야말로 이 일을 할 사람이라고 믿었다.

섀클턴은 1909년 남극점을 약 156킬로미터 남겨 놓고 극심한 피로와 식량 부족으로 되돌아왔지만, 영국에서는 이미 탐험가로 명성을 얻고 있었다. 이 탐험에서 그는 자신의 마지막 남은 비스킷을 동료 프랭크 와일드Frank Wild에게 준 일로 더욱 명성이 높아졌다.

남극점은 1911년 노르웨이인 로알 아문센Roald Amundsen에 의해, 그리고 1912년 초 불운했던 로버트 팰콘 스콧Robert Falcon Scott에 의해 정복되었다. 그러나 남극대륙 횡단에 성공한 사람은 없었다. 섀클턴은 남극대륙을 횡단하고자 했다. 그 일은 자신의 능력을 시험할 얼마 남지 않은 기회 중 하나였다.

섀클턴에 대해서는 많은 기록들이 있지만 나는 그가 지닌 특별한 자질을 특히 집안에서 전해져 내려온 가치에서 발견할 수 있다고 생각한다. 집안의 가훈인 '우리는 인내로 정복한다Fortitudine Vincimus'가 그의 좌우명이었고, 이 탐험은 그 좌우명의 시험 무대였다.

섀클턴은 탐험대의 대장인데다가 강인한 성격 때문에 탐험대의 다른 대원들보다 많은 관심을 받았다. 그러나 복잡한 조직을 갖춘 오늘날의 기업들과 마찬가지로, 그의 탐험대에서는 섀클턴뿐만 아니라 여러 개인들이 각자 자신의 자리에서 리더십을 발휘했다. 이 책을 쓴 이유 중 하나는 조직 내의 여러 사람들이 리더십을 가지도록 동기를 유발하는 일이 중요함을 알리는 것이다.

　　이러한 예는 섀클턴의 오랜 동료인 프랭크 와일드에게서 찾아볼 수 있다. 자신을 잘 드러내지 않는 와일드의 성격은 섀클턴의 대범한 기질과 균형을 이루었고, 섀클턴과 와일드는 호흡이 잘 맞았다. 서로에 대한 깊은 존경과 고난을 함께 이겨 낸 경험으로 형성된 동반자 관계는 그들이 어려움에 직면할 때마다 큰 힘이 되었고, 그들은 결국 탐험을 무사히 마칠 수 있었다.

　　와일드와 섀클턴은 이 탐험을 위해 25명의 대원들을 선발했다. 대원들은 모두 다양한 기질과 개성을 지니고 있었으며 각자 의료, 항해, 목공, 사진 등 다양한 특기를 보유하고 있었다. 또한 대학교수에서부터 어부에 이르기까지 다양한 사회적 지위를 지니고 있었고, 연령층도 다양했다. 가장 나이가 많은 대원은 목수 맥니쉬Harry McNeish로, 56세였다.

　　탐험대는 공식적으로는 27명이었지만, 실제로는 밀항자 블랙보로Perce Blackboro를 포함하여 총 28명이었다. 섀클턴은 블랙보로를 발견하자 불같이 화를 내며 이렇게 소리쳤다. "만약 식량이 떨어져 굶어 죽게 되면 널 제일 먼저 잡아먹을 거야." 비록 출발할 때는 밀항자 신세였지만, 결국 블랙보로는 탐험대의 충실한 일원이 되었다.

　　섀클턴은 자신과 탐험대원들을 남쪽으로 데려가 줄 튼튼한 배를 구해야 했다. 그는 바컨틴 선barkentine(3개, 혹은 그 이상의 돛대를 가지고 있는 배)을 탐험선으로 택했고 가훈을 따라 그 배를 '인듀어런스(인내) 호'로 명명했다. 노르웨이의 유명 조선소에서 건조된 이 배는 동력으로 증기와 바람을 모두 이용할 수 있었다.

인듀어런스 호는 특별히 극지방 탐험을 위해 설계되었고 얼음덩어리들이 주는 충격에 견딜 수 있도록 엄선된 목재로 제작되었다. 그러나 현대의 쇄빙선과는 달리 얼음을 부술 수 있도록 설계되지는 않았고, V자형 용골로 건조되었다.

모험이 시작되다

섀클턴은 탐험 자금을 더 모금하기 위해 남고, 인듀어런스 호는 1914년 8월말 프랭크 워슬리Frank Worsley의 지휘하에 먼저 장도에 오른다. 섀클턴은 부에노스아이레스에서 탐험대와 합류한 뒤, 탐험대를 이끌고 사우스조지아 섬의 포경 기지인 그리트비켄을 향해 출발한다.

이 포경 기지에서 섀클턴은 얼음이 평소보다 훨씬 더 북쪽으로 올라온 상태라는 당혹스러운 보고를 받았다. 남극에서 겨울을 보내야 한다는 것을 알면서도 그들은 불안한 마음으로 옷을 더 챙겨 1914년 12월 5일 다시 닻을 올렸다. 섀클턴은 그때의 상황을 다음과 같이 묘사했다.

배는 겨울 바다에서도 매우 안정되어 보였다. 그러나 4개월 전 영국 해안을 떠날 때만큼 깨끗하고 멋있지는 않았다. 그리트비켄에서 석탄을 보충했는데, 이것들을 갑판 위에 쌓아 두었기 때문에 공간 이용에 상당한 제약을 받았다. (…) 개에게 먹이로 줄 고래 고기도 1톤 정도 갑판 위에 쌓여 있었다. 커다란 고깃덩어리들을 돛대와 연결된 밧줄에 걸어 두어서, 인듀어런스 호가 흔들리고 요동칠 때마다 개들은 굶주린 눈빛으로 그것들이 떨어지기를 기다렸다.

얼음이 두꺼워지면서 항해는 점점 더 어려워졌다. 워슬리가 얼음을 헤치며 부지런히 항해해 나갔음에도 진전이 더디자 섀클턴은 점점 걱정되기 시작했다. 그들은 자연이 만든 거대하고 끝없는 퍼즐을 헤치며 나아갔다.

위기와의 첫 대면

1915년 1월 18일, 그러니까 사우스조지아 섬을 떠난 지 44일 만에 마침내 재난이 닥쳐 왔다. 웨들 해의 얼음이 거대한 바이스처럼 인듀어런스 호를 조여 오기 시작한 것이다. 탐험대는 남극대륙을 약 96킬로미터 앞두고 얼음에 갇힌다.

탐험대는 위기에서 벗어나기 위해 곡괭이와 톱, 기타 연장들을 이용하여 두 번에 걸쳐 탈출을 시도했다. 돛을 내린 채 엔진을 전속력으로 가동하면서 전 대원들이 몇 시간 동안이나 사투를 벌였지만 배는 조금도 앞으로 나아가지 못했다. 두 번째 시도는 아침 8시부터 밤 12시까지 계속되었고 그 결과 약 140미터를 전진할 수 있었다. 그러나 여전히 상황은 절망적이었다. 고무판 같은 바다의 얼음들이 탐험대가 길을 뚫고 나가려 할 때마다 튕겨 내더니 인듀어런스 호를 꼼짝할 수 없게 둘러싸 버렸다.

2월 24일, 마침내 대원들은 체념하고 배 위에서 겨울을 보내기로 마음먹는다. 대원들은 자신들이 '리츠 호텔'이라고 불렀던, 다소나마 온기를 느낄 수 있는 갑판 사이의 저장고로 모여들었다. 그들의 오락거리는 손으로 돌리는 축음기와 지질학자인 레오나르드 허시Leonard Hussey의 치터 밴조(바바리아 지방과 오스트리아의 산간 지방에서 쓰는 일종의 현악기)와 한 줄짜리 바이올린이 전부였다. 시간이 흐를수록 인듀어런스 호는 눈과 얼음으로 뒤덮여 갔다. 그보다 더 춥고 암담한 상황은 상상하기 힘들 것이다. 이 극한상황에서 탐험대원들은 그 어느 때보다도 더욱 단합된 모습을 보였다.

어떻게 이런 일이 가능했을까? 나는 새클턴이 대원들 간의 역학관계를 다루는 일이 무엇보다도 중요함을 잘 이해하고 있었기 때문이라고 생각한다. 그는 이전 탐험 경험을 통해 이런 상황에서 발생할 수 있는 심각한 도덕적 문제를 잘 이해하고 있었고, 의식적으로 팀의 단결을 위한 여러 결정들을 내렸다. 무엇보다도 배가 얼음에 갇혀 꼼짝도 못 하고 있을 때에도 새클턴은 대원들을 계속 바쁘게 움직이게 했다.

1915년 7월말, 남극의 겨울은 더욱 깊어졌고 거센 바람은 얼음을 더욱 배 쪽으로 몰아붙였다. 결국 배가 기울기 시작하면서 배 아래쪽 펌프에 이상이 생겼다. 배 안으로 물이 쏟아져 들어와 후미 쪽이 6미터 정도 들어 올려지며 안전에 대한 확신에 금이 가기 시작했다. 선장인 워슬리는 그 상황을 다음과 같이 회고했다.

수 킬로미터 크기의 거대한 얼음덩어리 두 개가 배의 측면을 꼼짝 못 하게 짓눌렀고, 또 다른 얼음덩어리가 배의 후미를 강타하여 배의 키를 성냥개비 부러뜨리듯 부숴 버렸다. 키와 선미재가 떨어져 나갈 때 인듀어런스 호는 몸서리치듯 요동치며 굉음을 토해 냈고 얼음에 의해 용골 일부가 들어 올려졌다. 그때 내 몸의 일부가 떨어져 나가는 듯한 아픔에 나도 모르게 신음 소리를 내뱉었다. 아마 섀클턴도 마찬가지였을 것이다. 배가 마지막 숨을 몰아쉬는 듯한 두려움을 느꼈다. 그때까지 그런 경험을 해 본 적이 없었다. 그리고 두 번 다시는 그런 경험을 하고 싶지 않다.

인듀어런스 호, 침몰하다

1915년 10월 27일, 탐험 327일째. 마침내 인듀어런스 호는 최후를 맞이한다. 돛대가 부러지고 배 측면에 구멍이 뚫렸다. 수많은 얼음 파편들이 선체를 갈기갈기 찢어 버렸다. 침몰하는 배의 키를 끝까지 놓지 않고 있던 프랭크 와일드는 펌프로 물을 퍼내는 작업 끝에 피곤에 지쳐 갑판 밑 선실에서 잠에 곯아떨어져 있던 대원 둘을 발견했다. 그는 그들을 향해 소리쳤다. "이봐, 친구들. 배가 가라앉고 있어. 밖으로 나갈 때가 된 것 같아."

당신이 섀클턴이라고 상상해 보라. 배는 난파됐고, 폴렛 섬에 있는 가장 가까운 식량 보급 기지까지는 557킬로미터나 떨어져 있다. 구명보트와 썰매들이 있지만 그 무게가 거의 450킬로그램이나 된다. 이제 어떻게 할 것인가?

섀클턴은 수백 킬로미터나 되는 거대한 얼음덩어리를 건너 바다를 향해 행군할 것을 제안했다. 대원들은 그의 말에 따라 썰매로 구명보트를 끌기 시작했다. 처절한 사투였다. 그들은 이틀 동안 사력을 다했지만 채 4킬로미터도 전진하지 못했다.

얼음 위에서의 나날

결국 그 일을 계속한다는 것은 헛수고임을 깨달은 뒤 그들은 직경이 1킬로미터 이상 되는 커다란 부빙(바다 위를 떠다니는 얼음)을 발견하고 거기에 캠프를 설치하기로 결정했다. 그리고 얼음덩어리가 그들을 폴렛 섬 근처로 데려다줄 때까지 그 위에서 버티기로 의견을 모았다. 그들은 1915년 10월 30일부터 12월말까지 부빙 위, 오션 캠프라 명명한 곳에 머물렀다. 섀클턴의 리더십이 탐험대를 잘 지탱해 주었다.

그러나 그들이 사우스조지아 섬을 떠난 지 벌써 1년이 넘어 있었다. 사기가 떨어질 대로 떨어진 채였다. 섀클턴은 점차 커져 가는 무기력에 대항하여 무엇인가를 해야만 한다는 사실을 알았다. 탐험을 시작한 지 384일째 되는 날, 여전히 바다에 도달할 확률은 희박해 보였지만, 그들은 다시 얼음을 가로질러 바다를 향해 보트를 끌고 전진했다.

항명 사태

이 두 번째 시도 역시 첫 번째와 마찬가지로 그다지 성공적이지 못했다. 더욱이 이 두 번째 시도 때는 항명 사태까지 일어났다. 목수인 맥니쉬는 전진을 거부했다. 그는 자신이 서명한 고용계약에 의하면 자신은 배 위에서만 근무하도록 되어 있으며, 인듀어런스 호가 침몰했기 때문에 고용계약은 더 이상 구속력이 없다고 주장했다. 계약 내용 중에는 배 위에서든 해안에서든 필요한 임무를 수행하도록 명시한 특별 조항이 있었음에도 불구하고 맥니쉬는 자신의 주장을 굽히지 않았다. 그는 계속 명령을 거부했다. 그러나 그 보고를 받은 섀클턴이 그를 진정시켰다. 탐험대는 다시 전진할 수 있었다.

페이션스 캠프

여전히 부빙 사이를 빠져나갈 수 없는 상황이었다. 지치고 낙담한 탐험대원들은 다시 캠프를 설치하고 기다렸다. 그들은 얼음 위를 떠나야 한다는 것을 알고 있었다. 그러나 자신들의 운명을 통제할 수 없다는 사실도 뼈저리게 느끼고 있었다. 물리학자로 탐험에 참여한 레지널드 제임스Reginald James는 그 상황을 이렇게 묘사했다. "바람 속에 있는 산소 분자의 세포가 자신의 종착지가 어디인지 알아맞혀야 하는 것과 똑같은 상황이다."

근심과 불안이 계속되었다. 섀클턴과 대원들은 참고 기다리며, 그들이 몸을 맡긴 부빙이 다른 부빙 사이를 빠져나와 열린 바다로 흘러가기를 바랐다. 가져온 식량이 바닥나자 그들은 물개 고기와 펭귄 스튜로 연명했다. 특히 그들이 좋아한 것은 펭귄 간이었다. 때로는 해군 출신의 보급품 관리 요원 토머스 오들리Thomas Orde-Lees가 바다표범과 사투에 가까운 일전을 벌여 새로운 먹거리를 제공하기도 했다.

4월 초순쯤 되자 그들이 있던 부빙의 직경이 180미터 정도로 줄어들었다. 섀클턴과 대원들은 그 얼음판이 그들이 있는 곳 바로 아래쪽에서 갈라져 보트로 항해할 수 있기를 바랐다. 그러면서도 그들은 그곳을 너무 일찍 떠나면 위험에 처할 수도 있다는 사실을 알고 있었다. 불안정한 상태의 얼음이 자칫 그들의 유일한 생존 희망인 보트들을 부술 수도 있기 때문이었다.

엘리펀트 섬으로

4월 9일, 탐험 491일째. 마침내 그들을 둘러싼 빙벽에 틈이 보였다. 그들은 바다에 보트를 띄웠다. 대원들은 모두 세 대의 보트에 올라타 열린 바다를 향해 사력을 다해 노를 젓기 시작했다. 파도가 보트를 때릴 때마다 튀어 오른 바닷물이 대원들의 옷에 닿아 얼어붙었다. 대원들은 기를 쓰고 바닥에 고인 물을 퍼냈다. 그러나 계속해서 쏟아져 들어온 물은 발목까지 차오르는가 싶더니 어느새 무릎까지 올라왔다. 가죽 장화를 신고 있던 블랙보로는 곧 발의 감각이 마비되는 것을 느꼈다.

대원들 모두 몸이 극도로 쇠약해진 데다 설사를 하고 있었고, 무엇보다도 신선한 물을 마시고 싶어 했다. 저녁이 되자 그들은 다시 거대한 부빙 위에 캠프를 설치한 뒤 깊은 잠에 빠져들었다. 섀클턴은 알 수 없는 불안감 때문에 밤늦게까지 잠을 이루지 못하다 텐트 밖으로 나왔다. 그는 하늘의 별과 휘날리는 눈송이들을 바라보며 조용히 서 있었다. 그 순간, 갑자기 발밑의 얼음이 갈라졌다. 누군가 허우적거리는 소리가 어둠 속에서 들려왔다. 섀클턴은 무너져 내리고 있는 텐트를 향해 달려갔다. 침낭 속에 잠들어 있던 한 대원이 차가운 얼음물 속으로 가라앉고 있었다. 그는 젖 먹던 힘을 다해 그 대원을 얼음 위로 끌어올렸다. 그 순간 갈라졌던 얼음판이 쿵 소리를 내며 다시 달라붙었다.

바람과 해류가 자주 바뀌었기 때문에 팀 일원들은 엿새 만나질 긴의 항해 동안 네 번이나 목표 지점을 변경해야 했다. 마침내 그들은 '엘리펀트 섬'이라고 알려진 바위투성이의 불모지 섬에서 쉴 곳을 찾았다. 해변 길이 30미터에 폭 15미터밖에 되지 않는 작은 섬이었지만,

그들은 497일 만에 처음으로 단단한 땅을 밟은 것이었다.

쓰러지기 일보 직전이었던 대원들은 섬에 도착하자 곧 기운을 되찾았다. 근 60일 만에 다시 따뜻한 음식을 먹을 수 있었다. 쇠약해질 대로 쇠약해져 있었기 때문에 아주 간단한 일조차도 그들에게는 고통스러운 노동이었다. 섀클턴과 대원들은 구명보트와 돛, 그리고 옷가지 등으로 움막을 만들었다. 불행히도 그 움막은 수백 년간 펭귄의 똥과 뒤섞여 온 눈 위에 세워졌기 때문에, 체온과 스토브에서 나오는 열기로 눈이 녹자 대원들은 곧 고약한 냄새가 나는 펭귄의 노란색 똥 더미 속에 뒹굴고 있는 자신들을 발견할 수 있었다. 그러나 참고 견디는 것 이외에 다른 방법이 없었다.

또한 그 섬에는 먹을거리가 충분하지 않았다. 극히 적은 수의 펭귄, 갈매기, 조개, 코끼리물범이 고작이었다. 더욱이 구조될 가능성도 희박했다. 중대한 결단이 필요한 시기였다. 이곳에 머무르며 구조대를 기다릴 것인가, 아니면 계속 항해해 도움을 찾아 나설 것인가? 만약 도움을 찾아 나선다면 어디로 가야 하는가?

목숨을 건 항해

달리 선택의 여지가 없었다. 식량이 바닥날 것이란 위기감이 섀클턴을 무겁게 짓눌렀다. 그는 워슬리에게 자신의 심중을 털어놓았다. "아무리 위험하다 하더라도 우린 계속 항해해야 돼. 대원들을 굶어 죽게 할 수는 없어."

섀클턴은 구조를 청하러 가기로 결정했다. 그는 서에서 동으로 부는 강한 지역풍을 이용하여 허리케인 같은 바람과 거대한 파도가 몰아치는, 그야말로 지구에서 가장 험한 바다를 뚫고 1,287킬로미터

거리의 사우스조지아 섬까지 가기로 결심했다.

섀클턴은 세 대의 보트 중 거친 바다에서 가장 잘 견딜 수 있는 '제임스 커드 호'를 타기로 했다. 탐험 중 이따금 문제를 일으키고는 했던 맥니쉬는 매우 솜씨 있고 창의력이 풍부한 목수였다. 그는 이 위험한 항해에 견딜 수 있도록 보트를 보수했다.

섀클턴은 자신과 함께 항해할 대원 5명을 선발했다. 탐험을 시작한 지 506일째 되는 날, 그들은 작별의 아침 식사를 한 후 제임스 커드 호를 물 위에 띄웠다.

16일간의 항해는 엘리펀트 섬에 도착하기까지의 여정보다 훨씬 더 참혹했다. 보트는 '케이프 혼 롤러스Cape Horn Rollers'라는 이름으로 알려진 거대한 파도가 부딪혀 올 때마다 가랑잎처럼 흔들렸다. 대원들은 목숨을 걸고 갑판과 줄에 생기는 얼음을 걷어 내야 했다.

1916년 5월 10일, 마침내 탈진한 대원들의 시야에 사우스조지아 섬의 모습이 들어왔다. 그들이 상륙하려 할 때 그때까지 버텨 주던 제임스 커드 호의 키가 떨어져 나갔다. 그날 오후 늦게서야 섀클턴과 대원들은 522일 전에 떠났던 섬에 올라설 수 있었다.

섬을 가로지르다

사우스조지아 섬에 안전하게 상륙한 것은 다행이었지만, 그들은 지도에도 나와 있지 않은 빙하들로 둘러싸인 사우스조지아 반대편에 상륙한 것이었다. 섀클턴과 두 명의 대원이 빙원을 횡단하여 스트롬니스 만에 있는 그리트비켄 포경 기지에 가기로 결정했다. 3일 낮과 밤이 걸린 이 여행에는 수많은 위험이 도사리고 있었다.

사우스조지아 섬 반대편에 남겨져 있던 사람들은 곧 구조되었다.

섀클턴과 5명의 대원들 모두 무사했다. 그러나 엘리펀트 섬에 남아 있던 대원들은 절체절명의 위기에 놓여 있었다. 섀클턴으로부터 남은 대원들을 지휘하라는 임무를 부여받은 프랭크 와일드는 사기를 유지하기 위해 필사적으로 노력하며 버티는 중이었다. 4개월 이상 구조대를 기다려 오던 대원들은 자신들이 정말 구조될 수 있을지 회의감을 갖기 시작했다.

모두들 무사하다!

섀클턴은 나머지 대원들을 구조하기 위해 필사적으로 노력했다. 세 척의 배를 이용하여 네 번이나 구조를 시도한 끝에 마침내 8월말에 구조에 성공할 수 있었다. 섀클턴이 제임스 커드 호를 타고 사우스조지아 섬으로 출발한 지 128일 만이었다. 타이밍이 중요했다. 갈라진 부빙이 언제 다시 닫힐지 몰랐다. 그들은 재빨리 보트를 엘리펀트 섬에 상륙시켜 구조 작업을 마쳤다.

워슬리 선장은 마지막 항해 일지에 다음과 같이 적었다.

> 1916년 8월 30일
> 구조되었다!
> 모두들 무사하다! 드디어 전원이 다 모였다. _워슬리

이 기록과 함께 어니스트 섀클턴과 대원들의 모험담은 끝이 난다. 사우스조지아 섬을 출발해 모험을 떠난 지 634일 만이었다.

나는 이 이야기를 떠올릴 때마다 탐험대원들에게 박수를 보내고 싶다. 그들은 무사히 귀환했을 뿐 아니라 놀라운 리더십과 팀워크

를 보여 준 것이다. 그들은 서로에 대한 각별한 보살핌과 동료애를 가지고 살아 돌아왔다.

도대체 무엇이 섀클턴을 그토록 위대한 리더로 만든 것일까? 섀클턴과 대원들로 하여금 그토록 감당하기 어려운 장애물들을 극복할 수 있도록 한 것은 과연 무엇이었을까? 다음 장들은 바로 이러한 질문들에 대한 답을 제시할 것이다.

Leading
at the edge

1부

극한상황에서
배우는
10가지 리더십 전략

최종목표를
잊지 말되
단기목표 달성에
총력을 기울여라

1

나는 다시 한 번 전진해야 한다고 확신한다. (…) 가만히 앉아서 북서쪽으로 흐르는 이 느린 해류가 우리를 끔찍한 얼음에서 벗어나게 해 주기를 기다리기보다는, 아무리 느리더라도 우리 스스로 육지를 향해 전진하는 편이 훨씬 나을 것이다. |어니스트 섀클턴|

극한상황에서 조직을 이끄는 리더들은 두 가지 중요한 목표에 동등하게 에너지를 쏟아야 한다. 먼저 리더는 항상 최종 목적지, 즉 장기적인 전략적 목표를 염두에 두어야 한다.

그러나 이 최종 목적지는 너무 멀고 명확해 보이지 않을 수 있다. 따라서 리더들은 장기적 목표를 추구하면서도 단기적 과업에 조직의 자원을 투입해야 한다. 단기적 과업은 동기를 유발하고 생존을 보장한다. 섀클턴은 이 두 가지, 필수적이지만 완전히 다른 목표를 추구하는 리더십 기술을 완벽에 가깝게 보여 주었다.

최종목표를 명확히 설정하라

인듀어런스 호가 침몰한 상황보다 더 암담한 상황은 상상하기도 힘들 것이다. 섀클턴과 대원들은 인듀어런스 호가 서서히 침몰해 갈 때 이루 말할 수 없는 아픔을 느꼈다. 그들은 오랫동안 자신들의 거처였던 그 배가 며칠에 걸쳐 조각조각 부서지며 침몰하는 모습을 지켜보았다.

기뢰처럼 덮쳐 오는 얼음덩어리, 강풍, 끝없는 바다…. 모든 것이 불확실한 상황에도 불구하고 배를 타고 있을 때는 예측해 둔 항로를 따라 움직일 수 있었다. 따뜻한 음식과 익숙한 환경이 주는 안도감도 느낄 수 있었다. 그러나 배가 침몰하면서 안전을 보장했던 낯익은 세계 또한 물속으로 사라지고, 그들은 눈과 얼음 위에 내팽개쳐진 것이다.

인듀어런스 호의 침몰과 함께 남극대륙을 횡단하겠다는 섀클턴의 꿈도 물거품이 되었다. 아니, 그 이상이었다. 1916년 2월까지도 세상 사람들은 섀클턴을 다시 볼 수 있으리라고 기대하지 않았다. 사실 그가 구조될 가능성은 제로에 가까웠다.

그러나 혹독한 시련에 직면한 섀클턴은 자신의 최종목표를 남극대륙 횡단에서 대원들 전원을 데리고 무사히 돌아가는 것으로 신속하게 전환했다. 그는 자신을 추스르며 이렇게 적었다. "인간은 새로운 목표에 자신을 적응시켜야 한다. 과거의 목표는 사라졌다." 섀클턴은 구조될 가망도 없고 생존 가능성도 희박한 현실을 앞에 두고 대원들에게 이렇게 말했다. "자, 이제 집으로 돌아간다."

이처럼 견디기 힘든 역경 속에서 섀클턴은 어떻게 그와 같은 불굴의 의지를 발휘할 수 있었을까? 그 역시 자신의 능력이나 희망을 100% 확신했던 것은 아니다. 그는 일기에 다음과 같이 적었다. "전 대원을 무사히 인도하게 해 달라고 하나님께 기도한다."

리더로서 자신의 책임을 분명하게 인식한 섀클턴은 자신의 원래 목표를 포기하고 이 새로운 사명을 위해 온 힘을 기울였다. 그는 자신의 강한 확신과 의지로 대원들에게 새로운 목표, 즉 단 한 명도 낙오하지 않고 무사히 귀환한다는 목표를 주입시켰다.

인텔의 사례

미지의 세계를 탐험하는 일은 본질적으로 예기치 않은 사건들로 가득 차 있을 수밖에 없다. 주어진 조건을 변화시키고 새로운 기회를 모색하는 것이야말로 진정 혁신적이고 도전적인 모험이다. 리더는 과거에 집착하지 말고 상황에 따라 최종목표와 단기목표 사이를 오갈 수 있어야 한다. 그리고 목표를 변경했을 시에는 새로운 목표에 대해서도 원래의 목표에 쏟았던 것과 동일한 열정과 에너지를 쏟아야 한다.

대표적인 비즈니스 사례가 인텔Intel의 방향을 바꾸기로 한 CEO 앤디 그로브Andy Grove의 결정이다. 마이크로프로세서의 대명사인 인텔은 한때 메모리칩을 주로 생산하는 회사였다. 1980년대 중반, 일본의 메모리칩 회사들은 인텔보다 10% 싼 가격을 제시해 인텔의 메모리칩 시장을 빼앗으려 했다. 일본 업체들의 전략은 주효했고, 인텔은 1년 동안 1억 7천만 달러의 적자를 기록했다.

여러 대응 방안을 고려한 끝에 그로브는 메모리칩 사업부문을 포기하고 마이크로프로세서 제조에 전력투구하기로 결심했다. 그로브는 자신의 동료이자 인텔의 전임 CEO였던 고든 무어Gordon Moore에게 다음과 같은 질문을 던졌다. "만일 내가 쫓겨나고 새로운 CEO가 온다면 그 CEO는 어떻게 할 것 같은가?"

무어는 새로 오는 CEO는 메모리칩 사업을 포기할 거라고 대답했다. 그로브는 후임자가 와서 그렇게 하기를 기다리기보다는 자신이 직접 그 일을 하기로 결정했다. 그 후 회사의 모든 자원이 그동안 메모리칩에 밀려 부차적 분야로 여겨졌던 마이크로프로세서 개발에 투입되었다. 바로 이 결정이 인텔의 성공 기반을 마련했다.

인텔은 마이크로프로세서 시장을 넘어 변화하는 수요에 적응을 계속했다. 컴퓨터 판매가 위축될 것으로 예상되자 과감하게 케이블 모뎀 칩, 무선 칩, 그리고 보안 소프트웨어 사업을 인수했다. 또한 자원을 태블릿 컴퓨터와 스마트폰 용 칩을 생산하는 라인에 재배치했다. 이러한 움직임 하나하나를 통해 인텔은 섀클턴이 그랬던 것처럼 새로운 목표를 찾고 앞으로 전진해 나갔다.

단기목표에 에너지를 집중하라

인듀어런스 호가 침몰한 뒤 대원들의 두려움은 이루 말할 수 없을 정도였다. 그러나 그들은 각자의 에너지를 분산시키지 않고 한곳으로 모아 행동했다. 그들이 취한 행동 중 상당수가 무위로 끝난 것은 사실이다. 그러나 섀클턴은 대원들이 얼음 위에 있다는 불안감을 떨쳐 버릴 방법을 끊임없이 모색했고, 구체적이고 결의에 찬 행동을 하기 위한 모든 기회를 찾았다.

보급품으로 가득 찬 구명보트들을 끌고 행군하려 했던 쇠소의 시도는 완전히 실패로 끝났다. 그들은 섀클턴이 약 12년 전에 남겨 두었다는 비상식량을 얻을 수 있다는 희망을 안고 폴렛 섬을 향하여 북서쪽으로 나아갔다. 약 500킬로미터에 달하는 행군을 하겠다는,

믿을 수 없으리만큼 야심 찬 시도였다. 섀클턴마저도 썰매와 구명보트를 끌고 톱니바퀴처럼 날카로운 얼음 벌판을 하루에 8킬로미터(자신들이 바라는 최고 속도)씩 행군할 수 있을지 확신하지 못했다. 그들은 어떻게든 열린 바다에 도달해 안전지대로 항해하고자 했기 때문에 보트를 버리고 갈 수는 없었다.

섀클턴은 온갖 위험에 처할지 모른다는 생각에도 불구하고 그 모험이 필요하다고 생각했다. 성공이 불가능해 보였지만, 아무튼 무언가 즉각 행동을 취해야 배를 잃었다는 상실감에서 벗어날 수 있었다. 그들은 배에서 보급품들을 끌어내려 썰매에 꾸려 넣은 뒤 행군을 시작했다. 섀클턴과 세 명의 대원들이 앞장서서 길을 탐색했다.

거대한 얼음덩어리들이 계속해서 길을 막았고, 그때마다 섀클턴과 대원들은 삽과 등산용 도끼로 얼음을 찍어 가며 전진해야 했다. 선발대는 사력을 다해 길을 열었고 나머지 대원들은 무거운 썰매를 끌며 그 뒤를 따랐다. 3시간 동안 사투를 벌였지만 탐험대는 인듀어런스 호에서 직선거리로 고작 1.6킬로미터밖에 전진하지 못했다.

다음 날, 기온이 올라가자 사태는 더욱 악화되었다. 탐험대는 진창이 되어 버린 눈 속을 걸어야 했고 힘겹게 한 발짝씩 나아갔다. 모두들 땀을 비 오듯 쏟고 있었지만 진전은 없었다. 탐험대는 이번에도 1.6킬로미터 정도밖에 나아가지 못했다. 섀클턴은 상황을 받아들이고 행군을 중단했다.

놀랍게도 이러한 중단에도 대원들은 실망하지 않았다. 결국 이 행군은 배를 띄울 바다를 향한, 즉 구조받기 위한 시도였다. 섀클턴은 대원들이 느낄지도 모르는 좌절감을 완화하기 위해 인듀어런스 호에 남아 있는 식량, 의복, 기타 보급품을 챙겨 오게 함으로써 대원들의 관심을 다른 곳으로 돌렸다. 와일드와 6명의 대원들이 배에서 세 번째 구명보트를 가지고 돌아왔다. 전 대원들은 오션 캠프 설치라는 새로운 목표에 온 정신을 집중했다.

어떻게 보면 인듀어런스 호가 침몰한 후 섀클턴이 내린 첫 결단은 명백한 실수였을지 모른다. 그들이 폴렛 섬까지 그 먼 거리를 행군할 수 있는 가능성은 전혀 없었고, 결국 불가능한 목표에 귀중한 에너지가 소모되었다.

그러나 섀클턴은 1907~1909년 대영제국 남극 탐험대에 참가했던 경험을 바탕으로 대원들의 심리적 안정을 유지하는 것이 절대적으로 중요하다는 사실을 알고 있었다. 당시 그는 대원들의 마음속에 점차 불안과 좌절이 커지고 있음을 감지하고 에레부스 산에 오를 것을 제안했다. 산을 오른다면 틀림없이 고통스럽고 피로할 것이며 병에 걸릴 수도 있을 것이었다. 그러나 그들은 산에 올랐고, 마침내 최초로 남극 최고봉에 도달했다는 업적을 남길 수 있었다.

에레부스 산을 오른 일과 마찬가지로 썰매 행군 역시 목적을 달성했다고 볼 수 있다. 행군을 함으로써 대원들은 불행을 잊고 자신들의 에너지를 구체적인 행동에 집중할 수 있었다. 무엇보다 중요한 점은 이러한 노력으로 인해 전 대원이 같은 목표를 향해 나아가도록 단결되었다는 것이다.

존슨&존슨과 컨티넨탈 항공

극한상황에서 리더는 결정적인 행동을 위한 기회를 포착해야 하고, 만약 어떤 노력이 실패로 끝나더라도 다른 사람들이 좌절하지 않도록 해야 한다. 무언가 구체적인 일을 하는 행위 그 자체가 전환의 계기가 될 것이고, 그렇게 이루어 낸 작은 성공들이 궁극적인 성공의 토대가 될 것이다.

1982년 9월, 한 정체불명의 사나이가 '존슨&존슨Johnson&Johnson'의 타이레놀 캡슐에 청산가리를 넣어 7명의 사망자가 생기는 사건이 발생한다. 당시 존슨&존슨의 CEO 제임스 버크James Burke가 사건을 처리하는 과정은 위기상황에서 리더의 단호한 결정이 얼마나 중요한지를 확실히 보여 준다.

그는 청산가리가 든 타이레놀이 전국적으로 유통되었는지를 기다려 보든지, 아니면 막대한 손실을 감수하고 모든 제품을 즉각 회수하든지 해야 했다. 고객들은 존슨&존슨의 제품을 건강에 도움을 주는 안전한 제품으로 인식하고 있었으나 사건 이후 사람들은 겁에 질려 있었다. 회사의 최고 인기 상품인 타이레놀에 대한 신뢰를 회복하기 위해서 어떻게 대응할 것인가가 굉장히 중요한 상황이었다.

이 상황에서 버크와 존슨&존슨이 취한 행동은 최고의 위기관리 방법으로 인정받고 있다. 버크와 존슨&존슨은 오로지 "고객에 대한 책임이 최우선이다"라는 회사의 신조에 따라 행동했다.

버크는 즉시 이 사건을 처리할 팀을 구성하고, 그 정체불명의 살인마에게 10만 달러의 현상금을 걸었다. 신문과 TV를 통해 소비자들에게 이미 구입한 타이레놀 캡슐은 바꾸어 준다고 홍보했고, 의문가는 사항이 있을 때는 전화를 통해 무료로 상담받을 수 있도록 했으며, 만약에라도 고객들에게 응급상황이 발생할 경우에는 특별 프로그램을 통해 즉각 의사와 연결될 수 있도록 했다.

회사는 상품 박스를 새롭게 디자인했고, 전국 상점과 가정에서 총 3천만여 개의 캡슐을 회수했다. 신속한 조치 덕분에 타이레놀의 매출은 사건이 일어난 지 3개월 만에 위기 전 80% 수준으로 회복되었다. 이와 같은 단호한 조치로 인해 회사는 시장을 잃지 않을 수 있었다. 그리고 보다 중요한 점은 이 조치가 회사의 명성을 구했다는 것이다.

사람 목숨과 관련된 일은 아니었으나 '컨티넨탈 항공Continental Airlines'과 그 회사의 경영진이 맞닥뜨린 사태 역시 심각했다. 사장 겸 COO(최고운영책임자)인 그렉 브레네만Greg Brenneman은 당시 회사의 상황을 다음과 같이 묘사했다.

관리자들은 모두 걱정과 근심으로 마비되어 있었다. 이 항공사는 10년 동안 사장이 열 번이나 바뀌었는데, 그때마다 직원들은 아무런 업무도 하지 않고 새로운 경영진을 기다릴 뿐이었다. 한마디로 말해, 이 항공사의 상품은 최악이었다. (…) 회사는 1978년 이래로 파산 상태를 벗어날 만한 수익을 올리지 못하고 있었다.

사상 유례가 없는 세 번째 파산 선고 직전, 종업원들의 사기가 땅에 떨어질 대로 떨어진 상황에서 브레네만과 CEO인 고든 베슌Gordon Bethune은 '전진 계획Go Forward Plan'이라는 새로운 전략을 수립하고, 전진했다. 브레네만은 그 상황을 다음과 같이 회고한다.

고상하고 복잡한 계획을 세운 뒤 모든 일을 완벽하게 하려고 하면 결국 거기에 얽매이고 만다. 우리는 행동했고, 뒤를 돌아보지 않았다. 그리고 컨티넨탈 항공을 구했다.

컨티넨탈은 최악의 고객 평점을 받은 항공사에서 탁월한 품질과 고객서비스로 권위 있는 상을 수상하는 항공사가 되었다. 조종간을 잡은 CEO 베슨의 리더십이 결정적인 영향을 미쳤다. 컨티넨탈 경영자들의 단호한 행동으로 항공사는 그 후 16년 동안 더 생존할 수 있었다. 컨티넨탈 항공은 9·11 테러와 항공업계의 불황이라는 위기를 이겨 내고 유나이티드 항공과 합병한다.

워싱턴 D.C.에 있는 큰 연방정부 기구의 시니어 매니저인 내 친구 밥Bob이 들려주는 이야기 또한 유사한 정신을 잘 보여 준다. 밥은 뉴욕과 보스턴에 있는 두 사무소를 활성화시키라는 임무를 부여받았다. 그는 끊임없이 이 두 사무소와 전화를 주고받았지만, 문제 해결을 위해 직접 각 사무소에 가야 할 일도 많았다. 그는 뉴욕─보스턴 간 비행 편을 이용하여 그 두 곳을 방문하곤 했다.

유달리 바빴던 어느 날, 워싱턴 D.C.에 있던 밥은 공항으로 달려가 보스턴행 비행기에 올랐다. 비행기가 활주로를 향해 서서히 미끄러지는 순간 밥은 갑자기 자신이 비행기를 제대로 탄 것인지 확신할 수 없었다. 뉴욕으로 가는 비행기를 탄 게 아닌가 하는 생각이 든 것이다. 그는 크게 심호흡을 하고는 자신에게 말했다. "걱정하지 마, 밥. 별일 아니야. 어차피 어딜 가든 할 일이 쌓여 있을 거기 때문에 두 도시 중 어디라도 상관없어." 그는 마음을 가라앉혔고, 곧 비행기는 보스턴에 도착했다. 그리고 그는 그곳에서 일을 무사히 마칠 수 있었다.

단, 주의 사항이 있다. 몇 년 전, 나는 한 주요 기술 업체로부터 시간과 자원은 엄청나게 투입하는데 시장에서의 성과가 보잘것없는 이유를 찾아 달라는 의뢰를 받았다. 확인해 본 결과, 결과보다는 행동 자체에 더 가치를 둔 그 회사의 문화 때문이었다.

회사 사람들은 밤늦게까지 야근하고 주말에도 나와 근무하는 자세를 보여 주는 것이 중요하다고 믿었다. 그곳의 고위 경영진들과 인터뷰를 해 본 결과 그들 대다수가 업무성과보다는 열심히 일하는 모습 자체를 더 중요하게 생각하고 있음을 알게 되었다. 결과보다 행동 자체에만 집중함으로써 에너지를 보다 중요한 일에 투입하지 못하게 되었고, 결국 이러한 사내문화가 회사가 성과를 내는 데에 커다란 장애가 되었던 것이다.

조직과 함께 문제에 몰입하라

섀클턴의 비전, 그리고 단호한 결정은 칼럭 호의 빌흐잘무르 스테팬슨의 행동과 극적으로 대조된다. 부분적이나마 칼럭 호 탐험대의 비극은 리더가 대원들 개인과 팀 전체 사기와의 관계를 이해하지 못해 생긴 것이다.

1913년 스테팬슨이 계획했던 북극 탐험은 북극점 얼음 아래에 대륙이 있을지도 모른다는 추측을 확인하기 위한 것이었다.

그런데 그 탐험은 처음부터 한 가지 중대한 결함을 안고 있었다. 스테팬슨은 뱃사람이 아니라 인류학자였고, 그는 혼자서 자금을 조달했다. 시간에 쫓기던 그는 '칼럭'이라는 이름의 24년 된 목제 미킨틴 선을 탐험선으로 택했다. 이 배는 본래 고기잡이용으로 보조 엔진을 갖춘 돛단배였으며, 최고 속도가 5~7노트(약 시속 10킬로미터)에 불과했다. 스테팬슨이 칼럭 호를 택한 이유는 그 배가 당장 구할 수 있는 유일한 배였던 데다가 값이 쌌기 때문이었다.

선장으로 로버트 바렛Robert Barlett을 임명한 것은 그나마 뛰어난 선택이었다. 그러나 그것도 마지막 순간에 이루어진 결정이었다. 바렛은 뛰어난 선원이었다. 뉴펀들랜드 주민이었던 그는 1909년 로버트 피어리Robert Peary의 역사적인 북극 탐험에 참여한 경험이 있었다. 바렛 선장은 칼럭 호를 보고 실망을 감추지 못했다. 그는 이 배를 타고 얼음에 갇히면 결코 살아 돌아오지 못하리란 사실을 예감하고 있었다.

탐험 시작부터 혼돈이 난무했다. 스테팬슨은 다른 사람들에게 준비를 맡겨 놓고 자신은 칼럭 호가 출항하기 3일 전에야 캐나다 남서부 브리티시컬럼비아 주의 빅토리아에 도착했다. 그는 배가 너무 낡아 대원들이 자신들의 안전을 걱정하고 있음을 알게 되었다. 스테팬슨은 출발하기도 전에 칼럭 호가 최북단까지 올라갔을 때 얼음덩어리와 충돌하여 가라앉게 될지도 모른다는 발표를 했다. 대원들은 자신들의 불확실한 운명에 전전긍긍했다.

1913년 6월 17일, 칼럭 호는 마침내 밴쿠버 섬에서 출항한 뒤 7월 8일 '놈'이라는 지역에 도착한다. 안개가 짙게 끼는 좋지 않은 날씨 속에서 엔진 고장 및 돛 줄이 다섯 번이나 끊어지는 우여곡절을 겪은 뒤였다. 7월 26일, 칼럭 호는 '포인트 클로렌스'에서 출발하지만 얼마 가지 못해 눈보라와 거대한 빙산을 만난다.

칼럭 호는 이러한 조건을 견디도록 설계된 배가 아니었다. 바렛은 아직 늦지 않았을 때 돌아가자고 말했다. 그러나 스테팬슨은 그의 제의를 묵살하고 계속 앞으로 전진했다. 8월 13일, 칼럭 호는 얼음덩어리들에 둘러싸인다. 그러나 그 상황에 대해 아무도 걱정하지 않았다. 곧 얼음덩어리들이 이동할 것이라고 생각했기 때문이었다. 그들은 그 광경을 즐기며 얼음 위에서 몇 시간 동안 즐겁게 뛰어다니기까지 했다.

그러나 그 상황이 5주 동안 계속되자 스테팬슨은 초조해지기 시작했다. 그는 행동하기를 즐기는 리더였다. 일정이 지체되는 것을 견딜 수 없었다. 마침내 그는 "칼럭은 이제 스스로는 움직이지 못할 것이다. 어쩌면 우리는 수 년 동안 표류하게 될지도 모른다. 그 사이에 배가 부서지지 않는다면"이라고 결론지었다.

이러한 결론에 도달한 스테팬슨은 무기력해지는 것을 두려워하여 단독 탐험에 나선다. 9월 19일, 그는 갑자기 순록 사냥을 가겠다고 선언한다. 사실 그 지역에서 순록은 이미 멸종된 뒤였다. 대원들은 스테팬슨의 말이 배를 떠나기 위한 구실이라고 생각했다. 스테팬슨은 두 대의 썰매에 식량과 탄약을 싣고, 포즈를 취하고 사진을 찍은 뒤 네 명의 대원들과 함께 '포인트 배로'를 향해 출발했다. 그는 바렛에게 불상사가 생기지 않는다면 10일 이내로 배에 돌아오겠다는 편지를 남기고 떠났다.

1913년 9월, 탐험대는 얼음 덫에 빠진 상황에서 리더를 잃어버렸고, 칼럭은 북극의 얼음 바다 속으로 사라졌다. 배를 떠난 스테팬슨은 지리적인 발견 및 지도를 그리는 작업을 계속해 나갔다. 그리고 탐험을 떠난 지 5년 후인 1918년에 갑자기 모습을 드러냈다.

스테팬슨은 탐험대를 버린 자신의 결정을 합리화했다. 또 대원들이 겪었던 고통을 축소시켜 말했다. 그는 대원들이 보급품을 모두 밖으로 꺼내 안전한 곳에 도달하리라고 확신했다고 변명했다. 부분적으로 그의 말은 옳았다. 그가 떠나고 배가 얼음덩어리와 부딪혀 가라앉을 때, 대원들은 보급품과 장비를 모두 배 밖으로 옮길 수 있었다. 그러나 그가 예측하지 못했던 점, 또는 분명히 신경 쓰지 못했던 점은 대원들이 안전한 곳에 도달하지 못하면 결국 얼음 속에서 죽음을 맞으리라는 것이었다.

스테팬슨은 지휘부를 진공 상태로 만들어 놓고 후임자도 임명하지 않았다. 한 가지 분명한 사실은, 만일 대원들의 에너지가 올바른 방향으로 집중되었다면 칼럭 호 탐험대의 이야기는 완전히 다른 방향으로 펼쳐졌을지도 모른다는 사실이다.

문을 닫아건 경영자

스테팬슨은 당면한 문제에 집중하는 능력이 탁월했다. 문제는 그 능력이 자기 자신에게로만 국한되었다는 점이다. 스테팬슨의 사례는 조직의 나머지 부분은 무시한 채 자신의 필요에만 집중하는 리더의 전형적인 모습을 보여 준다. 이와 같은 자기중심적 행동이 극지방 탐험가들에게만 나타나는 것은 아니다.

나는 항공우주산업 분야의 경영자 한 사람이 곤경에 처할 때면 마치 칼럭 호의 리더처럼 행동하는 것을 보아 왔다. 이 중역은 재정적인 문제에 직면할 때마다 문을 닫아걸고 컴퓨터 앞에 앉아 몇 시간 동안이고 화면 위에 있는 숫자들을 응시하곤 했다. 그는 그 숫자들을 끊임없이 쳐다봄으로써 문제에 집중했다. 이렇게 자기만 그 문제에 몰입하는 것은 조직이 방향을 잃고 헤매게 만들고, 조직원들로 하여금 누가 회사를 이끄는 것인지 회의를 갖게 한다.

극한상황에서 리더들은 자신의 필요와 팀의 필요 사이에서 균형을 유지해야 하며, 조직원들의 기운을 북돋는 데 집중해야 한다. 그럼으로써 조직은 스스로 문제를 파악하고, 힘을 유지한 채 그 문제를 해결할 수 있다.

체계를 이용해 조직원들을 안심시켜라

극한상황에서는 과감히 사전조치를 취하기가 어려울 수도 있다. 그러나 목표를 향한 직접적인 행동이 불가능할 때라도, 조직의 에너지를 집중시킬 수 있는 다른 방법들이 있다. 기다리는 것 외에는 달리 방도가 없었던 상황에서조차 섀클턴은 체계와 질서를 만들었다. 질서 잡힌 일상은 대원들에게 안정감을 주었고, 미래에 대한 불안감을 덜어 주었다.

체계와 질서가 곤경에 처한 대원들에게 얼마나 중요했을지 이해하기 위해서, 그들이 처한 환경이 실은 얼마나 혼란스러운 것이었는지 상상해 보라. 그들은 얼음을 타고 떠내려가는 표류자들이었다. 그들이 가진 장비라고는 원시적 수준의 순록 가죽 침낭과 조악한 텐트 정도가 고작이었다. 그들은 예고도 없이 움직이는 얼음판을 집 삼아 생활했다.

부빙 위에서 지낸 첫날에는 한밤중에 캠프 가운데가 갈라지며 틈이 벌어지기도 했다. 섀클턴이 분 경계 호루라기 소리에 대원들은 잠에서 깨었다. 깨진 얼음판 중 큰 쪽으로 텐트와 짐들을 옮기기는 했지만, 그 사건으로 인해 이 임시 거처가 그들에게 결코 안전한 곳이 아님이 분명해졌다.

사태는 더욱 악화되었지만 대원들의 생활은 그렇지 않았다. 섀클턴은 체계와 질서의 중요성을 잘 이해하고 있었다.

탐험 초부터 섀클턴은 체계의 중요성을 이해했다. 런던에서부터 사우스조지아 섬까지 항해가 끝난 시점의 대원들을 보면 어째서 체계가 필요한지 알 수 있다. 섀클턴은 탐험에 필요한 자금을 더 모으기 위해 영국에 남아 있었다. 대원들이 출발한 후 그는 대원들의 가족에게 지불해야 할 임금과 부두 정박비, 석탄 대금 청구서 등을 처리해야 했다. 그는 선장 프랭크 워슬리에게 런던에서부터 아르헨티나 부에노스아이레스까지의 항해를 맡겼다.

나중에 워슬리는 아주 탁월한 항해사임을 증명했지만, 그의 첫 번째 지휘는 사실 재난에 가까웠다. 그는 섀클턴의 열정은 공유했지만 질서와 체계의 중요성은 이해하지 못한 리더였다. 워슬리는 유별난 성격을 가지고 있었고, 이 성격이 섀클턴의 걱정거리였다. 그는 「데일리 크로니클」지의 어니스트 페리스Ernest Perris에게 보낸 편지에서 이러한 걱정을 드러냈다. 섀클턴은 그 편지에 워슬리가 "대원들을 잘 단합시킬 수 있는 사람은 아니다. 그리고 그는 모든 것을 자기 눈으로 봐야만 직성이 풀리는 사람이다"라고 적었다.

섀클턴이 부에노스아이레스에 도착했을 때, 대원들은 모래알처럼 따로 놀았다. 심지어는 술에 만취해 있기도 했다. 섀클턴이 도착하자 모두들 안도의 한숨을 내쉬었다. 그의 존재만으로도 질서와 안정이 회복되었던 것이다. 오들리는 그 일을 두고 다음과 같이 표현했다. "어니스트 경이 배에 오르기만 했을 뿐인데 모든 것이 달라졌다. 모두들 자신이 있어야 할 곳을 파악했고, 모든 것이 시계처럼 정확하게 움직였다."

섀클턴과 워슬리 모두 불같은 열정을 가지고 있었지만, 워슬리와는 달리 섀클턴은 혼돈에 질서를 부여하는 법을 알았다. 탐험 시작 때부터 그는 대원들의 일상에 체계를 부여했다. 남극 횡단이라는 본래의 목표가 사라진 후에도 그랬다. 인듀어런스 호가 얼음 속에 잠긴 후에도 대원들은 계속해서 경계를 섰고, 일상적인 다른 작업들도 계속해서 이루어졌다. 식수를 구하기 위해 얼음을 끌어올리고 물개를 사냥하는 일 모두 정해진 체계와 질서에 따라 진행되었다.

이 일상의 질서가 그들이 느꼈던 혹독한 절망과 좌절을 줄이는 데 큰 힘이 되었다. 과학자들에게는 그들에게 맞는 일이 주어졌다 (비록 그것이 돌과 펭귄의 배를 분간하는 일 같은 것일지라도). 사진사였던 프랭크 헐리Frank Hurley에게는 얼음과 하늘이 시시각각 펼치는 파노라마를 담는 일이 주어졌고, 거기에 추가로 개를 훈련시키는 임무 또한 주어졌다.

질서와 체계는 인듀어런스 호가 침몰하고 탐험대가 얼음 위에 거처를 마련한 이후 더욱 중요해졌다. 섀클턴은 극도로 긴장할 수밖에 없는 상황에서도 세세한 것에까지 놀라운 관심을 보였다. 예를 들어, 그는 그들의 임시 숙소를 급히 해체해야 할 상황이 발생할지도 모른다는 사실을 인식하고 있었다. 그는 유사시 숙소를 해체하는 방법에 대한 상세한 계획을 적어 각 텐트 안에 붙여 놓았다. 그리고 대원들과 그 계획을 계속해서 점검했고, 대원들의 대처 능력을 테스트하기 위해 불시에 비상 훈련을 실시하겠다고 경고했다.

이러한 체계는 탐험대의 소식적인 활동을 돕는 기틀이 되어 주었다. 팀의 사기에도 긍정적이었다. 워슬리는 자신의 일기에 섀클턴이 팀에 주었던 안정감과 신뢰에 대해 이렇게 적었다.

우리들 사이에 진짜 염세주의자는 없는 것 같다. 우리는 모두 유쾌함을 잃지 않는다. 모두 어니스트 경이 만든 질서와 일상의 규칙들 덕분이다. (…) 규칙적으로 일상에서 행하는 일들이 우리에게 힘을 불어넣고, 자연스럽게 전 대원이 리더를 의식하게 한다.

얼라이드시그널의 사례

리더들이 미지의 영역을 탐험할 때는 불확실하고 모호한 상황이 뒤따르게 마련이다. 이런 모호한 상황에서 규칙적으로 해야 하는 업무를 만드는 것은 조직원들의 생산성을 높이고 조직에 질서를 부여할 수 있다. '얼라이드시그널AlliedSignal'(현 하니웰Honeywell)의 CEO 로렌스 보시디Lawrence Bossidy의 리더십은 이러한 접근법의 효과를 잘 보여주고 있다.

얼라이드시그널의 CEO로 영입되었을 때 보시디의 가장 큰 걱정은 조직 전체에 신뢰가 결여되어 있다는 점이었다. "사람들은 잔뜩 짓눌려 회사에 실망과 환멸을 느끼고 있었다. 그래서 무엇보다 중요한 것은 사기를 끌어올리고 우리가 할 일에 대한 공감대를 형성하는 것이었다."

이에 대한 보시디의 해결책은 회사 내의 주요 프로세스에 엄격한 체계를 부여하는 것이었다. 그는 인적자원을 재정비하고, 선발, 보상, 자기 계발, 동기 유발 등에 대한 시스템을 보다 정교화했다. 그는 전략적 계획 수립을 위한 체계를 만들고, 얼라이드시그널의 성공을 가로막고 있는 장애물들을 파악한 뒤, 이 장애물들을 어떻게 극복할 것인지를 결정하는 프로세스들을 그 체계에 포함시켰다. 외부 상황의 변화에 따라 시행할 사전 대비 계획도 세웠다.

보시디의 체계화 전략은 제조 분야에까지 확대되었다. 예를 들어 그는 '6시그마' 기법(모토로라에서 처음 정립되어 잭 웰치 등에 의해 제너럴 일렉트릭 등의 기업 경영에 적용된 경영 기법. 품질 불량의 원인을 찾아 불량 제로를 추구하는 체계적인 방법론)이 조직 내에 깊게 뿌리내리도록 조치했다. 또한 그는 현장 작업자들을 포함한 모든 직원들이 1년에 40시간의 교육을 받도록 규정한, 평생 학습 프로그램을 도입했다.

이와 같은 핵심 과정에 대한 투자가 얼라이드시그널의 표류를 막았고, 이 투자는 재무적 측면에서도 충분히 보상되었다. 또한 이러한 노력은 조직의 특성을 변화시켰다. COO인 프레드 포시스Fred Poses는 이렇게 적었다. "래리는 무자비하다. 그러나 한편으로 그는 우리에게 승리를 향한 불타는 의욕을 불어넣어 준다."

근심·걱정을 잊도록 새로운 임무를 부여하라

23개월을 표류하는 동안, 사실 섀클턴 탐험대의 대원들은 할 일이 거의 없었다. 그러자 자연스럽게 대원들의 머릿속은 고향 생각, 음식 생각으로 가득 찼다. 섀클턴은 항상 대원들의 마음을 다른 곳으로 돌려놓으려 애썼다. 그리고 그의 이러한 노력은 대원들에게 실제로 큰 도움이 되었다.

한 예로 어느 대원이 너무 지치고 낙담한 나머지 그냥 누운 채로 죽어 버리고 싶다고 말하자 섀클턴은 특유의 방식으로 이 문제를 해결했다. 그는 이 의기소침한 대원에게 주방장 역할을 맡겼다. 그 대원은 자신의 새로운 역할에 심취하여 침울한 기분에서 벗어날 수 있었다. 섀클턴은 나중에 다음과 같이 회고했다.

화덕의 불을 꺼뜨리지 않는 일은 매우 어렵고 상당한 노력이 필요했
다. 이 일이 그의 머릿속에서 절망적인 생각들을 쫓아 버렸다. 나는
그가 저녁 식사용 우유통 바로 옆에서 대원들이 더러운 양말을 말리
는 것을 몹시 언짢아하는 모습도 보았다. 이 새로운 임무를 통해 그
는 다시 평범한 일상에 관심을 갖게 되었다.

이러한 변화는 주목할 만하다. 차라리 죽는 것이 낫다고 생각했
던 그 대원은 임무를 부여받은 뒤 팀에 중요한 공헌자가 된 것이다.

구명보트에 바람막이를 세우는 이유

성공적인 리더가 되려면 조직원들의 상태를 면밀히 관찰하다가 그
들이 힘들어하는 것을 알아챌 줄 알아야 한다. 리더는 조직원들의
관심을 다른 곳으로 돌림으로써 부정적인 에너지를 해소하고 긍정
적인 결과를 창출해야 한다.

최근에 나는 비행기 조종사인 한 친구와 스트레스를 받을 때 나
타나는 인간의 행동에 대해 이야기한 적이 있다. 그는 물 위에 비상
착륙하는 집중 훈련 과정을 막 마치고 돌아온 상태였는데, 그 훈련
과정에서 겪은 흥미로운 일을 내게 이야기해 주었다.

그는 생존 승객들에게 구명보트에 바람막이를 세우도록 지도하는
과정을 교육받았다고 한다. 그런데 이 구명보트 바람막이라는 게 제
구실을 할 것 같지도 않게 생겼고 조립 작업 또한 매우 복잡한 물건
이라고 했다. 사실 바람막이를 세우는 작업의 실제 목적은 구조를

기다리는 동안 승객들이 정신을 집중할 구체적인 목표를 제공해 주는 것이었다.

정신을 집중하는 데 책임만큼 효과적인 것은 없다. 특히 사람들이 당신에게 어떤 역할을 기대하고 있을 때에는 더욱 그렇다. 극한상황에 처해 있을 때 리더로서 당신은 불안과 초조에 떨고 있는 팀원을 찾아내야 한다. 그리고 그들이 보유하고 있는 에너지를 붙잡을 방법을 생각해야 한다. 그들에게 특별한 임무와 책임을 부여하라. 걱정은 목표가 없는 에너지일 뿐이다.

최종목표를 명확히 설정하라

조직원들에게 최종목표를 인식시키려면 당신 먼저 목표에 대한 명확한 의지를 가지고 있어야 한다.

1. 당신의 개인적인 목표는 무엇인가? 극한상황에서 조직을 이끌어 가기 위해 필요한 행동과 자질은 무엇인가?

2. 당신이 이끄는 조직의 목표는 무엇인가? 혹 새로운 목표를 고려해 보아야 하지는 않는가?

단기목표에 에너지를 집중하라

1. 조직원들의 동기를 유발해 앞으로 전진하기 위하여 당신은 구체적으로 무슨 일을 할 수 있는가?

2. 조직의 안정을 위해 당신이 조직원들에게 부여한 규칙적인 업무는 무엇인가? 혹 또 다른 일을 부여할 필요는 없는가?

3. 조직원이 근심·걱정을 잊도록 새로운 임무를 부여할 필요는 없는가? 어떤 임무를 부여하면 되겠는가?

4. 당신의 조직은 목표 수행 정도를 어떻게 파악하는가?

상징적인 행동,
인상적인
행동으로
솔선수범하라

2

섀클턴은 결의에 찬 목소리로 생존에 지장을 주는 물건은 아무 쓸모가 없다고 말했다. 말을 마친 뒤 그는 자신의 파카 주머니에서 금으로 만든 담배 케이스와 몇 개의 금화를 꺼내 눈 속으로 집어던졌다. |알프레드 랜싱의 『섀클턴의 위대한 항해』 중에서|

1장에서 나는 최종목표와 단기목표의 중요성을 강조했다. 2장에서는 이미지 및 상징과 관련된 리더십 전술을 제시하고자 한다.

극한상황에서는 특히 리더십을 조직원들의 눈에 띄게 드러내는 능력이 성패를 좌우한다. 섀클턴은 이 점을 잘 이해하고 있었다. 그는 대원들이 진심으로 자신을 리더로 여기는 것이 얼마나 중요한지 잘 알았다.

우리가 꼭 섀클턴을 흉내 낼 필요는 없다. 그러나 리더는 자신의 존재가 구성원들에게 힘의 원천이 된다는 사실을 알아야 한다. 그리고 조직을 성공으로 이끌기 위해 리더는 그 힘을 끌어내야 한다.

적절한 연설로 감성에 호소하라

상황이 어려울 때 적절히 행해지는 말에는 실로 놀라운 효과가 있다. 인듀어런스 호가 침몰하는 순간 대원들이 느꼈을 절망감은 아무리 과장해도 지나치지 않을 것이다. 선장 프랭크 워슬리는 이렇게 적었다.

아주 멀리서, 보이지 않는 힘에 의해 돛 줄들이 팽팽해지더니 마치 하프처럼 소리를 내다 견디지 못하고 끊어져 버렸다. 거대한 얼음 손이 배를 움켜잡은 듯 배가 뒤틀렸다. (…) 말이 나오지 않았다. 모두들 이것이 배의 최후임을 알고 있었다. 우리는 얼음밖에 없는 세계에서 우리의 집을 잃어버렸다. 우리는 우리의 묘지가 될지도 모르는 백색 황무지에 내던져졌다.

배를 잃은 일이 견디기 어렵기는 했지만, 그보다 더 힘든 일은 대원들 모두가 자신들의 운명을 너무 잘 알고 있었다는 것이다. 식량은 4주일분밖에 없었고, 린넨 천으로 만든 텐트는 너무 얇아 최소한의 보호도 해 주지 못했다. 텐트 바닥에 깔 것이 부족해 체온으로 얼음이 녹아 그들은 물구덩이 속에서 자야 했다. 인듀어런스 호가 금방 가라앉지는 않았지만, 프랭크 워슬리가 적은 대로 보급품 중 상당량은 옮길 수 없었다. 그리고 앞으로 식량이 부족할 것이라는 생각은 결코 유쾌한 것이 못 되었다.

탐험대원들은 웨들 해 한가운데에 떠 있는 얼음판 위에서 자신들의 배가 둘로 갈라지는 소리를 들으며, 보급품이 충분하지 못한데 앞으로 어떻게 될 것인가 하는 걱정에 사로잡혔다. 워슬리가 영국 빅토리아 시대 사람들 특유의 절제된 표현으로 적었음에도 불구하고 그의 걱정은 잘 감춰지지 않는다. 이 상황에서 섀클턴은 연설을 했다. 프랭크 와일드는 그 상황을 다음과 같이 회상했다.

새클턴은 우리의 용기를 북돋아 주기 위해 아주 특색 있는 연설을 했다. 그만이 할 수 있는 연설이었다. 그는 간단하게, 그리고 짧은 문장으로 대원들에게 배가 없어진 것에 대해 당황할 필요가 없다고 말했다. 노력하고, 깔끔하게 일처리를 하고, 서로 몸과 마음을 다해 협력하면 고향으로 돌아갈 수 있다는 확신을 심어 주었다. 이 연설은 즉각 효과를 나타냈다. 대원들의 사기는 고조되었다. 상황은 조금도 바뀌지 않았지만 우리는 훨씬 낙천적인 시각을 갖게 되었다.

대원들은 실제로는 그 무엇도 변하지 않았다는 사실을 알고 있었다. 그러나 새클턴은 적절한 어조로 대원들에게 자신들의 운명을 스스로 통제하고 있다는 느낌을 주는 단어를 선택해 말했다. 후일 새클턴은 다음과 같이 회고했다.

텐트를 세운 후 나는 대원들의 손을 모두 모았다. (…) 그리고 장비들을 가지고 폴렛 섬 방향으로 전진할 생각이라고 말했다. (…) 나는 이 어려운 상황에서도 대원들이 보여 준 끈기와 용기에 감사하고, 그들이 계속해서 최선을 다하고 나를 믿어 준다면 우리 모두 무사히 안전한 곳에 도달할 것을 확신한다고 말했다.

운명을 주관할 수 있다고 믿지 못하는 사람들이 걱정과 불안에 빠지는 것은 당연한 일이다. 새클턴의 말은 그들에게 스스로의 힘으로 생존을 쟁취할 수 있다는 믿음을 주었다. 게다가 새클턴은 조용하고 확신에 찬 어조, 즉 상대를 안심시키는 목소리로 말했다. 그 상황을 극적으로 만들기 위해 웅변조로 외치고 싶은 유혹도 있었을 것이다. 그러나 섀클턴은 조용히 말하는 쪽을 택했다.

아마 그는 엉덩이에 손을 대고 우뚝 선 특유의 자세를 취한 채 말했을 것이다. 그의 말은 감독들이 라커룸에서 선수들을 격려하기 위해 하는 그런 종류의 것과는 달랐다. 그들 앞에 놓인 상황의 중대함에 비추어 볼 때 오히려 그의 말은 어울리지 않는 것이었을지도 모른다. 그러나 섀클턴의 연설은 주어진 상황에 대해 어느 한쪽으로도 치우치지 않은 현실적인 시각을 제시했고, 대원들에게 자신들의 노력으로 살아 돌아갈 수 있다는 확신을 불어넣어 주었다.

메리 제인 포틴과 AIG보험

나는 대규모로 팀을 꾸리는 것을 못마땅하게 생각하는 경영진들을 많이 만나 보았다. 그들은 일대일, 혹은 소규모 그룹 간의 상호작용을 강조했으며, 결과적으로 자신들이 생각하기에 가장 자연스러운 방식으로 리더십을 발휘했다.

조직원 개인과 좋은 유대 관계를 형성하는 것은 리더십의 중요한 부분이다. 그러나 때때로 그들에게 여태까지와는 전혀 다른 역할을 요구해야 할 때도 있고, 그룹 또는 조직 전체의 에너지를 동원해 무언가를 해야 할 때도 있다. 이런 경우 리더는 자신의 팀과 얼굴을 맞대고 팀 전체에 메시지를 전할, 즉 연설을 해야 할 필요가 있다.

나는 경영자들이 복잡한 수치들을 장황하고 딱딱하게 나열하거나, 훈시조로 미래에 대한 억측을 늘어놓거나, 무조건 열심히 일하라는 내용의 연설을 하는 모습을 수없이 보아 왔다. 물론 향후 예상

재무계획에 대해 이야기해야 할 때도 있고, 그저 평범한 격려의 말만으로 충분할 때도 있을 것이다. 그러나 극한상황에서는 그 이상의 무언가가 필요하다.

아랫사람이 작성한 원고를 보고 읊기만 해서는 좋은 연설을 할 수가 없다. 진심을 담아야 하고, 조직과 조직원에 대한 신의를 전달해야 한다. 그러나 그것이 연기여서는 안 된다. 번지르르한 말보다는 가슴에서 우러나오는 메시지를 전달하는 것이 더욱 중요하다. 자칫하다가는 연설이 역효과를 낼 수도 있다.

상황이 암담할 때나 조직원들이 두려움에 가득 차 있을 때, 거대한 장애물이 그들 앞에 놓여 있을 때, 연설에 지나치게 낙천적이거나 감정적인 메시지를 담지 말라. 이런 상황에서는 마음에 안정을 주는 차분한 어조로 직접적인 표현을 사용해 굳은 의지를 보여 주는 것이 무엇보다 중요하다.

메리 제인 포틴Mary Jane Fortin은 2009년 8월 휴스턴에 본사가 있는 'AIG보험American General Life Insurance'의 CEO로 취임했다.

당시 AIG보험과 모회사 AIG는 말로 표현하기 힘들 만큼 혼란스러운 상태였다. 세계는 아직 리먼 브라더스의 몰락과 서브프라임 모기지 사태를 수습하는 중이었다. AIG는 전년도에 1,000억 달러에 달하는 손실을 봤고 주식은 폭락했다. 신문은 최악의 상황을 예측하는 헤드라인으로 가득 찼다. 한 예로 「월스트리트저널」에 실린 한 기사의 제목은 '풍요의 시대 저물다'였다.

AIG의 몰락은 여러 면에서 인듀어런스 호의 침몰과 닮은 데가 있었다. 모두가 안전하다고 믿어 의심치 않았던 선박이 부서져 버렸다. AIG의 몰락은 70년 만에 닥쳐 온 거대한 금융 위기였다. 재무부 구조조정 담당관이었던 짐 밀스타인Jim Millstein은 그때를 이렇게 회상한다. "AIG는 완전히 독극물로 여겨져서 누구도 그 일에 관여하고 싶어 하지 않았다. 붕괴가 명확해 보였다."

많은 국민들이 1,823억 달러에 달하는 정부의 구제금융 지원에 분노했고, AIG와 관계된 사람이라면 누구에게나 비난을 퍼부었다. 분노는 종종 AIG보험사에까지 향했는데, 사실 AIG보험은 복잡한 신용대출 상품으로 AIG를 몰락에 이르게 한 금융상품 부서와는 아무런 관련이 없었다. 단순 업무를 하는 직원을 포함해 직원들 전원이 거리를 지나다 사람들에게 위협을 당하거나 폭행을 당할지도 모르는 상황이었다.

메리 제인 포틴은 바로 이런 상황에서 AIG보험의 조종간을 잡았다. 포틴은 보험업계의 떠오르는 스타였지만 CEO로 일한 경험은 없었다. CFO(최고재무관리자)로 뛰어난 평판을 얻기는 했지만 CEO는 새로운 도전이었다. 회사 전체가 두려움에 빠져 있었고, 미래는 암울했다.

포틴은 회사가 직면한 상황에 대해 논의하기 위해 관리자들을 소집했다. 대부분의 관리자들이 휴스턴으로 모였고, 참석하지 못한 사람들은 전국 각지의 사무실에서 화상으로 회의에 참여했다.

포틴은 작은 몸집에 세련된 스타일을 하고 있었다. 사람들이 일반적으로 생각하는 보험회사 경영자의 모습과 전혀 달랐다. 그럼에도 불구하고 그녀의 에너지 넘치는 모습은 좌중을 입도했디.

포틴은 AIG보험의 빛나는 역사와 여러 번의 어려움을 성공적으로 극복해 낸 회사의 위기극복 능력에 대한 이야기로 말문을 열었다. 그리고 회사가 지금까지 여러 번 어려운 변화의 과정을 잘 헤쳐 나왔고 그때마다 더 굳건해졌다고 말하면서, 이번 어려움도 극복해낼 수 있다는 자신감을 드러냈다. 이어진 것은 다음과 같은 자신의 개인사였다.

여러분과 마찬가지로 저도 AIG 관련 사건들에 둘러싸여 있었습니다. 우리가 일하는 회사가 전국에서 가장 미움을 받는 회사라는 기가 막힌 언론 기사도 읽었습니다. 힘든 시간이었지요. 그때 부모님으로부터 47살인 제 사촌이 갑자기 죽었다는 전화를 받았습니다. 9살짜리 쌍둥이와 집에서 지내는 아이들 엄마를 남겨 두고요.

코네티컷으로 가는 비행기 안에서 부모님으로부터 받은 전화를 생각해 보았습니다. 두 가지 생각이 들었습니다. 먼저, 내 사촌 가족들에게 갑자기 닥친 위기와 비교할 때 내가 처한 위기는 솔직히 그렇게 대단하지는 않다는 것이었습니다. 그리고 내가 했던 또 다른 생각은 '사촌이 아이들을 미리 챙겨 뒀을까. 생명보험을 들어 놨어야 할 텐데'였습니다.

그 순간 우리들이 하루하루 하고 있는 일이 얼마나 중요한지 잊고 있었다는 것을 깨달았습니다. 우리는 고객들이 자신의 가족을 보호할 수 있도록 돕습니다. 또 고객들이 은퇴 후의 삶을 위해 저축하는 것을 돕기도 합니다. 우리는 고객들이 살면서 처하는 가장 힘겨운 어려움을 극복해 낼 수 있도록 돕습니다. 우리는 선한 일, 필요한 일을 하고 있습니다. 우리는 우리가 하는 일을 자랑스럽게 생각해야 합니다.

포틴은 진정성을 가지고 이야기했다. 그러나 그들이 하는 일이 중요한 일이라는 사실만으로 처한 현실이 바뀌는 것은 아니었다. 회사의 신용등급은 신용평가기관들에 의해 하향 조정되었고, AIG는 사람들이 혐오하는 브랜드가 되었다. 모회사는 자금 여유가 없었다. 그들은 더 이상 무소불위의 거인이 아니었다.

포틴은 이런 현실에도 불구하고 AIG보험이 조직을 재건할 능력을 갖고 있다고 말했다. 그녀는 이야기를 계속했다.

금년 6월, 남편과 12살 난 딸과 함께 이탈리아로 여행을 갔습니다. 아시는지 모르겠지만 제 부모님은 제가 태어나기 몇 년 전에 이탈리아에서 미국으로 이민을 오셨습니다. 저는 여러 개의 섬으로 이루어진 도시 베니스가 서로마제국 말기, 이민족의 침공을 피해 고향을 떠난 피난민들에 의해 개발된 도시라는 사실을 알고 놀랐습니다. 그들은 자신들이 살던 집과 사용하던 물건들을 버리고 황폐했을 그 섬들을 자신들의 피난처로 삼았던 것입니다.

피난민들은 원래의 삶을 포기하는 대신 놀랄 만한 비전, 혁신, 창의력, 노력, 용기로 베니스를 탈바꿈시켰습니다. 베니스는 시간이 흐르면서 유럽에서도 눈에 띄게 변화한 지역이 됩니다. 수천 년이 지난 오늘날에도 베니스는 진정 경이롭습니다.

전문가가 베니스에 대하여 설명하는 동안, 저는 지금 우리가 겪는 일들에 대하여 생각했습니다. 그리고 역경에 처했던 피난민들이 중요한 선택을 했다는 것을 깨달았습니다. 그들은 새로운 도시를 건설하기를, 그리고 승리하기를 택한 것입니다. 그들은 자신들의 삶을 향상시키고 영구적인 유산을 남기자는 결정을 내렸습니다. 저는 우리도 그들과 마찬가지로 선택의 순간에 있다는 것을 알게 되었습니다.

저는 우리 회사를 재건하고 승리하겠다는 선택을 했습니다. 이제 여러분의 선택이 필요합니다. 우리가 좌절을 겪었다는 것은 분명합니다. 그럼에도 우리의 본질이 바뀐 것은 아닙니다. 우리는 좌절을 딛고 다시 일어설 힘을 가지고 있고, 혁신할 수 있다는 자부심을 갖고 있는 회사입니다. 그 힘은 아직 우리에게 있습니다. 누구도 그 힘을 빼앗아 가지 않았습니다. 우리는 AIG보험이 아직 건재하며 열심히 활동하고 있다는 메시지를 다른 사람들에게 전해야 합니다.

어려운 시기에 여러분들이 보여 주신 능력과 에너지, 인내에 감사드립니다. 저는 우리 회사를 다시 놀라운 곳으로 재탄생시킬 것입니다. 여러분의 적극적인 도움을 기대합니다. 자, 시작합시다!

섀클턴과 마찬가지로 포틴도 조직을 둘러싼 엄중한 상황을 인정했다. 강력한 비유를 활용해서 자신들이 하는 일의 중요성과 앞에 놓인 과제를 알리고, 과제를 해결하는 데 성공했을 때의 생생한 이미지를 보여 주었다. 마지막으로 섀클턴이 했던 것처럼 위기를 극복하기 위해 조직원들이 보여 준 시도와 노력에 감사를 표했다.

포틴의 이야기에 관리자들은 열광적인 박수로 호응했다. 그리고 포틴과 관리자들은 함께 힘을 모아 위기를 타개했다.

상징을 활용하라

탐험대가 처한 상황에 대해 이야기할 때, 섀클턴은 의도적으로 차분한 태도를 취했다. 그러나 목표를 달성하기 위해 해야 할 일에 대해 이야기할 때의 섀클턴은 훨씬 극적이었다. 그는 이러쿵저러쿵 이야기를 늘어놓는 대신 거대한 장애물을 극복할 수 있도록 탐험대의 사기를 북돋는 극적인 드라마를 연출했다.

섀클턴은 이미 부에노스아이레스에서도 이러한 상징적 행위를 활용한 바 있다. 인듀어런스 호의 항해 훈련 중 1등항해사 라이오넬 그린스트리트Lionel Greenstreet가 프로펠러를 암초에 충돌시켰다. 그린스트리트는 중징계를 받을 것이라 생각했다. 그러나 섀클턴은 그가 손상된 프로펠러를 수리할 수 있도록 도와주었고, 그 일에 대해 두 번 다시 거론하지 않았다. 그가 전달하고자 한 메시지는 분명했다. "누구나 실수를 한다. 실수는 고치고 다시 앞으로 나아가면 그뿐이다." 그의 이 상징적인 행동은 탐험 기간 내내 대원들에게 영향을 미쳤다.

인듀어런스 호가 얼음에 의해 난파되었을 때, 섀클턴은 다시 상징적인 행동을 보여 주었다. 그는 꼭 필요한 것이 아닌 물건들을 모조리 버린다면 썰매로 바다를 향해 나아가는 전략이 성공할 수 있다고 확신했다. 그는 대원들에게 탐험을 하는 데 쓸모없는 물건이라면 어떠한 것이라도(다른 곳에서는 아무리 가치 있는 것이라도, 또는 자신에게 아무리 소중하더라도) 버려야 한다는 메시지를 전달해야 했다.

한편으로 섀클턴은 개인적으로 소중한 어떤 물건들은 육체적으로는 그렇지 않더라도 정신적으로는 커다란 도움이 된다는 사실을 알고 있었다.

　나는 썰매의 무게를 최소한으로 줄이려고 신경을 곤두세웠기 때문에 대원들의 개인 소지품을 일인당 1킬로그램까지만 허용했다. 그러나 그들 모두 각자에게 소중한 어떤 물건들이 있었다. 어쩌면 우리의 여정은 정말 길어질지도 몰랐다. 우리를 달가워하지 않을 저편 해안에서 임시 텐트로 혹독한 추위를 견뎌야 할지도 몰랐다. 이러한 상황에 놓일 때, 인간은 자신의 생각을 다른 데로 돌릴 무언가(바다 저편에 있는 고향과 사람들을 생각나게 해 주는 어떤 구체적인 물건 같은 것)가 필요한 법이다.

　고향을 생각나게 하는 물건들은 꼭 필요했다. 반면 다른 상황에서라면 커다란 가치가 있을지 모르는 물건들은 모두 버려야만 했다. 개인 소지품은 1킬로그램밖에 가지고 갈 수 없다고 명령을 내리고 난 뒤, 섀클턴은 극적인 제스처로 모범을 보였다. 그는 파카 안쪽에서 금으로 만든 장식물들을 한 움큼 꺼내 눈 속에 버렸다. 그는 다시 파카에 손을 넣어 금으로 된 담배 케이스를 찾아냈고, 이것 역시 땅에 던져 버렸다.

　메시지는 확실하게 전달되었다. 워슬리는 그 상황을 다음과 같이 회고했다.

　섀클턴은 남극대륙의 최북단인 그레이햄 랜드까지 썰매로 갈 수 있다는 희망을 가졌다. 그는 불필요한 짐은 단 몇 그램이라도 줄이고자 했다. 자신부터 모범을 보여 금시계, 금으로 만든 담배 케이스, 그 밖의 장식품들을 모두 땅바닥에 내던졌다. 이 얼마나 멋진 행동인가! 그의 이러한 행동을 보고 나는 가치는 변하는 것이며 금이 자산이 아니라 부채가 될 수도 있다는 사실을 절실하게 깨달았다. 우리는 모두 자연스럽게, 최소한의 필요한 것들만 남기고 모든 물건을 버렸다.

이 극적인 제스처로 섀클턴은 생존에 도움이 되는 물건만이 중요하다는 사실을 명확히 보여 주었다. 그는 대원들에게 확실하고 분명한 메시지를 전달했다. "우리의 목적 달성에 도움이 되지 않는 물건은 어떠한 것이라도 버려야 한다."

규정집을 불태운 CEO

사람들에게 단순히 어떤 일을 해야 한다고 말하는 것과 기억에 남는 상징적 행동으로 그 메시지를 전달하는 것은 전혀 다른 행위다. 리더는 사람들의 기억에 남지 않는 무미건조한 행동을 할 수도 있고, 금붙이를 눈 속에 던져 버리는 극적인 행동을 할 수도 있다. 가능하면 시각적으로 생생한, 기억에 남는 행위를 해야 한다.

전 세계 10대 항공사 중 고객 서비스 최하위를 기록한 한 항공사는 탑승권에 사용할 연필 색깔에서부터 병가신청서 양식에 이르기까지 모든 것을 관료주의적으로 정해 놓고 있었다. 문제는 이 규정들 때문에 항공사 직원들은 문제 상황을 해결할 재량권이 없다는 것이었다. 직원들은 규정 위반 시 처벌까지 받아야 했다.

예를 들어, 이 항공사의 규정에 의하면 비행 편이 취소될 경우 정액으로 항공권을 산 승객에게만 호텔 객실을 제공하고 할인된 가격으로 항공권을 산 승객에게는 식권만 제공해야 했다. 이 같은 경직

된 규정은 당연히 회사의 이미지를 훼손시켰다. 화가 난 승객들은 탑승 수속 직원에게 불만을 터뜨렸고, 실제로 탑승 수속 직원들은 위험 근무 수당까지 받았다.

회사의 규정집은 경직된 시스템의 상징이었다. 변화가 필요함을 상징적으로 표현하기 위하여 사장은 한 무리의 직원들을 주차장으로 데려갔다. 그곳에서 그들은 규정집을 200리터짜리 드럼통에 던져 넣고 가솔린을 부은 뒤 불을 질러 버렸다. 규정집을 불태움으로써 조직에 강한 메시지를 전달한 것이다. "맹목적으로 규정집을 따르지 말라. 창의성을 발휘하여, 회사에도 이익이 되고 고객에게도 이익이 되는 행동을 하라."

모범을 보여라

섀클턴은 말뿐 아니라 행동으로도 자신이 책임을 다하는 리더임을 보여야 함을 알고 있었다. 섀클턴이 보여 준 탁월한 예 중 하나는 페이션스 캠프에서 엘리펀트 섬을 향해 보트로 항해하던 중에 한 행동이었다.

이 혹독한 항해는 그들을 육체적으로나 정신적으로나 힘들게 했다. 대원들은 쉴 새 없이 쏟아지는 비에 흠뻑 젖었고, 살을 에는 듯한 추위 때문에 도저히 잠을 이루지 못했다. 바다표범의 거친 숨소리가 작은 보트를 둘러쌌고, 대원들은 바다표범이 물 위로 올라올 때마다 공포에 떨었다.

강한 바람과 물살이 보트를 사정없이 밀어냈다. 때문에 대원들은 자신들이 예상 경로에서 다른 방향으로 떠밀린 것을 발견하고 소스라치게 놀라곤 했다. 신선한 물 또한 부족했다. 타는 듯한 갈증을 해소할 수 있는 유일한 방법은 물개 고기를 날것으로 씹어 피를 삼키는 것이었다. 그러나 이렇게 해서 갈증을 해소하고 나면 심하게 흔들리는 배로 인해 극심한 멀미에 시달려야 했다.

섀클턴은 그 상황을 다음과 같이 묘사했다.

> 수온은 영하 4도였고, 수면은 얇게 얼어 있었다. 경계 임무를 맡지 않은 대원들은 서로 껴안아 체온을 유지했다. 몸이 스칠 때마다 얼어붙은 옷이 소리를 냈고, 조금만 움직여도 비교적 따뜻한 부분에 살을 에는 듯한 바람이 새어 들어왔기 때문에 우리는 꼼짝도 하지 않고 서로를 꼭 끌어안은 채 우리의 희망과 생각들을 이야기했다. 가끔씩 맑은 하늘에서 눈송이들이 조용히 바다 위에 내려앉았고, 우리의 몸과 보트 위에 하얀 옷을 덮어 주었다.

상황은 갈수록 악화되어 섀클턴은 모든 대원들이 무사히 밤을 보낼 수 있을지 걱정을 떨칠 수 없었다. 대원들의 뇌리에 선명히 각인될 상징적인 행동이 필요한 순간이었다. 자신의 역할을 인식하고 있던 섀클턴은 구명보트 후미에 똑바로 선 채 조타를 지휘했다. 그럼으로써 그는 자신이 정신을 똑바로 차린 채 대원들의 사기를 북돋고 있음을 보였다.

오들리는 사진사인 헐리가 장갑을 잃어버렸을 때 섀클턴이 보인 반응을 적었다.

새클턴 경은 그야말로 가장 노출이 심한 위치에 서 있었다. 그런데도 그는 즉각 자신의 장갑을 벗어 헐리에게 건네주며 받으라고 고집했다. 헐리가 끝까지 장갑을 받지 않자, 그는 부하가 장갑 없이 지내야 하는 상황에서 자신이 장갑을 끼느니 차라리 배 밖으로 던져 버리겠다고 했다. 장갑을 벗어 준 새클턴 경은 결국 한쪽 손가락에 심한 동상이 걸렸다.

새클턴이 보여 준 리더로서의 존재감, 그리고 자기희생의 모범은 대원들이 안전지대인 엘리펀트 섬에 무사히 도착하는 데 실로 중요한 역할을 했다. 이러한 사례는 베트남전에서도 찾아볼 수 있는데, 리더십을 효과적으로 드러내는 게 얼마나 중요한지를 다시 확인시켜 주는 사례다.

필 카푸토Phil Caputo는 해병대 중위로 베트남전에 참전했다. 카푸토는 자신의 회고록 『전쟁의 루머A Rumor of War』에서 적의 매복 공격 순간에 소대의 중사였던 와일드 빌 캠벨"Wild Bill" Campbell이 한 행동을 묘사하고 있다. 카푸토와 그의 소대는 중무장한 적의 자동화기에 공격당하고 있었다. 총알들이 나무에 박혔고, 나뭇가지들이 마구 꺾여 나갔다. 소대원들은 공포에 휩싸였고, 조준도 하지 않고 총을 발사하며 탄환을 낭비했다. 카푸토는 다음과 같이 회고했다.

나는 두렵지 않았다. 다만 혼란스러웠을 뿐이었다. 아니, 어쩌면 두려웠기 때문에 혼란스러웠던 것인지도 모른다. 그때 우리 뒤쪽에서 캠벨의 목소리가 들렸다. "사격 중지, 이 멍청한 놈들아! 사격 중지." 적군의 탄환이 그의 뒤쪽에서 날아와 땅에 박혔다. 그의 발꿈치에서 겨우 3센티미터 떨어진 곳에 박힌 탄환도 있었다. 그는 마치 사격 연습장 교관처럼 아무렇지 않은 듯 천천히 걷고 있었다. "2소대 사격 중지. 지금 총을 어디다 쏘고 있는 거야. 아무래도 사격 훈련을 다시 시켜야겠군."

갑작스런 적의 공격에도 침착함을 잃지 않은 중사의 모습에 소대원들은 정신을 차리고 사격을 멈추었다. 대원들이 사격을 멈추자 카푸토 중위는 참호 밖으로 나왔다. 카푸토가 중사의 침착함을 칭찬하자 캠벨은 우쭐대지 않고 헬리콥터에서 뛰어내리다가 등에 부상을 입어 빨리 뛸 수 없기 때문이라고 둘러댔다.

해병대 베테랑 용사들은 대부분 자신의 소대원들이 겁에 질려 통제가 되지 않을 때 이렇게 안심시켜 줄 필요가 있다는 사실을 잘 알고 있었다. 행동 하나가 어려운 상황에 처한 소대 전체의 분위기를 바꿔 놓은 것이다.

맥도날드 창업자의 솔선수범

당신은 조용하면서도 유능한 리더가 될 수도 있다. 그러나 어떤 방향을 택하든 리더는 인상적이고 상징적인 행동을 할 줄 알아야 한다. 엘리펀트 섬까지의 보트 여행은 육체적으로 무척 힘든 것이었고, 탐험대가 맞부딪친 가장 어려운 상황 중 하나였다. 특히 리더로서 부담을 안고 있는 섀클턴에게는 더 어려운 상황이었다.

그럼에도 불구하고 섀클턴은 자신이 선두에 서야 함을 알았고, 기꺼이 살을 에는 듯한 파도와 맞섰다. 와일드 빌 캠벨 역시 리더십을 보여 주는 일의 중요성을 이해했고, 소대원들을 안정시키기 위해 포화 속에서도 침착하게 행동했다.

이러한 행동을 두고 떠드는 것은 누구나 할 수 있는 일이다. 그러나 날씨 때문이든 적들의 공격 때문이든 성난 고객이나 주주 때문이든, 체력이 다해 위험에 처한 상황에서 실천하기란 상상 이상으로 어렵다.

리더는 이러한 상황에서야말로 자신이 위험에 정면으로 맞서고 있음을 보여 주어야 한다. 당신은 리더라는 지위를 활용하여 구성원들에게 안정감을 주고, 가야 할 방향을 제시하며, 기운을 북돋아 주어야 한다.

기업회생 상황이나 위기상황에서만 리더의 행동이 힘을 발휘하는 것은 아니다. 맥도날드의 창업자 레이 크록Ray Kroc은 일리노이 주 오크브룩에 있는 본사 근처의 맥도날드에 예고도 없이 불쑥 나타나곤 했다. 그는 어느 날 실제로 있었던 다음과 같은 에피소드를 들려주었다.

7월의 어느 오후 맥도날드 주차장에 차를 세웠을 때, 나는 화단이 밀크셰이크 컵, 해피밀 박스, 냅킨 같은 쓰레기들로 가득 차 있는 것을 발견했다. 나는 안으로 들어가 매니저를 불렀다. 그러자 매니저 대신 부매니저가 나왔다. 나는 그에게 매니저를 불러오라고 말했다. 잠시 후 근처에 있는 자기 집에서 쏜살같이 달려온 매니저가 겁먹은 표정으로 내게 물었다. "찾으셨습니까, 회장님?" 나는 그를 데리고 주차장으로 가 화단을 가리키며 말했다. "저것 좀 보게. 우리 식당 주변에 쓰레기가 널려 있어서야 되겠는가?" 나와 내 기사 그리고 매니저는 잠깐 동안 화단 주변에 널린 쓰레기를 모두 주웠다.

매니저와 함께 쓰레기를 주우며 크록은 문책보다는 문제 해결이 더 중요하다는 것을 보여 주었다. 또한 그는 필요한 일을 하지 않아도 될 만큼 높은 사람은 없다는 것도 보여 주었다. 이 이야기는 맥도날드 사훈의 일부가 되어 세세한 것에까지 관심을 기울이고 협력을 중요시하는 기업문화를 수립하는 데 커다란 영향을 미쳤다.

요점은 명백하다.

리더는 독특한 역할과 특별한 힘을 갖는다. 인상적인 행동으로 모범을 보여 당신의 조직을 최강으로 이끌라.

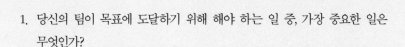

1. 당신의 팀이 목표에 도달하기 위해 해야 하는 일 중, 가장 중요한 일은 무엇인가?

2. 어떻게 그 일을 시각적으로 보여 줄 수 있겠는가? 그 일을 묘사하는 이야기나 비유가 있는가? 섀클턴이 눈 속에 금붙이를 던진 것 같은, 당신이 조직원들에게 보일 수 있는 행동은 무엇인가?

3. 연설을 해 본 적이 있는가? 조직을 재충전시키기 위해 연설할 필요가 있지는 않은가?

4. 당신이 사용해 본 적이 있거나 사용 중인 상징은 무엇인가? 당신은 상징적인 행동을 얼마나 자주하는가?

낙천적 마인드와
자기 확신을
가지되
현실을 직시하라

샤클턴은 대원들이 서로 어떤 태도를 가지고 대하는지, 탐험에 대하여 어떤 마음을 품고 있는지 전부 알고 있었다. 그는 대원 한 사람, 한 사람이 다른 사람들의 마음에 얼마나 중대한 영향을 미치는지 알았다. 때문에 그는 항상 쾌활함과 낙천성을 강조했다. 그의 태도는 한마디로 "우리는 낙천적이 되어야 한다"는 것이었다. |프랭크 A. 워슬리|

날카로운 지성과 비즈니스 능력, 그리고 원만한 대인관계야말로 리더의 필수적인 자질이다. 그러나 극한상황에서 리더에게 필요한 능력을 한 가지만 들라고 하면, 바로 험난한 역경에 직면해서도 낙천일 수 있는 능력일 것이다. 즉, 도저히 불가능한 것처럼 보이는 상황에서도 역경을 극복할 수 있다는 신념, 그리고 자신의 이러한 신념이 옳은 것임을 다른 사람에게 확신시킬 수 있는 능력이다.

어떤 비평가들은 샤클턴이 지나친 낙관주의 때문에 곤경에 빠졌으며, 처음부터 아예 그러한 시도를 하지 말았어야 했다고 말한다. 노르웨이의 포경선 선장들은 그에게 얼음 상태가 좋지 않다고 경고했다. 샤클턴은 그들의 말을 따라 보다 신중한 코스를 택할 수도 있었지만 계속 자신의 생각을 밀어붙였다.

샤클턴이 애초에 탐험을 하지 말았어야 하는지에 대해서는 이 책의 후반부에서 다시 다뤄 볼 것이다. 이 점에 대해서는 이견이 있지만, 샤클턴의 굴하지 않는 낙천성과 낙천성을 다른 사람에게 전파하는 능력 덕분에 탐험대는 힘겨운 난관들을 극복할 수 있었다.

낙천성을 계발하라

　다른 사람들에게 낙천성을 퍼뜨리려면, 먼저 당신이 낙천적이어야 한다. 섀클턴 집안의 가훈(인내로서 정복하라)은 탐험가에게 필요한 자질을 한마디로 표현하고 있다. 그러나 그의 굴복하지 않는 기질이 그저 가계에서 물려받아 형성된 것은 아니다. 그것은 그가 많은 노력을 기울여 계발한 자질이었다.

　섀클턴은 낙천성을 계발하기 위하여 많은 시간을 들였다. 그는 모든 면에서, 특히 독서를 할 때 이 점에 중점을 두었다. 예를 들어, 그는 로버트 브라우닝Robert Browning의 시 〈프로스파이스Prospice〉를 즐겨 인용했다.

　　나는 항상 투사였다. 한 번만 더 해 보자.
　　최후의 것이 최상의 것이다. (…)

　　용감한 자는 최후의 한순간에
　　최악을 최상으로 바꿔 놓는다.

　섀클턴은 항상 낙천적으로 생각했다. 그가 처음 남극 탐험에 참가했을 때, 눈보라로 인해 탐험대가 더 이상 앞으로 나아가지 못했던 적이 있었다. 그때 그는 다윈의 『종의 기원』을 읽었다. 그리고 적자 생존에 대한 다윈의 믿음을 가슴 깊이 느꼈다. 그러자 좋지 않은 몸 상태에도 불구하고 그의 마음은 부풀어 올랐다.

물론 그 시대의 정신적 흐름 자체가 낙천적이기는 했지만 섀클턴은 그것을 또 다른 차원으로 끌어올렸다. 상대방의 거절을 받아들이지 않고 끝까지 매달려 탐험 자금을 받아 낸 일화들에서 그의 세일즈맨적 기질을 엿볼 수도 있지만, 그의 정신은 그저 세일즈맨적 기질에만 머무른 것이 아니었다. 섀클턴은 자신의 성공을 믿었고, 그의 이러한 굳은 신념은 다른 사람들에게도 전달되었다.

셀리그만의 'ABCDE' 모델

여기서 한 가지 질문을 해 보자. 당신은 섀클턴과 같은 낙천성을 지녔는가? 그는 특별한 자질을 갖춘 카리스마 있는 리더였다. 섀클턴 같은 위대한 리더들은 종종 자신의 능력에 대한 특별한 믿음 속에서 탄생하는 것 같다. 예를 들어, 조지 패튼George S. Patton 장군은 역사 속에서 자신이 필연적인 역할을 할 인물이라는 신념을 가지고 성장했다.

모두가 섀클턴이 지녔던 무한한 낙천성과 성공에 대한 신념을 갖긴 어려울지 모른다. 우리들 중에 '인내로서 정복하라' 같은 가훈을 가진 집안에서 자라난 사람은 극히 드물 것이다. 예를 들어, 나의 한 고객은 『섀클턴의 위대한 항해』를 읽은 후 자기 집안의 가훈은 '착하게 살자'였다고 말했다. 또 누군가는 내게 비꼬듯이 이렇게 말했다. "나도 낙천적인 리더요. 기분이 안 좋을 때만 빼고."

그러면 우리에게는 다음과 같은 의문이 남는다. 낙천성은 타고나는 것인가? 낙천성은 후천적으로 계발될 수 있는가? 만일 낙천적인 기질을 타고나지 못했다면 어떻게 계발할 수 있을까?

모두가 낙천성을 타고나지는 않을 것이다. 하지만 낙천성은 후천적으로 습득하여 향상시킬 수 있는 능력이다. 우리는 무의식적으로 행하는 자기 내면과의 대화에 주의를 기울여야 한다.

때때로 나는 사람들에게 다음과 같은 질문을 던진다. "자기 자신과 이야기하는 사람 한번 손들어 보십시오." 그러면 사람들 중 절반 정도가 손을 든다. 나머지 반은 자신과 대화하지 않는다고 말한다.

사실 자신과 대화하는 것은 인간의 본성이다. 낙천성을 계발하는 첫 단계는 자신이 스스로에게 하는 말에 관심을 기울이는 것이다. 만일 당신이 어떤 역경이나 곤경에 처해 있을 때 자기 자신과의 대화에 주의를 기울인다면 스스로에게 어떤 메시지를 보내는 중인지 알게 될 것이다. 올바른 메시지는 당신에게 힘을 주고, 잘못된 메시지는 당신을 의기소침하게 한다.

낙천성을 계발하려면 긍정적 메시지를 끊임없이 전달해 절망과 염세주의에 찌든 목소리를 억눌러야 한다. 스스로에게 긍정적 메시지를 전달하는 방법 중 어떤 것들은 부자연스럽거나 작위적으로 보일지도 모른다. 그럴 수 있다. 하지만 이런 방법들은 커다란 효과가 있다.

나의 고객 중 한 명은 지극히 어려운 임무를 부여받고 팀을 지휘하게 되었다. 그의 임무는 팀원 중 누구도 제대로 경험해 본 적 없는 분야에 대한 보고서를 제출하는 것이었다. 게다가 시간도 빠듯하여 팀원들 모두, 심지어는 그 고객까지도 완전히 의욕을 상실한 상태였다. 도저히 그 목표를 달성할 수 없는 것처럼 보였다.

그러던 어느 날, 그 고객은 한 잡지에서 화려한 색조로 페이지를 가득 메운 "You can do it!"이라는 문구를 보았다. 그는 그 문구를 오려 내어 화장실 거울에 붙였다. 매일 아침마다 그는 "You can do it!"이라는 문구가 붙은 자신의 얼굴을 보았다. 문자 그대로 낙천적인 이미지가 하루를 시작하는 방법을 바꿔 놓았다. 그렇다. 그 방법은 작위적이었지만 효과적이었다. 결국 그 팀은 마감시한에 맞추어 훌륭한 보고서를 제출했다.

심리학자인 마틴 셀리그만Martin Seligman은 자칭 '학습된 낙천성learned optimism'이라고 부르는 체계적인 접근 방법을 개발했다. 셀리그만은 다양한 실제상황을 연구 사례로 삼아 낙천적인 자기 대화가 미치는 효과에 대해 연구했다. 연구 결과 그는 낙천주의자는 염세주의자보다 일을 더 훌륭하게 해내고, 객관적 데이터(예를 들어 대학입학 능력시험 점수 같은)에 의해 예측된 것보다 성공할 확률이 더 높다는 것을 알아냈다.

셀리그만은 자신의 'ABCDE' 모델을 이용하는 것이 막연하게 긍정적 메시지를 보내는 것보다 훨씬 효과적이라고 주장한다.

1. 역경(Adversity)—당신이 직면한 역경을 파악하라.

   (예를 들어, 중요한 프로젝트 보고서 작업 중 컴퓨터가 고장난다.)

2. 단정(Believes)—특정 사안에 대한 당신 자신의 생각이나 단정을 확인하라. ("이 보고서는 완성 못 할 것 같은데.")

3. 결과(Consequences)—단정의 결과를 생각하라.

   ("나는 좌절하고 말겠지.")

4. 저항(Dispute)—근거 있는 타당한 논리로 부정적 단정에 대항하라.

   ("나는 인내심을 발휘해서 다른 문제들도 해결해 왔어.")

5. 힘(Energy)—역경을 극복하는 데 필요한 에너지와 감정을 발생시켜라. ("여유와 자신감을 가지면 보고서를 완성할 수 있을 거야.")

낙천주의적 접근은 당신에게 큰 도움이 될 수 있다. 하지만 이러한 접근법은 연습을 필요로 한다. 연습을 통해 작은 장애물들을 극복함으로써 보다 심각한 상황에 처하더라도 낙천성을 발휘하도록 하라. 그리고 자기 자신과의 내적 대화를 인식하도록 하라. 헨리 포드Henry Ford가 말했던 것처럼 "당신이 할 수 있다고 생각하든 또는 할 수 없다고 생각하든 당신이 옳다".

낙천성을 확산시켜라

섀클턴은 자신의 낙천성을 계발하는 데에서 그치지 않았다. 그는 탐험대의 모든 대원들에게, 심지어는 냉소주의자들에게조차도 깊은 영향을 미치며 자신의 긍정적인 생각을 전달했다.

섀클턴은 전염성을 지닌 인물이었다. 무엇보다도 그는 자신의 성공을 절대적으로 믿고 있었기 때문에 낙천적인 생각을 갖는 것이 전혀 어렵지 않았다. 섀클턴은 탐험대의 가장 주요한 방침이 '낙천적이어야 한다'라는 것을 대원들에게 분명히 주지시켰다.

자신의 신념을 상대에게 전하는 섀클턴의 능력은 마음의 평정을 유지하는 그의 능력(영국인 특유의 강인함과 고도의 자기 통제)과 공존할 때도 있었다. 탐험대원들이 자신들이 처한 상황의 심각성을 인식하기 전에 열렸던 선상 파티에서 그가 보인 행동이 이러한 모습을 잘 드러내고 있다.

리츠 호텔로 불렸던 아래쪽 갑판에서 극지방 탐험대의 전통에 따라 파티가 열렸다. 이 파티에서 대원들은 마음대로 의상을 갖춰 입은 채 노래를 부르고 촌극을 벌이곤 했다. 대원들이 가장무도회를 준비하는 동안 섀클턴은 프랭크 와일드와 워슬리 선장을 만나 심각한 이야기를 하고 있었다. 그는 앞으로 배에 다가올 운명을 확신하고 있었고, 워슬리에게 그 상황에 대해 분명하게 설명했다.

이 배는 더 이상 견딜 수 없어. 마음의 준비를 해 두는 것이 좋겠어. 이젠 시간문제일 뿐이야. 몇 개월을 버틸지 아니면 몇 주일… 아니, 어쩌면 불과 며칠밖에 못 버틸지도 몰라….

섀클턴이 이 예언 같은 말을 마치자마자 1등항해사인 그린스트리트가 문을 노크하고 들어와 파티 준비가 끝났다고 알렸다. 잠시 후 섀클턴은 대원들과 함께 큰 소리로 웃으며 파티를 즐겼다. 아마 누구도 무거운 생각이 그의 마음을 짓누르고 있었단 사실을 상상조차 하지 못했을 것이다.

물론 섀클턴조차 견디기 어려운 책임감에 압도되어 버린 적이 있었다. 특히 탐험대가 페이션스 캠프에서 그나마 안전지대라고 할 수 있는 엘리펀트 섬으로 벗어나기 직전이 바로 그런 상황이었다. 그들은 점점 작아지는 얼음덩이 위에서 추위와 강풍에 시달렸다. 다른 얼음덩이에 부딪치거나 커다란 파도에 휩쓸려 버릴지도 몰랐다. 그에게는 견디기 힘든 현실이었다. 섀클턴은 그 당시 자신의 감정을 다음과 같이 회고했다.

나는 견디기 힘든 책임감이 내 어깨를 무겁게 짓누르고 있음을 느꼈다. 그러나 한편으로 대원들의 태도가 내게 용기와 힘을 주었다.

섀클턴은 대원들에게서 힘을 얻었고, 대원들은 섀클턴의 존재와 태도에서 낙천성을 얻었다.

섀클턴이 대원들에게 희망을 가지라고 막연히 호소하기만 했던 것은 아니다. 그는 긍정적 에너지를 창출하는 나름대로의 방법을 가지고 있었다. 예를 들어, 그는 대원들이 계속 알래스카 탐험에 대해 활발하게 토의하도록 했다. 얼어붙은 남극 바다 한가운데에 갇혀 있는 대원들에게 반대편 극지방을 탐험한다는 생각은 아무래도 황당하게 받아들여질 수밖에 없었을 것이다. 그러나 이러한 토의를 통해 그들은 현재의 곤경이나 자신들 앞에 놓인 잠재적 위험에 대한 생각에서 벗어나 다른 일에 몰두할 수 있었다. 워슬리 선장은 그 당시 상황을 다음과 같이 회고했다.

우리는 지도와 책을 펼쳐 놓고, 현재의 곤경에서 어떻게 벗어날 것인지 걱정하기보다는 우리의 다음 탐험을 위한 토론에 열중했다.

알래스카 탐험 계획을 세우는 일은 따분한 장시간의 탐험에 즐거움을 주었다. 대원들의 관심을 다른 곳으로 돌리는 아주 훌륭한 방법이기도 했지만, 그늘이 미래에 또 나는 여생을 알 수 있나는 악속이기도 했다. 즉, 그 토론에는 그들이 현재 상황을 극복할 것이라는 강한 암시가 내포되어 있었다.

리더는 얼마나 솔직해야 하는가

리더는 성공이 필요하고 또 가능하다는 것을 팀원들에게 확신시켜야 한다. 그들을 인간적으로 비난하지 않으면서 그들이 가진 부정적 신념을 깨뜨리고 상황을 바꿀 수 있다는 것을 보여 주어야 한다. 또한 리더는 조직 전체에 친밀감이 흐르게 하는 방법을 찾아야 한다. 이러한 환경이 조성되어야 문제 해결을 위한 창의적인 아이디어가 나온다.

섀클턴은 대원들에게 인간적으로 접근했고 어떻게 해서든지 그들의 지지와 호응을 얻으려 했다. 섀클턴의 경우에는 이런 접근 방법이 좋은 결과를 낳았다. 그런데 한 가지 의문이 있다. '역경에 직면했을 때 리더는 내적인 감정과 염려하는 점을 얼마만큼 솔직하게 구성원들과 공유해야 하는가' 하는 문제이다.

리더들은 정직하게 모든 것을 공개하고 깊숙한 속마음까지도 털어놓아야 한다고 믿는 사람들이 있다. 그들은 이렇게까지 하지 않으면 그저 생색내기에 불과하며, 자신의 속마음을 털어놓을 때 다른 사람들도 솔직해진다고 주장한다.

그러나 내 생각은 다르다. 낙담이나 두려움, 절망감 등을 나타내고 싶은 마음이 들더라도 리더는 평정을 유지해야 한다. 현실을 은폐하거나 조직원들에게 상황에 대한 정보를 주지 말아야 한다는 것이 아니다. 극한상황에서는 리더의 태도가 힘과 낙천성을 불러일으킬 수도, 두려움과 패배주의를 유발할 수도 있다고 말하는 것이다. 리더가 취하는 태도가 자기성취적 예언이 되기도 한다.

리더가 공개적으로 두려운 감정을 드러내면 조직이 낙천적인 분위기를 되찾는 게 어려워지거나 불가능해질 수 있다. 따라서 나는 리더는 조직이 부정적인 정보를 완전히 소화할 수 있는 여건을 갖출 때까지 조직원들의 두려움을 최대한 억제하고 통제해야 한다고 믿는다. 때가 되면 정보를 알린 뒤 해결 방법을 논할 수 있을 것이다.

'낙천지수'가 높은 팀을 구성하라

섀클턴의 남극대륙 횡단 탐험 이야기를 듣고 난 뒤 어떤 사람들은 탐험대의 성공이 대원 선발 과정과 그처럼 유능한 팀을 구성한 섀클턴의 능력 덕분이라고 결론짓는다. 사실 섀클턴의 선발 과정은 엉성했고, 종종 우발적으로 이루어졌다. 그럼에도 섀클턴은 몇몇 주요 직책에 탁월한 능력자들을 선발했고, 그 사람들의 능력을 극대화하는 데에 성공했다. 대원들을 적재적소에 배치한 그의 능력은 실로 탁월한 것이었다.

또한 섀클턴은 대원들 각자의 기질과 사고방식에 세심한 주의를 기울였다. 특히 그는 힘든 과업을 수행하는 데 있어서 절대적으로 고려해야 할 '낙천지수Optimism Quotient'(낙천주의적 인원과 비관주의적 인원 간의 비율)를 염두에 두고 있었던 것 같다.

아마 섀클턴의 대원 선발 작업에서 가장 주목할 만한 부분은 프랭크 와일드의 선발일 것이다. 섀클턴은 이전 탐험에서 와일드와 함께 혹독한 어려움을 견뎌 냈고, 그 결과 그는 와일드의 성격을 완벽하게 파악했다. 와일드는 굽히지 않는 성격의 사나이였고, 충성도가 높았다. 또한 그는 장애물은 극복하기 위하여 존재한다는 섀클턴의 근본적인 신념을 공유하고 있었다.

와일드의 낙천성은 수많은 상황에서 중요한 역할을 했다. 예를 들어 섀클턴이 파티 전에 인듀어런스 호의 운명에 대해 발표했을 때, 와일드는 선장 워슬리가 몸을 떨고 있는 모습을 보았다. 와일드는 즉시 자리에서 일어나 부드럽지만 확신에 찬 음성으로 선장을 안심시켰다. "우리는 결코 얼음이 우리를 집어삼키도록 내버려 두지 않을 거요. 인듀어런스 호는 그렇게 되겠지만 우리는 절대로 그렇게 되지 않을 거요." 이 말로 인해 워슬리는 평정을 찾을 수 있었다. 후일 워슬리는 이렇게 회고했다.

와일드의 말은 내게 큰 힘이 되었다. 나 같은 뱃사람에게 배를 버린다는 것은 팔이나 다리가 잘려 나가는 것과 마찬가지다. 그러나 와일드의 말을 듣고 나는 내 눈앞에서 사라져 갈 배도 중요하지만 이제 사람들의 목숨이 달려 있음을 (…) 그리고 우리의 임무는 비록 얼음이 배는 삼킬지라도 대원들은 삼키지 못하도록 하는 것임을 깨달았다.

와일드의 낙천성은 다른 많은 상황에서도 중요한 역할을 했다. 낙천성을 유지하는 와일드의 능력은 혹독한 시련 속에서도 굳건하게 버텨 주는 닻과 같았다. 그리고 그의 이러한 능력은 섀클턴이 제임스 커드 호를 타고 사우스조지아 섬을 향해 떠난 후에 검증되었다.

섀클턴은 엘리펀트 섬에 남겨진 22명의 대원들에 대한 지휘권을 와일드에게 넘겨주었다. 남은 자들의 마음을 다스리는 것은 어려운 일이었다. 어쩌면 사우스조지아 섬으로 가는 섀클턴의 일보다 훨씬 더 어려울지도 몰랐다.

남은 대원들은 128일 동안 섀클턴의 생사조차 알 수 없었다. 와일드는 언제 어떠한 재난이 자신들을 집어삼킬지 모르는 두려운 현실 속에서도 대원들의 희망을 유지시켜야 하는 힘겨운 과업을 수행해야 했다. 여러 절망들이 제각기의 방식으로 그들에게 손짓했다. 비관주의자인 오들리는 펭귄을 더 이상 잡을 수 없게 될지 모른다고 걱정했고, 실제로 펭귄은 점점 더 잡기가 힘들어졌다. 대원들 모두가 고통을 겪고 있었고, 특히 밀항자인 블랙보로는 심한 동상으로 인해 발가락을 잘라 내기까지 해야 했다. 절망적인 분위기가 팽배할 수밖에 없었다(특히 담배가 바닥이 났을 때 절망감이 극에 달했다).

그러나 와일드가 대원들을 잘 이끌 수 있으리라는 섀클턴의 확신은 들어맞았다. 와일드는 대원들에게 일상적인 업무들을 계속하도록 하는 한편, 대원들이 섀클턴의 지휘하에서 보여 주었던 긍정적 태도를 계속 유지하도록 했다.

프랭크 와일드는 리더가 없는 상황에서도 팀에 뿌리내린 낙천성을 유지시켰다. 그는 자신들이 구조되지 못할 거라는 생각은 추호도 하지 않았다. 흔들리지 않는 신념을 보여 주려는 듯, 그는 매일 아침 쾌활한 목소리로 대원들을 깨웠다. "자, 일어나! 식사하자고. 오늘은 보스가 오실지도 몰라." 삐딱한 성격의 오들리마저도 사람들의 사기를 북돋는 와일드의 능력은 참으로 뛰어나다고 인정했다.

섀클턴의 다른 선택에 있어서도 낙천성은 주요한 요소였다. 사우스조지아 섬까지 가는 임무를 수행할 대원들을 선발할 때, 섀클턴은 대원들이 지닌 다양한 자질을 고려했다. 그 과정에서 그는 팀의 사기에 도움을 줄 만한 사람이 얼마나 중요한지를 본능적으로 알고 있는 듯 행동했다.

새클턴은 제임스 커드 호에 승선할 다섯 명의 대원 중 한 명으로 티모시 맥카티Timothy McCarthy를 선발했다. 맥카티는 좋은 성품 덕분에 탐험대원들이 모두 좋아한 유능한 선원이었다. 맥카티는 뛰어난 육체적 능력으로 탐험에 많은 도움을 주었다. 그러나 최악의 조건과 기후에서도 긍정적인 생각을 유지하는 그의 능력이야말로 진정 탐험에 필요한 부분이었다.

맥카티는 사우스조지아 섬까지 가는 16일간의 긴 여정 동안 낙천적인 태도를 잃지 않았다. 위슬리는 다음과 같이 회고했다.

맥카티는 내가 지금까지 보아 온 사람들 중 가장 낙천적이었다. 배가 온통 얼음에 휩싸이고 바닷물이 계속해서 쏟아져 들어오는 상황에서 내가 그에게 키를 넘겨주자 그가 밝은 미소를 지으며 말했다. "오늘은 좀 재미있을 것 같은데요, 선장님. 조금 전까지만 해도 따분했었는데…."

맥카티의 낙천적인 태도는 물에 젖어 고통스러워하는 선원들의 사기를 북돋아 주었다. 새클턴이 그를 택한 것은 그 험난한 여정을 고려한 탁월한 결정이었다.

사우스웨스트 항공의 사례

팀에서 핵심적인 역할을 담당할 사람을 선발할 때 지식, 기술, 성과를 내는 데 필요한 능력 등에 대해 생각하는 것은 당연한 일이다. 그러나 이러한 요소들 외에 다른 사람들과 협력해서 일하는 능력, 가치관, 성실성 등과 같은 개인적 자질도 신중하게 고려해야 한다.

낙천주의나 염세주의 같은 개인적 특성이 중요하지 않은 요소일 수도 있을 것이다. 채용 시 모든 사람들에 대해 인성검사를 해야 한다는 것이 아니다. 그러나 각 개인이 곤경에 처했을 때 어떠한 모습을 보이는지 신중하게 살펴볼 필요가 있다. 어려운 상황에 처할 때에도 낙천적인 태도를 갖는 사람들을 선발하는 것은 분명 중요한 일이다.

'사우스웨스트 항공Southwest Airlines'은 직원들을 뽑고 교육시킬 때부터 낙천지수를 고려한다. 사우스웨스트 항공의 회장 겸 CEO였던 허브 캘러허Herb Kelleher는 이렇게 말하고는 했다. "우리는 긍정적인 태도를 가지고 다른 사람 돕기를 즐기는 사람들을 원한다."

낙천성을 키우기 위해서는 모든 사람들이 서로 돕는 구조로 교육 과정이 구성되어야 한다. 교육을 마치고 난 뒤 토론 시간에 강사는 각자가 어떻게 서로에게 기여했는지, 그리고 인성과 기질 사이의 차이점이 무엇인지 언급한다. 긍정적인 태도를 가진 사람을 채용하고, 교육을 통해 긍정적 태도를 계속하여 키워 나감으로써 사우스웨스트 항공은 직원들의 다양성과 낙천성을 성공적으로 육성했다.

세상을 장밋빛 거울을 통해 들여다보는 사람들로만 조직을 구성해야 하는 것은 아니다. 나중에 언급하겠지만 팀마다 낙천지수는 다를 수 있고, 그 모두 나름대로의 가치가 있다. 그러나 팀 전체의 낙천지수는 주어진 일이 아무리 불가능한 것처럼 보일 때일지라도 성공에 대한 신념을 계속 유지할 수 있을 만큼 높아야 한다. 모든 팀은 '맥카티'와 같은 사람을 필요로 한다.

어려운 상황은 긍정적으로 재구성하라

조직이 곤경에 처하더라도 리더가 긍정적인 방향으로 상황을 재구성한다면 조직 내의 낙천성은 계속 유지될 수 있다. 가장 극적인 예는 『살아남기Alive』라는 책에 실린 생존기에서 찾아볼 수 있다.

1972년 10월 12일, 우루과이 럭비 선수들과 그들의 가족들이 탄 비행기가 안데스 산맥의 고지에 불시착했다. 살아남기 위해서는 그들을 위협하는 상황들과 처절한 사투를 벌여야 했다. 다만 그들에게 한 가지 위로가 되는 점은 구조 활동의 진전 상황을 매일 라디오로 들을 수 있다는 것이었다.

그런데 그들이 조난을 당한 지 8일째 되는 날, 구조 수색 작업이 중단되었다. 먼저 이 소식을 들은 세 사람은 이 사실을 다른 생존자들에게 알려야 할 것인지를 놓고 격론을 벌였다. 생존자들의 리더 격이었던 구스타보 니콜리치Gustavo Nicholich는 다른 사람들에게 현재 상황을 이야기해야 한다고 고집했다.

그는 산처럼 쌓인 여행용 가방과 럭비 셔츠 사이의 좁은 통로를 비집고 기어 올라갔다. 통로 끝에 두려움과 걱정이 가득한 얼굴을 한 사람들이 그를 기다리고 있었다. 그가 소리쳤다. "봐, 희소식이 있어. 방금 라디오를 들었는데 수색 작업을 중단했대." 기내에 갑자기 침묵이 흘렀다. 잠시 후 모두들 절망감에 사로잡혀 울음을 터뜨렸다. "도대체 그게 무슨 희소식이라는 거야?" 파에즈가 니콜리치에게 분통을 터뜨리듯 소리쳤다. "그건 말이야, 이제 우리 힘으로 여기서 빠져나갈 수 있다는 소리이기 때문이지."

구스타보 니콜리치가 보여 준 낙천성과 신념은 생존자들에게 비행기 사고 이후 일어났던 가장 절망적이고 어려운 상황을 극복할 수 있도록 도와주었다. 주어진 상황을 사기를 진작시키는 방향으로 바꿈으로써 그는 사람들에게 힘을 불어넣었다. 그들은 힘을 모아 자신들 스스로를 구하기 위해 각자 책임을 분담했다.

미 해병대 풀러 중장의 사례

나는 '위기crisis'라는 단어가 한자로는 두 글자, 즉 '위험(危)'과 '기회(機)'를 뜻하는 글자로 구성되어 있다고 읽은 적이 있다. 나는 이 말이 사실인지 궁금했다. 그래서 예일 대학의 한 중국인 학생에게 물어보았다. 그는 잠시 머뭇거리다 그 글자를 적어 보고는 미소를 지으며 나를 쳐다보았다. 그 학생은 내가 물어보기 전까지는 한 번도 그 글자의 의미에 대해 생각해 본 적이 없었는데, 과연 내 말이 맞다고 확인해 주었다.

사람들은 역경 속에서 위험만을 보지만 유능한 리더들은 역경 속에서 기회를 본다. 한때 내가 일했던 회사 내에 유명한 농담이 하나 있었다. 위기 속 기회야 어찌되었든, 그냥 위기나 좀 없으면 좋겠다는 말이었다. 이러한 시각이 일반적이지만, 그럼에도 상황을 긍정적으로 재구성하는 사람은 결국 흐름을 바꿔 놓는다.

미 해병대의 풀러Lewis B. "chesty" Puller 중장은 어려운 상황을 능수능란하게 재구성하고는 했다. 부대원들을 격려하기 위해 풍부한 유머를 사용하고는 했던 그는, 미 해병대에서 40년 동안 근무한, 미 해병대 역사상 가장 많은 훈장을 받은 군인이다. 그는 2차 세계대전 중의 과달카날 섬 헨더슨 비행장 전투, 한국전쟁 중의 장진호 전투 같은 20세기의 가장 중요하고 전설적인 전투에서 해병대를 지휘했다.

1950년 가을, 맥아더 장군은 한국전쟁을 확실하게 끝내려 했다. 맥아더는 북한군을 괴멸시키겠다고 장담하면서 풀러가 지휘하는 미 해병1연대와 유엔군을 38선 넘어 압록강까지 보냈다. 맥아더는 중국은 개입하지 않을 것이고 승리는 눈앞에 있다고 확신했다.

맥아더가 전쟁의 종결을 낙관하고 있는 동안, 10개 사단으로 구성된 수십만 명의 중공군 제9병단이 압록강을 건너 남하했다. 그들은 마오쩌둥의 전술에 따라 유엔군을 전선 안쪽 깊숙한 곳으로 끌어들였다. 그들의 전술은 성공적이었다. 풀러의 연대 및 미 해병1사단 전부가 북한 산악지대의 극심한 추위 속에서 포위망에 갇히고 말았다.

중공군은 미 해병대를 괴멸시키고자 했다. 중공군 내부에 배부된 전단지에는 "곧 전투가 시작될 것이고 우리는 미 해병대를 격파할 것이다. 패배당한 적들은 무너져 내리고 우리나라는 적들의 공격 위협에서 벗어날 것이다. 집에 들어온 뱀을 잡듯이 미 해병들을 죽여라!"라고 적혀 있었다.

중공군은 자신들이 입는 피해는 신경 쓰지 않은 채 야밤을 틈타 공격해 왔다. 영하 40도에 달하는 추위와 폭설, 강풍 속에서 사단 전체가 괴멸될 수도 있는 상황이었다. 공중엄호도 받을 수 없었다. 상황은 암울했고 재앙이 임박한 듯 보였다. 그러나 풀러는 좌절하지 않았다. 자신들이 중공군에 포위되었고, 적군의 수가 아군에 비해 8배나 많다는 것을 알자 그는 이렇게 말했다. "며칠 동안 적군을 찾아다녔는데 더 이상 그럴 필요가 없으니 잘됐군."

중공군의 공격은 여러 날 동안 끊임없이 이어졌다. 풀러는 매일 밤 소리 소문 없이 참호를 돌았다. 그리고 음식은 충분한지, 적군의 공격에 잘 대비하고 있는지 확인했다. 그는 무엇보다 연대장이 부대원들에게 관심을 갖고 있다는 것을 알려 주고 싶어 했다. 그는 절박한 상황을 새롭게 보도록 관점을 바꿔 주곤 했다. 부대원이 무전으로 상황이 어떠냐고 묻자, "좋지. 사방에서 적군이 밀려오는 중이야"라고 한 적도 있었다.

마침내 부대가 방어하고 있던 지역을 떠날 때, 풀러는 부대원들과 함께 몇 킬로를 걷고 나서야 지프에 올라탔다. 부대원들이 중공군이 쳐 놓은 덫에서 완전히 벗어났다는 것을 확인하고 싶었기 때문이다. 그 지역에서 성공적으로 탈출한 뒤 풀러는 흥남에서 배를 타기 전 기자들과 인터뷰를 했다. 그때에도 그가 상황을 해석하는 방식은 여전했다. "어떤 기사를 쓰든지 꼭 유념해야 할 것이 있다. 우리는 후퇴한 것이 아니다. 우리 뒤에 있는 중공군이 우리 앞에 있는 중공군보다 많았기 때문에 뒤로 돌아서서 공격했을 뿐이다."

상황을 바꾸어 생각하는 것과 단순히 매사가 잘될 것이라고 생각하는 것은 다름을 알아야 한다. 상황을 바꾸는 첫 번째 단계는 처해 있는 어려운 상황을 받아들이고, 부정적이든 긍정적이든 가능한 모든 결과를 머릿속에 그려 보는 것이다. 두 번째 단계는 그 결과 중 긍정적인 쪽에 사고를 집중하는 것이다. 그 긍정적 시각은 통계적으로 가장 가능성이 높지는 않더라도, 반드시 현실적으로 가능한 시나리오여야 한다. 마지막으로 이러한 긍정적인 시각은 저항과 비웃음에도 불구하고 계속 유지되어야 한다.

현실을 직시하라

'낙천적이어야 한다'는 생각은 섀클턴의 가장 뛰어난 자질 중 하나였다. 그러나 섀클턴의 낙천성에 대가가 없던 것은 아니었다. 낙천적인 시각 때문에 현실을 직시하지 못하는 것처럼 보일 때도 있었다. 그리고 이 때문에 대원들과 불화가 생기기도 했다.

한 예로 식량 비축 문제로 섀클턴은 대원들과 마찰을 빚곤 했다. 1등항해사인 그린스트리트는 얼음 위에서 지내야 하는 시간이 길어질 경우에 대비하여 식량을 좀 더 준비할 필요가 있다고 생각했다. 반면 섀클턴은 한 달을 버틸 여분의 보급품만 있으면 충분하다고 생각했고, 사냥을 나가 물개 서너 마리만 잡아 올 수 있다면 문제가 없다고 여겼다. 어느 날, 오들리가 사냥을 나갔다가 스키를 타고 캠프 안으로 들어오며 물개 세 마리를 더 잡았다고 말했다. 그러자 섀클턴은 물개 고기를 더 이상 가져올 필요가 없다고 말했다. 그린스트리트는 다음과 같이 적었다.

식량이 언제 바닥날지 모르는데, 대장이 잡아 놓은 물개를 가져오지 못하게 했다. (…) 지나치게 낙천적이다 보니 어떤 때는 내가 좀스럽게 느껴진다.

섀클턴은 무모하리만큼 낙천적이었다. 그래서 그는 그린스트리트의 말에 화를 내며 자신의 의견을 무시하는 것으로 해석했다. 섀클턴이 계속해서 다른 대원들의 의견을 받아들이지 않았다면, 아마 그는 탐험을 계속할 수 있다는 자신감을 잃고 말았을 것이다.

현실을 부정하는 CEO들

'현실을 부정하는 CEO들'이라는 「포춘」지의 기사는 다소 불길하게까지 들린다.

CEO들의 본성에는 자만심, 허영심, 통치 욕구, 성공에 대한 집착, 시대에 뒤떨어진 이상주의 같은 것들이 있다. 세상이 그들에게 불리하게 변할 때 이러한 것들은 그들을 바보로 만들어 버린다. 그들은 합리화하고, 정당화하며, 주변을 살피고, 벙커를 파고, 자신의 군대를 안심시킨다. 그들은 스스로를 상황의 희생양이라고 주장한다. 요즘같이 경영자들이 자주 시험당하는 시대에, CEO들은 그 어느 때보다도 현실을 부정하기 쉽다.

낙천성은 중요한 리더십 자질이다. 그러나 현실부정은 치명적이다. 하버드 경영대학원의 테들로Richard S. Tedlow 교수는 저서 『CEO의 현실부정Denial』에서 과도한 낙천성의 문제에 관해 다룬다. 그는 지금이 그 어느 때보다 CEO들이 더 현실적으로 미래를 전망해야 할 때라고 주장한다. 과거와 달리 지금은 현실부정의 대가가 너무나 크다는 것이다. 실수에 대한 관용은 적고 치러야 할 비용은 훨씬 더 큰 요즘, 경영자들은 낙천성을 갖되 현실 또한 점검해야 한다.

극한상황에서 리더들은 야누스적 사고를 할 필요가 있다. 로마 신화에 등장하는 문을 지키는 신 야누스는 동시에 두 방향을 볼 수 있다. 유능한 리더는 어려운 상황에서 낙천적인 시각을 갖는 동시에 현실을 냉정하게 볼 수 있어야 한다.

이 양면성을 갖추기란 쉽지 않다. 곤경에 처했을 때는 누구도 나쁜 소식을 듣고 싶어 하지 않는다. 영화계의 거물 새뮤얼 골드윈 주니어Samuel Goldwyn Jr.는 이렇게 말했다. "난 내 주위에 예스맨이 있기를 결코 원하지 않는다. 난 그들이 직장에서 잘리는 한이 있더라도 내게 진실을 말하는 사람이길 바란다." 리더들은 종종 이와 비슷한 말을 하고는 한다.

반대 의견을 듣지 않으면 쉽게 합의에 이를 수는 있겠지만, 결과적으로 엄청난 재앙이 닥칠 수도 있다. 로버트 하스Robert Haas와 그의 일가가 경영하는 리바이스Levi Strauss의 이야기가 아주 좋은 사례다.

1996년 대대적인 구조조정을 통해 하스는 리바이스를 자신의 삼촌과 두 명의 사촌, 단 세 사람만 결과에 대해 책임을 지면 되는 기업으로 만들었다. 하스는 리바이스를 사회적 의식을 가진 기업, 가치 지향적 기업으로 만들기 위해 막대한 시간과 노력을 투자했다. 목표는 대단했지만 결과는 그렇지 못했다. 작업장을 더 나은 곳으로 만드는 프로그램이 실시되었지만 제품 혁신은 지연되었고, 생산 비용은 급등했다. 사내에 내분이 끊이지 않았고, 고객 서비스 수준은 낮아졌으며, 그사이에 다른 경쟁자들이 시장을 잠식했다. 3년도 채 되지 않아 리바이스의 시장 가치가 60억 달러나 줄어들었다.

어떻게 이런 일이 일어날 수 있을까? 간단하게 말하자면 하스가 현실을 무시했기 때문이다. 「포춘」지는 이렇게 적고 있다.

리바이스에서 일어난 일은 유토피아식 실험 경영의 실패라 할 수 있다. 이 사례는 아무리 의도가 좋더라도 잘못된 시각을 가진 경영자가 기업을 운영하면 어떤 일이 일어나는지를 잘 보여 주고 있다.

책임으로부터 자유로워지자 하스는 상업적 성공에 필요한 비즈니스 감각을 상실하고 말았던 것이다.

다행스럽게 리바이스는 새로운 기업으로 탈바꿈하는 데 성공해 시장점유율을 회복했다. 유능한 경영진을 채용하고, 공격적으로 점포를 늘리고, 더 세련된 고객층을 확보함으로써 위기에서 벗어날 수 있었다.

이 사례의 교훈은 분명하다. 반대 의견을 듣지 않고 싶은 유혹을 떨쳐 버리고 현실을 직시하라. 당신에게 진실을 말해 줄 사람을 찾아라.

1. 극한상황에 부딪힐 때 보통 어떻게 행동하는가? 당신 스스로에게 무어라고 이야기하는가? 내면에서 어떤 이야기가 오가는가?

2. 스스로와의 대화를 통해 보다 낙천적인 시각을 갖고 상황에 신속하게 반응할 수 있는가?

3. 현재 당신이 맞닥뜨린 비즈니스상의 위기에 대해 생각해 보라. 팀이나 조직에 낙천주의를 불어넣기 위해 당신은 어떤 일을 하고 있는가? 당신의 말은 구성원들에게 신념과 희망을 주는가?

4. 당신에게 주어진 가장 어려운 임무가 무엇인지 생각해 보라. 당신은 그일을 성공적으로 마치리라고 확신할 만큼 낙천적인가?

5. 현실감각을 유지하면서 전체를 조망하기 위한 당신의 방법은 무엇인가? 주위 사람들이 당신에게 안 좋은 소식을 전하는 것을 꺼리지는 않는가?

자신을 돌보라.
체력을 유지하고
죄책감에서
벗어나라

나는 80시간 동안 한숨도 자지 못했다. (…) 나는 9시간 동안이나 키를 잡고 다른 보트들을 인솔했다. 나는 더 이상 눈을 뜨고 있을 수가 없었다. 훌륭한 선원인 그린스트리트는 키를 자기에게 넘기고 눈을 좀 붙이라고 계속 재촉했다. 하지만 나는 섬을 향해 나아가는 데 온통 신경을 곤두세우고 있었기 때문에 그의 말이 귀에 들어오지 않았다. 차라리 키를 그에게 넘겨주었어야 했는데 그럴 수가 없었다. 나는 키를 잡은 채 깜박깜박 졸았고 결국 배는 항로를 벗어나 버렸다. 피로와 수면 부족으로 인해 모두들 판단력이 흐려졌다. |프랭크 A. 워슬리|

리더가 되려고 하는 사람들은 대부분 최고의 에너지와 추진력을 지니고 있다. 목적을 추구하기 위해서는 육체적으로나 심리적으로나 힘을 비축해 놓아야 한다. 이 에너지들은 조직이 처한 상황을 헤쳐 나가는 데 꼭 필요하다.

건강을 돌보는 일과 목표를 달성하는 일은 본질적으로 상충된다. 어떤 사람은 이 딜레마를 무시해 버린다. 최근 나는 어느 회사의 중역이 이렇게 말하는 것을 들은 적이 있다. "리더는 그 조직 내에서 자신의 능력을 100% 발휘해야 한다. 일 때문에 건강을 희생하는 한이 있더라도. 리더란 그런 존재다."

그러나 나는 이러한 견해에 반대한다. 양자 사이에 갈등이 있는 것은 사실이며, 이 갈등을 분명하게 인식할 필요가 있다. 물론 2장(상징적인 행동, 인상적인 행동으로 솔선수범하라)에서 말한 것처럼 구성원들에게 모범을 보이려면 자기희생을 해야 할 때도 있다. 섀클턴이 엘리펀트 섬까지 가는 여정 중에 자신의 장갑을 헐리에게 준 뒤, 결국 그는 손가락에 동상을 입었다.

희생은 육체적이거나 심리적인 대가를 치를 수도 있고, 명예와 상충될 수도 있다. 의도적으로 희생을 해야 할 때가 있을지도 모른다. 그러나 명심하라. 리더는 탐험의 기반이다. 당신이 건강과 체력을 유지하지 못하면 목적지에 도달할 수 없다. 팀원들은 당신의 행동으로부터 일의 실마리를 얻는다. 스스로를 돌보라.

만일 팀원들이 목표에 도달하는 데 필요한 건강과 체력을 갖추기를 원한다면, 리더 스스로 모범을 보임으로써 그러한 메시지를 던져야 한다.

이 장에서는 리더와 팀원들이 목적을 달성하는 데 필요한 체력을 유지하는 것이 얼마나 중요한지 살펴볼 것이다. 그리고 극한상황에서 리더들이 종종 맞닥뜨리는 책임의 무게에 대해 이야기하고, 실패와 판단 착오에서 오는 죄책감을 다루는 법을 알아보고자 한다.

리더는 초인이 아니다

극지방 탐험은 끊임없는 육체적·감정적 도전의 연속이다. 혹독한 추위와 굶주림, 극심한 눈보라, 동상 등에서 오는 육체적 고통을 견디는 자만이 탐험에 성공할 수 있다. 섀클턴은 지구의 오지를 탐험하기를 열망했고, 그곳에서 그는 육체적·정신적 극한상황에 놓였다.

놀랍게도 섀클턴은 그리 건강한 사람이 아니었다. 그는 소년 시절부터 늘 선원이 되기를 꿈꾸었고, 부모를 설득하여 마침내 16세 때 상선에 타도 좋다는 허락을 받아 낼 수 있었다. 첫 번째 여행에서 섀클턴은 자신이 '모리셔스(아프리카 동쪽에 있는 작은 섬나라) 열병'이라고 불렀던 병에 걸렸다. 섀클턴의 전기를 쓴 작가 롤랜드 헌트포드 Roland Huntford는 의학사전에도 없는 이 병이 아마도 말라리아나 류머티스 열병의 일종일 것이라 생각했고, 이 병이 섀클턴의 심장에 큰 충격을 주었을 것이라고 추측했다.

어쩌면 자신의 건강 상태를 스스로 잘 알고 있었기 때문에 섀클턴은 1902년 로버트 스콧이 남극 탐험을 위해 조직한 디스커버리 탐험대에 합류하기 전에 의도적으로 신체검사를 회피했던 것 같다.

그 탐험은 실로 혹독했다. 94일 동안 남극의 추위에 떤 28살의 섀클턴은 거의 죽기 직전이었다. 정신 나간 사람처럼 계속 헛소리를 하며 호흡 곤란을 일으켰고, 제대로 걸을 수도 없었다. 섀클턴은 디스커버리 호로 되돌아와 몸을 녹이고 음식을 먹고 의사의 치료를 받아야 했다. 진단 결과 섀클턴은 심한 괴혈병과 폐렴을 앓고 있었다.

섀클턴은 스콧이 탐험 도중 그를 되돌려 보내기로 결정하자 커다란 절망감에 빠졌다. 이 사건 이후로 섀클턴은 가급적 의사들을 멀리했고, 탐험대에 들어가기 위해 필요한 신체검사를 일부러 피하고는 했다. 헌트포드는 다음과 같이 적고 있다.

섀클턴이 어떤 병을 앓고 있었는지는 여전히 수수께끼로 남아 있다. (…) 섀클턴은 의사들을 피했다. 아마도 그는 자신의 병을 스스로 확인하는 것이 두려웠는지도 모른다. 남자다움이 하나의 덕목이었던 에드워드 시대적 전통에서 볼 때 질병은 커다란 낙인이었다. 어떤 경우에든 자신의 건강 상태는 그가 누구에게도 말할 수 없는 비밀 중 하나였다.

이러한 신체적 문제에도 불구하고 섀클턴은 탐험 기간 동안 겪어야 했던 자신의 신체적 고통에 대해 대원들 그 누구에게도, 자신의 일기에조차 단 한 번도 언급하지 않았다. 그는 고통의 존재 자체를 부인함으로써 이를 극복했고, 자신의 의지를 관철했다.

이러한 관점에서 볼 때 섀클턴이 대원들에게 육체적·심리적으로 강인한 상태를 유지할 것을 지나칠 정도로 강조한 점은 다소 모순되게 느껴진다. 그는 끊임없이 대원들의 상태를 파악했다. 인듀어런스 호가 난파된 뒤 탐험대가 부빙 위로 이동할 때, 섀클턴은 각 대원들의 상태를 완전히 꿰고 있었다. 그는 다가오는 고난의 전조를 주의 깊게 살폈고, 다음과 같이 적었다.

나는 마지막으로 대원들의 육체적·정신적 상태를 파악했다. 오션 캠프에서 우리가 보내야 할 시간들이 결코 순탄하지 않을 것임을 알고 있었기 때문이다.

섀클턴은 또한 기상 여건 때문에 대원들이 충분히 수면을 취할 수 없었을 때에는 아침 늦게까지 푹 자도록 했다. 햇빛이 나고 밖으로 나가도 안전할 만큼 따뜻한 날씨에는 침낭과 침구들을 말려 잠자리를 보다 편안하게 하도록 했다. 대원들이 지친 것 같으면 그는 대원들을 배불리 먹였다. 섀클턴은 이렇게 말했다.

식량이 얼마 남지 않아 항상 절약해야 한다는 사실을 알았지만, 한편으로 대원들의 사기를 유지하는 일이 중요하다는 것도 잘 알았다. 때로는 식량 배급을 늘림으로써 대원들이 불안하고 암울한 상황을 잊도록 할 수 있었다.

시간이 지나도 대원들의 건강에 대한 그의 관심은 한결같았다. 사우스조지아 섬을 향해 1,287킬로미터를 항해했던 일을 회상하며, 워슬리는 이렇게 적었다.

대원들 중 몇몇은 너무 오랫동안 긴장한 채로 있어 쇠약할 대로 쇠약해져 있었지만, 섀클턴은 결코 그렇지 않았다. 자신의 신경이 날카로울 때에도 그는 대원들에 대한 관심을 잃지 않았다. 어쩌다 한 대원이 평소보다 더 몸을 떨고 있으면 그는 옷 속에 손을 집어넣어 자신의 품속에 있던 마지막 양말을 건네주곤 했다.

섀클턴은 항상 다른 사람을 먼저 생각했다. 그는 자원해서 추가 경계를 섰고, 종종 다른 대원들보다 3배나 더 오래 키를 잡기도 했다.

그의 자제력과 희생정신, 타인에 대한 배려심 등은 정말 뛰어난 자질이었다. 그러나 그가 일찍 세상을 떠난 것도 어쩌면 그처럼 자신의 건강을 돌보지 않았던 탓일지도 모른다. 남극을 일주하려 했던 그의 마지막 탐험에서 섀클턴은 심한 심장 발작을 일으켰다. 그는 그와 함께 다시 탐험에 나선 의사 맥클린Alexander H. Macklin을 불렀다. 하지만 진찰받기를 거부했고, 의사의 충고를 무시한 채 나흘 밤연속 태풍 속에서 망루를 지켰다.

며칠 후, 배가 8년 전 인듀어런스 호를 정박시켰던 그 포경 기지에 다시 닻을 내렸을 때 그는 두 번째 심장 발작을 일으켰다. 대원들을 그토록 아끼던 이 불굴의 리더는 48번째 생일을 맞이한 지 한 달 만에 세상을 뜨고 말았다.

건강 관리와 조직 관리의 상관관계

유능한 리더들은 강력한 에너지와 체력을 지니고 있고, 스트레스를 이겨 낼 능력이 있음을 보여 주는 많은 증거들이 있다. 극한상황에서 의사결정을 내리고 역경을 헤쳐 나가려면 이러한 능력이 더욱 필요하다.

우리는 때때로 탁월한 리더들은 모두 건강과 에너지를 타고났을 것이라고 생각한다. 그러나 섀클턴의 사례에서 알 수 있듯이 모든 리더들이 그렇다는 생각은 잘못되었다. 섀클턴은 신체적인 문제가 있었다. 그러나 자신의 한계에도 불구하고 스스로 용기와 체력을 끌어내 신체적 제약을 극복할 수 있었다.

불행히도 섀클턴은 대원들에게 쏟았던 관심과 배려를 자기 자신에게는 쏟지 않았다. 만일 그의 대원 중 누군가가 자신과 같은 상태였다면, 섀클턴은 만사를 제쳐 두고 그가 치료를 받을 수 있도록 했을 것이다. 자신의 건강을 돌보지 않았던 탓에 그는 더 많은 탐험의 기회를 놓친 것이다. 이러한 태도는 극지방 탐험가들에게서만 볼 수 있는 것은 아니다.

'텍사스 인스트루먼트Texas Instruments'의 CEO가 갑작스럽게 세상을 떠난 후, 그 회사의 한 고위 경영자와 이야기할 기회가 있었다. 그는 회장이자 CEO 겸 사장인 제리 전킨스Jerry Junkins가 녹일 술상 중 예기치 않게 세상을 떠났을 때, 회사 전체가 받은 충격에 대해 이야기했다.

전킨스의 부고에는 그가 느긋한 리더였으며, 심장병을 앓은 적도 전혀 없었다고 적혀 있었다. 그러나 텍사스 인스트루먼트에는 초인적인 노력과 초과근무, 남자다움 등을 높이 평가하는 문화가 있었다. 리더가 그렇게 세상을 떠나자 조직 내의 많은 사람들이 기존의 사내문화에 대해 다시 생각하게 되었다. 텍사스 인스트루먼트는 직원들의 건강과 복리를 증진시키기 위한 여러 방안을 검토하고 실행했다.

전킨스의 죽음은 극단적인 예이지만, 나는 리더가 자기 자신을 너무 강하게 몰아붙여 효율적으로 일하지 못하는 상황을 많이 보아왔다. 한 예로, 모 기업에 새로 임명된 한 CEO는 잠을 줄이면서까지 장시간 회사 일에 온 힘을 쏟아부었다.

문제는 그가 프레젠테이션 시간에 졸기 시작했을 때 드러났다. 직원들은 그 발표를 수 주일 동안 준비했었고, 발표를 통해 신임 CEO에게 인정받기를 고대했던 터였다. 그러나 발표 시간에 CEO가 졸고 있는 모습을 보자 맥이 빠지고 말았다. 그 CEO는 나의 강의를 듣고 자신의 태도를 바꾸었다. 문제는 쉽게 풀렸다. 결과적으로 그는 보다 더 많은 일을, 효율적으로 할 수 있었다.

리더는 자신의 건강뿐 아니라 조직원들의 건강 또한 잘 챙겨야 한다. 많은 회사들이 직원들의 건강이 얼마나 중요한지 알아 가고 있다. 최근에 이루어진 한 연구에서는 조사 대상 기업의 73%가 건강 증진 프로그램을 운영하고 있다는 결과를 발표하기도 했다. 직원들의 건강을 챙기는 것은 경제적인 면에서 고려해 보아도 타당하다. 지난 10년간, 미국인 근로자들의 보험료는 배로 증가했다. 때문에 스마트한 기업들은 건강 문제를 예방하기 위해 노력한다.

'피트니 보우스Pitney Bowes'는 근로자들의 건강 관리에 앞장서는 회사다. 건강에 해로운 행동을 금하는 대신, 건강에 도움이 되는 선택을 하면 보상을 한다. 직원들의 다이어트와 금연을 돕는 웰빙 프로그램을 제공하는 식이다. 결과적으로 직원들은 이전보다 덜 아픔으로써 병을 치료하는 데 드는 비용을 절약할 수 있었고, 회사는 당뇨병과 천식에 걸린 직원들에게 들어가는 비용을 각각 8%와 15% 줄일 수 있었다. 웰빙 프로그램 외에도 이 회사는 사내에 약국을 설치하고, 건강식을 제공하며, 여러 피트니스 센터 및 병원과 협력하는 식으로 직원들의 체력과 성과를 향상시키려 노력하고 있다.

극한상황에서 리더들은 구성원들을 배려하고 그들의 건강을 살펴야 한다. 자기 스스로를 잘 돌보아야 하고, 아무리 정력적인 사람이라도 한계가 있다는 사실을 인식해야 한다.

뱃사람들에게는 이런 말이 있다고 한다. "한 손은 배에, 한 손은 다른 선원에." 다시 말해 한 손으로는 필요한 일을 하되, 파도에 휩쓸리지 않도록 다른 한 손은 항상 대비하고 있으라는 것이다.

'정상열병'을 조심하라

사람들이 자신의 육체적 한계를 깨닫지 못하는 이유가 뭘까? 한 가지 이유는 '정상열병'으로 알려진 심리적 현상 때문이다. 본래는 등산 용어인 이 말은 정상에 도달하는 데 온 신경을 집중하느라 다른 일들은 전혀 의식하지 못하는 상태를 의미한다.

존 크라카우어Jon Krakauer가 『희박한 공기 속으로Into Thin Air』에서 자세히 묘사하고 있는 1996년 에베레스트 탐험이 이 예를 잘 보여 준다. 정상을 향해 오르던 20명의 등반대원들 중에서 5명은 죽고, 한 명은 심각한 동상에 걸려 오른팔과 코, 왼손의 대부분을 잘라 내야만 했다.

크라카우어가 쓴 내용 중 일부는 논쟁의 여지가 있다. 그러나 한 가지 사실만은 분명하다. 거친 폭풍이 그 재난의 직접적 원인이기는 하지만, 5명의 대원이 죽은 것은 단지 악천후 때문만은 아니었다는 것이다. 원인은 복잡하지만 분명한 것은 그들이 정상에 도달하기 위한 무모한 행군에 집착하여 자신들의 육체적·심리적 한계를 파악하지 못했다는 것이다.

산에서 죽은 스콧 피셔Scott Fisher는 세계적인 등산가였다. 그의 힘과 체력은 전설적이었다. 1994년, 그는 산소 없이 8,848미터의 산봉우리를 정복했다. 그러나 1996년 그날의 등반에서 피셔는 자신의 한계를 넘어서고 말았다. 크라카우어는 다음과 같이 적고 있다.

> 그와 함께 텐트를 사용했던 샤롯 폭스는 이렇게 회고했다. "그날 저녁, 나는 피셔가 아프다는 사실을 알지 못했다. 그는 마치 중요한 경기를 앞둔 풋볼 코치처럼 열성적으로 모든 대원들을 격려하고 다녔다." 사실 피셔는 그 전주부터 육체적·정신적 피로로 인해 극도로 쇠약해진 상태였다. 그는 탁월한 에너지를 지니고 있었지만, '캠프 4'에 도달했을 때는 이미 탈진 상태였다.

피셔는 강인한 사람이었다. 그러나 계속되는 긴장과 불안이 육체적 피로와 함께 결국 그의 목숨을 앗아 갔다.

목표에 도달하기 위해 위험 요소를 무시하는 경향은 등산가들에게서만 찾아볼 수 있는 것은 아니다. 폭격 임무를 띤 조종사들은 목표물을 좀 더 정확히 포착하기 위해 최대한 지면 가까이 강하하는 것으로 알려져 있다. 인간은 목표에 너무 집착하다 다른 중요한 것을 잊는 경향이 있다. 생존이 걸린 극한상황에서 이러한 집착은 곧 죽음을 의미한다.

50장의 영화표로 얻은 디자인 아이디어

비즈니스 목표를 달성하기 위해 일하다 보면 사람들은 때로 등산가나 조종사처럼 정상열병에 빠진다. 리더들은 이러한 위험을 인식하고 앞을 내다보아, 캠프를 세우거나 목표를 포기하거나 강하를 멈추는 등 대비책을 강구할 필요가 있다.

예를 들어, 정기 회의 시간 때 팀의 신체적·정신적 건강을 점검해 보라. 리더는 팀원들이 하루에 15분씩이라도 자신을 돌아볼 여유를 갖도록 해야 한다. 또한 리더들은 조직원들이 목표에 극도로 집중해 오히려 역효과를 내고 있는 것은 아닌지 확인하고, 만약 그렇다면 기존과는 완전히 다른 방식으로 목표에 접근하도록 유도해야 한다.

모 자동차 회사의 디자인 팀은 인기 있는 SUV 차량을 새롭게 디자인하는 프로젝트를 맡았다. 그들이 받는 압박은 엄청난 것이었다. 마감시한은 점점 다가왔고, 디자인 팀은 콘셉트 스케치를 제출해야 했다. 사장은 디자인을 더 빨리 완성하도록 압박할 수도 있었지만 다른 길을 택했다. 그는 회사 문을 닫고, 디자이너에서부터 비서에 이르기까지 전 직원이 극장에 가도록 했다.

이 결정은 팀의 사기를 진작시켰을 뿐 아니라 비즈니스에도 직접적인 효과를 가져왔다. 아이디어들이 쏟아져 나오기 시작했고, 프로젝트는 다시 제 궤도를 찾았다. 사장의 말에 따르면 "회사는 50장의 영화표와 50봉지의 팝콘을 사는 비용을 부담하고 점심시간을 50분 연장했을 뿐"이다. 그러나 그 대가로 얻게 된 것은 수백만 달러의 연구개발 투자가 이루어질, 세계적인 상품을 위한 아이디어들이었다.

감정의 배출구를 찾아라

새클턴이 다른 탐험가들과 달랐던 점은 새클턴은 다른 사람들의 걱정을 덜어 주는 동시에, 자신의 두려움도 떨쳐 버리는 법을 알았다는 것이다.

그는 자신을 파괴할 수 있는 힘을 여러 방법으로 잘 다스렸다. 한 가지 방법은 그가 신뢰했던 파트너인 프랭크 와일드에게 터놓고 이야기하는 것이었다. 그는 다른 사람에게는 도저히 할 수 없는 이야기들도 와일드에게는 털어놓을 만큼 그를 신뢰했다.

또한 그는 선장인 프랭크 워슬리에게도 자신의 감정을 자주 털어놓았다. 구명보트로 사우스조지아 섬까지 항해할 때, 대원들의 안전을 걱정하던 새클턴은 완전히 지쳐 선장에게 이렇게 말했다. "난 다시는 탐험 같은 건 하지 않을 거야."

또 새클턴은 다른 사람들과 공유할 수 없었던 생각들을 일기장에 적었다. 그 기록들은 인듀어런스 호가 난파되었을 때 그가 얼마나 마음이 아팠는지를 잘 보여 준다. 배가 침몰하는 순간을 묘사하며 그는 다음과 같이 적었다.

인듀어런스 호의 최후를 보았다. (…) 마음을 글로 표현하기 어렵다. 뱃사람에게 있어서 배는 단순히 떠다니는 집 이상의 것이다. 인듀어런스 호에서 나는 꿈과 희망을 품었었다. 인듀어런스 호가 신음소리를 내며 찢기고 있다. 인듀어런스 호가 서서히 최후를 맞고 있다.

이러한 경험은 그에게 있어서 커다란 고통이었음에 틀림없지만, 그는 자신의 아픔을 글로 표현함으로써 다소나마 절망에서 벗어날 수 있었다.

마지막 방법은 집에 편지를 보내는 것이었다. 엘리펀트 섬에 남은 대원들을 구하기 위한 세 번째 시도가 무위로 끝나자 섀클턴은 너무나 괴로웠다. 워슬리는 이렇게 말했다. "그는 너무도 가슴 아파했다. 처음 두 번의 시도가 실패로 끝났을 때 보였던 행동과는 대조적으로, 그 섬에 남아 있는 대원들에 대해 언급조차 하지 않았다." 그는 깊은 절망 가운데서 자신의 딸 세실리에게 보내는 편지를 통해 출구를 찾았다.

나는 우리 대원들이 너무나 걱정된단다. (…) 이제 식량도 거의 바닥났을 텐데. 물도 귀해 우리는 남아메리카를 떠난 이후로 거의 세수도 할 수 없었단다. 하지만 그런 것은 아무것도 아니야. 나도 작년 10월부터 금년 5월 25일까지 한 번도 씻지 않았으니까….
집에 돌아가면 너에게 해 줄 이야기가 너무도 많구나. 하지만 글로 쓰기는 힘들 것 같다. 나는 편지 쓰는 것을 싫어하지만 내가 나의 귀여운 딸을 생각하고 있다는 것을 알아주기를 바라는 마음에서 이 편지를 쓴다.

그는 남에게 드러낼 수 없었던 자신의 감정을 딸에게 보내는 편지를 통해 해소했다.

감정을 처리하는 몇 가지 방법들

리더라고 해서 극도로 자제력이 강하거나 고독해야 할 필요는 없다. 리더는 팀원들이 팀과 목표를 위해 한 걸음, 한 걸음 나아갈 수 있도록 도우면 된다.

섀클턴이 자기 내면의 두려움을 다룬 방법을 통해 비슷한 상황에 놓인 다른 리더들도 돌파구를 찾을 수 있을 것이다.

- **친구에게 이야기하라.** 당신이 처한 상황을 이해하고, 당신의 솔직한 심정을 털어놓을 누군가를 찾아라.

- **일기를 써라.** 섀클턴은 자신의 일기에 많은 개인적인 감정들을 적었다. 자신의 감정을 기록하는 단순한 행위만으로도 위안을 얻을 수 있다.

- **편지를 써라.** 비록 그들이 당신의 상황을 충분히 이해하지 못한다 하더라도 당신이 아끼는 사람들과 의사소통을 하라. 섀클턴은 도저히 편지를 보낼 방법이 없었음에도 불구하고 편지를 썼다. 오늘날 우리는 남극 탐험 시대에는 가능하지 않았던 이메일이나 보이스 메일을 이용할 수 있다. 가능한 도구는 무엇이든 이용하라. 리더로서 감당해야 하는 무게를 더는 방법을 찾아라.

- **카운슬러를 만나라.** 이들과의 정기적인 만남은 리더가 자신의 감정을 표현할 기회를 제공하는 동시에 자신이 처한 상황을 객관적인 시각으로 보게 해 줄 것이다. "정상은 고독한 곳이다." 이 문구는 진부하지만 사실이다. 정상에 오른 리더들은 때로 자신의 이익을 위해 접근하는 사람들에게 둘러싸이는 경우가 많다. 또한 감정을 솔직하게 표현하기 힘든 상황에 자주 처한다. 이러한 경우에는 신뢰할 만한 카운슬러와의 대화가 아주 좋은 해결책이 될 수 있다.

죄책감에서 벗어나라. 단, 실수를 통해 배워라

생존 위기에 처한 사람들은 아주 짧은 순간, 비극적인 결과를 초래할 가능성이 있는 결정을 해야 할 때도 있다. 조 심슨Joe Simpson과 그의 등반 파트너 사이몬 예이츠Simon Yates는 안데스 산맥의 6,400미터 정상에서 그러한 상황에 처한다. 심슨은 가파른 빙벽을 오르다 미끄러진다. 양 무릎이 뒤엉킨 채 빙벽에 부딪쳐 뼈가 부서지는 것을 느끼는 순간, 몸이 경사면을 따라 절벽 아래쪽으로 미끄러지기 시작했다.

다행히 예이츠와 묶은 로프 덕에 바닥으로 추락하지는 않았다. 예이츠는 심슨을 쳐다보았다. 심슨의 오른쪽 무릎은 도저히 어찌할 수 없을 정도로 부서진 채였다. 그의 목숨은 경각에 달려 있었다.

사고가 일어난 후 몇 시간 동안 예이츠는 산 아래쪽 안전지대로 심슨을 내려놓으려고 안간힘을 썼다. 예이츠가 움직일 때마다 심슨은 견디기 힘든 통증을 느꼈다. 그들은 그렇게 조금씩 산 아래쪽으로 내려오려 노력했고, 별 문제가 없었다면 무사히 하산할 수 있었을 것이다. 그러나 불의의 눈사태가 그들을 덮쳤다.

눈사태 때문에 심슨의 몸은 허공에 떴고, 예이츠는 로프를 통해 심슨의 체중을 느끼며 절벽에 매달려 있었다. 예이츠는 이제 심슨과 마찬가지로 꼼짝도 할 수 없었다. 예이츠에게는 두 가지 선택지가 있었다. 끝까지 버티다 결국 의식을 잃고 함께 절벽에서 떨어져 죽거나, 아니면 로프를 자르거나.

예이츠는 결국 로프를 잘랐다. 그리고 그는 끝없는 죄책감에 시달려야 했다.

> 나는 빙벽이 갈라진 그 절벽 아래쪽을 내려다보았다. 빙벽 아래쪽이 한없이 깊게 느껴졌고, 순간 공포로 온몸이 떨렸다. 괴물처럼 검은 입을 벌리고 있는 절벽으로 떨어질지도 모른다는 공포감에 로프를 더욱 꽉 움켜잡았다. 나는 눈을 질끈 감고 팽팽한 로프에 이마를 가져다 댔다. 죄책감과 두려움이 나를 엄습해 왔다. 나는 결국 그 로프를 자르고 말았다. 그의 머리에 총부리를 대고 방아쇠를 당긴 셈이었다.
>
> 내가 그 로프를 자르지 않았더라면 틀림없이 나도 죽었을 것이다. 그러나 나는 목숨을 구했고, 이제 집으로 돌아가 사람들이 도저히 믿지 않을 그 이야기를 해야 했다.

예이츠는 마침내 죄책감을 이겨 내고, 심슨은 죽었다고 생각하며 베이스캠프로 돌아왔다. 심슨은 30미터나 되는 빙벽 아래로 떨어져 심한 중상을 입었다. 하지만 그는 의식을 되찾았고, 빙벽을 기어오르려고 네 번이나 시도하다 마침내 포기하고 말았다. 7시간 동안 어둠 속에 누워 있던 심슨은 반대로 빙벽의 아래쪽으로 내려가기 시작했다. 태양이 뜨자 힘이 솟았고, 희망적인 생각이 들었다.

> 순식간에 생각이 바뀌었다. (…) 나는 뭔가 해 볼 수 있었다. 이 무덤 같은 곳을 탈출하려는 노력을 할 수 있었다. 나는 기어갈 수도 있었다. 조금 전까지만 해도 가만히 누워 두려움이나 외로움을 느끼지 않으려고 여러 가지 생각을 머릿속에 떠올리기만 했을 뿐 아무런 노력도 하지 않았었다. 그 무기력이 내 최대의 적이었다. 그러나 계획이 생겼다. 내 안에서 놀라운 변화가 일어났다. 나는 활력이 샘솟는 것을 느꼈고, 에너지와 낙천적 생각으로 충만해졌다. 나는 내게 벌어질지 모르는 위험한 일들, 즉 내 희망을 뭉개 버릴지 모르는 그 일들을 생각해 보았다. 극복할 수 있겠다는 생각이 들었다.

심슨은 부러진 다리에서 느껴지는 고통을 극복하고 이동을 계속했다. 그는 빙벽 등반용 도끼를 사용해 그의 노란색 침낭을 잘라 내고, 아이젠과 배낭의 끈을 이용하여 조악하게나마 다리에 부목을 댔다. 그는 도끼를 지팡이 삼아 몸을 구부린 채 움직이는 방법을 강구했다. '도끼로 찍고 한 발 전진, 균형 잡고 껑충, 도끼로 찍고 한 발 전진, 균형 잡고 껑충…'

심슨은 시간이 없다는 것을 알고 있었다. 예이츠는 심슨이 죽었으리라 여겨 곧 캠프를 철수할 것이었다. 만일 그가 떠난다면 심슨은 다시 죽은 목숨이었다. 이러한 사실을 알고 있었기 때문에 심슨은 더욱 서둘렀고, 안간힘을 써서 마침내 산을 내려왔다.

3일이 걸려서야 심슨은 베이스캠프로 돌아올 수 있었다. 예이츠는 막 캠프를 철수하려던 참이었다. 심슨은 절뚝거리고 동상에 걸리고 굶주린 채였지만 분명 살아 돌아왔다. 만일 예이츠가 로프를 자르지 않았더라면, 또는 죄의식으로 인해 생존 의지를 잃었다면, 그 두 등반가는 틀림없이 산에서 돌아올 수 없었을 것이다.

실수를 극복한 자동차 회사

극한상황은 리더에게 결단을 요구한다. 그러한 결정들 중 어떤 것은 잘못된 것일 수도 있고 판단 착오일 수도 있다. 리더들은 그 실수에 대해 자책할지도 모른다.

가능하면 실수를 피해야겠지만, 이미 벌어진 일에 너무 집착하다 보면 상황은 더욱 악화된다. 죄의식은 머리를 산란하게 하고 집중력을 떨어뜨려 결국 다른 일을 제대로 처리할 수 없게 만든다.

리더는 과거에서 벗어나 당면한 핵심과제를 찾고 그 과제를 해결할 방법을 강구해야 한다.

디어메이어Daniel Diermeier 교수는 그의 책『평판이 지배한다Reputation Rules』에서 한 자동차 제조 회사가 신모델 홍보 과정 중 벌어진 대참사를 극복한 이야기를 들려준다.

새로운 모델은 젊은 여성, 혹은 가족이 함께 이용할 것을 염두에 두고 개발된 차량이었다. 이 차량에 대한 대규모 홍보 캠페인에 큰 돈을 쓰고 난 어느 날, 기자 한 명이 연락을 해서 그 차가 안전 테스트 도중 전복된 적이 있다는 제보를 받았다고 말했다. 예기치 않게 발생한 상황에 경영진의 일처리는 무척 서툴렀다. 고객들과 언론에 안전에 대한 회사의 확고한 의지를 확인해 주는 대신 무대응으로 일관하다가 나중에는 안전 테스트 자체에 문제가 있었다고 한 것이다. 실제로 테스트에 문제가 있기는 했다. 그러나 대중들은 아이들을 태우고 다닐 자동차에 회사가 보인 냉담한 반응에 분노했다. 언론은 공격을 퍼부었고, 주가는 폭락했다.

회사 경영진은 결국 자신들의 실수를 인정하고 고객들의 신뢰를 회복할 전략을 세웠다. 더 이상 안전 테스트의 문제점을 언급하지 않고 자동차를 리콜한 다음 문제를 해결할 수 있는 장치를 장착한 것이다. 언론의 평판을 다시 호의적으로 바꾸기 위해 기자들을 초대해 혹독한 신모델 테스트 현장을 직접 보도록 했고, 유명한 운동선수를 광고모델로 발탁해 실수에서 교훈을 얻었던 이야기를 들려주는 광고 캠페인도 시작했다. 회사의 노력은 곧 효과를 발휘해 신모델은 결국 넘버원 베스트셀러가 되었다.

디어메이어는 문제를 지혜롭게 처리함으로써 실제로 회사의 위상이 더 높아졌다고 말한다. 결정하라. 실수하라. 그리고 탐험을 계속하라.

1. 건강을 점검하라. 팀원들의 건강뿐 아니라 자신의 건강도 잘 돌보고 있는가? 체력을 유지하기 위해 무엇을 더 하면 좋을까?

2. 당신이 직면한 도전과 변화, 그리고 '정상'에 대해 생각해 보라. '정상열병'을 피하기 위해 무엇을 할 수 있겠는가?

3. 스스로 정신적으로 얼마나 건강한지, 스트레스에 얼마나 잘 저항하는지 평가해 보라. 감정의 배출이 필요할 때 당신은 누구에게 의지하는가? 스트레스를 덜어 주고 당신을 재충전시켜 주는 사람이나 활동을 적어 보라.

4. 당신이 커다란 실수를 했을 때, 또는 크게 낙담했을 때를 생각해 보라. 죄의식이나 좌절감에 절망한 적이 있는가? 만일 그렇다면 다시 마음을 다잡기 위해 무슨 시도를 해 보았는가? 혹시 실수에 대응하는 방법을 바꿀 필요가 있는가? 어쩌면 실수에서 무언가를 배울 수 있을지도 모른다.

팀 메시지를
강화하라.
"우리는 하나다"

5

'팀워크'란 말은 이제 하나의 구호가 되었다. 이 말이 워낙 많이 쓰여서인지, 리더들은 일의 성격과 관계없이 무조건 팀워크를 강조하기까지 한다.

왜 사람들은 그토록 팀워크를 강조하는가? 이 개념이 일시적인 유행일 수도 있지만, 현실적으로 많은 문제들이 조직원들의 단합을 통해서 극복 가능하기 때문이다. 「포춘」지가 선정한 '세계에서 가장 신뢰할 만한 기업' 리스트에 오른 회사들을 살펴보면, 모두 팀워크가 조직문화의 핵심을 이루는 것을 알 수 있다. 황야에서든, 교실에서든, 사무실에서든, 팀원들의 단결만이 지속적인 성공을 보장한다. 이 장에서는 굳건한 팀을 구성하는 법, 그리고 그들에게 강력한 메시지를 전달하는 방법을 살펴보고자 한다.

정체성을 공유하라

섀클턴이 '생존은 팀워크에 달려 있다'는 확신을 가지고 있었음은 의심할 여지가 없다. 그들에게 분열은 결국 불필요한 에너지를 소모하는 일이었고, 팀원들 간의 불협화음은 생사를 가를 수도 있었다.

섀클턴이 끊임없이 팀워크를 강조했기 때문에, 그가 쓴 탐험기인 『어니스트 섀클턴 자서전 SOUTHSouth』에 팀워크에 대한 상세한 서술이 없는 것이 의아하기까지 하다. 그에게는 팀워크가 중요하단 사실이 당연했기 때문에 언급할 필요가 없다고 생각했는지도 모른다.

섀클턴은 대원들 간의 갈등이 극명했던 디스커버리 탐험대에서의 경험으로 분열이 가져오는 위험을 확실히 경험했다. 그런 경험이 없었더라면 그는 의례적으로만 팀워크는 중요한 것이고 자신은 그것을 대원들에게 주입시킬 능력을 가졌다고 생각했을지 모른다.

섀클턴은 처음부터 대원들이 다른 사람들과 함께 일할 능력을 갖추었는지를 염두에 두고 있었다. 예를 들어 섀클턴은 물리학자 레지널드 제임스를 면접 볼 때 그에게 노래를 부를 수 있느냐고 질문을 던졌다. 그가 노래를 잘하는지 알려고 했던 것이 아니다. 제임스에게 다른 사람들과 함께 소리 높여 노래 부를 수 있는지를 물음으로써 제임스가 악조건에서, 그리고 좁은 숙소에서 다른 대원들과 함께 생활하고 일할 수 있는 사람인지를 살피고자 했던 것이다.

몇 가지 독특한 질문을 통해 섀클턴은 다른 사람들과 함께 일할 수 있는 능력을 가진 대원들을 선발하는 데 성공을 거두었던 것 같다. 그러나 그는 조직의 조화를 생각하여, 동일한 기질을 지닌 사람들로만 탐험대를 구성하지는 않았다. 명랑하고 사교적인 사람, 내성적이고 차분한 사람 등 다양한 기질에다 의사, 과학자, 선원, 예술가 등 다양한 직업을 지닌 사람들이 선발되었다.

샤클턴은 팀워크가 저절로 생기리라고 생각하지 않았다. 그가 한 거의 모든 행동은 '팀의 단결'이라는 메시지를 강화하기 위한 것이었다. 예를 들어 인듀어런스 호가 침몰하기 전, 샤클턴은 저녁 식사를 마친 후 대원들 전원을 선장실로 집합시켰다. 그리고 그는 대원들 간의 자발적인 토론을 유도하여 단결심을 강화시키고자 했다.

그렇게 조금 시간이 흐른 뒤, 샤클턴은 전 대원에게 함께 머리를 깎자고 제안했고 자신이 제일 먼저 자진해 머리를 깎았다. 워슬리는 그때의 광경을 이렇게 묘사한다.

> 리킨슨Louis Rickinson은 이발 기계를 잡고 히죽 웃었다. 머리를 짧게 깎인 대원의 모습은 마치 로마 황제처럼 보였다. 서로 역할을 바꿔 가며 마침내 모두 머리를 깎았고 (…) 다들 마치 죄수처럼 보였다. 흥분이 가라앉자 '이날 밤을 영원히 기록하고 팀의 단합을 다지기 위해' 공식적으로 단체 사진을 찍었다.

다소 웃기기는 하지만 샤클턴이 단순히 즐거움을 위해 이 일을 벌인 것은 아니었다. 머리를 깎는 의식은 팀워크를 강화하고 그것을 확인하기 위한 방법이었다.

팀워크는 시간이 지날수록 더욱 강화되었다. 나중에 썰매 여행을 할 땐 얼음이 갈라져도 서로 떨어지려 하지 않았다. 페이션스 캠프에서는 아예 텐트를 하나처럼 서로 연결하기도 했다.

이처럼 지속적으로 팀워크를 다졌기 때문에, 탐험 막바지에는 샤클턴이 일행을 둘로 나누어 사우스조지아 섬으로 구조를 요청하러 떠나도 팀의 단결이 손상되지 않았다. 떠나는 대원들이 엘리펀트 섬에 남은 동료들을 포기할지도 모른다는 두려움은 누구에게서도 찾을 수 없었다. 그들은 하나였다.

남극대륙의 극한상황에서 일어난 이 에피소드를 존 크라카우어가 묘사한 에베레스트 탐험과 비교해 보자.

1996년 5월 9일, 수십 명의 등반가들이 나란히 캠프를 설치하고 정상을 공격할 준비를 하고 있었다. 장비 면에서 볼 때 이 에베레스트 등반 팀은 섀클턴의 팀보다 훨씬 더 유리했다. 등반 팀은 사슴 가죽 침낭과 린넨 재질의 텐트가 아니라, 고급 방한복과 나일론 텐트로 무장하고 있었다.

뉴욕 사교계의 명사인 샌디 피트만Sandy Pittman은 셰르파 덕분에 13킬로그램짜리 위성 수신 무전기까지 갖추고 있어 7,900미터 고지에서도 인터넷으로 원고를 송고할 수 있었다. 그들은 돈으로 살 수 있는 모든 장비를 갖추었지만 에베레스트에서 돈으로 살 수 없는 단한 가지, 팀워크는 갖지 못했다.

크라카우어는 당시 상황을 이렇게 묘사하고 있다.

그날 밤, 캠프에는 50명이 넘는 사람들이 일렬로 설치한 텐트 속에 모여 있었지만 어쩐지 그곳에는 이상한 고독감이 감돌았다. 거센 바람 소리 때문에 텐트 간의 난략이 서의 불가능했다. 이 횡광인 곳에서 나는 내 주위에 있는 사람들과 정서적으로, 영적으로, 육체적으로 동떨어져 있음을 느꼈다. 이전 탐험에서는 한 번도 경험해 보지 못한 느낌이었다. 슬프게도 나는 우리가 단지 '팀'이라는 허울에 묶여 있을 뿐이라는 사실을 의식하고 있었다. 팀을 이루어 캠프를 출발한 지 몇 시간도 채 지나지 않아 우리는 개인으로서 산을 오르고 있었다. 모두들 각자 따로따로 움직였다. 나 역시 마찬가지였다.

평소에는 이러한 단결심 부족이 별 문제가 되지 않았다. 그러나 예기치 않은 폭풍이 몰아치고, 가이드들 또한 피로에 지치고, 산소가 부족한 지대에서 의식이 희미해지기 시작하자, 팀은 무너졌다.

그들은 눈 속에서 거의 죽기 일보 직전에 놓인 채 누워 있는 사람을 만나도 식량이나 물, 산소도 나누어 주지 않고 그냥 지나쳐 버렸다. 그들은 도중에 다른 등반가들을 만나도 한마디 말도 건네지 않고 그냥 지나쳤다. 그들 중 한 사람은 나중에 이렇게 말했다. "우리는 너무 피로해 도저히 다른 사람들을 도울 여력이 없었다. 8,000미터 고지는 선한 행동을 할 수 있는 곳이 아니다."

'목재 저장소'와 존슨&존슨

나는 이 에베레스트 탐험대와 같은 조직을 수없이 보아 왔다. 예를 들어 세계적인 모 금융기관은 '목재 저장소'라는 별명으로 불리고는 했다. 미국의 이 금융기관은 2×4, 3×10 등의 숫자를 가지고 마치 목재를 주문하듯 수많은 IBInvestment Banker(투자은행원)들과 고용계약을 체결했다. 저 숫자들은 4년간 매년 2백만 달러, 10년간 매년 3백만 달러 등을 주겠다는 보상 조건을 의미하는 것이다.

이 회사의 보상 구조는 조직에 대한 충성도가 거의 존재하지 않는 개인주의적 문화를 낳았다. 문제는 그들의 성공이 그 기관의 다양한 사업 부문들과의 관계에 달려 있었다는 것이다. 그들이 성과를 거두려면 다른 IB, 시중 은행, 기업 은행, 조직 내의 다른 구성원들과의 협력이 요구되었지만, 공동의 정체성이나 충성도가 없는 곳에서 팀워크가 생길 수는 없었다.

극한상황에서의 성공은 다양한 관점을 필요로 한다. 팀워크도 다양한 방법으로 키울 수 있다. 예를 들어, 회사가 추구하는 가치를 소비자나 조직 내 구성원들에게 선언하며(value statement) 조직이 공유할 정체성을 창출할 수도 있다. 그러나 이러한 일이 형식적으로 이루어지는 경우도 종종 있다. 추구하려는 바를 그럴듯한 벽걸이 장식이나 그림으로 만들어 걸어 놓기도 하지만 그뿐인 경우다.

실례로 한 기업체를 컨설팅하던 도중, 자신은 너무 바쁘므로 기업 강령을 대신 만들어 달라는 부탁을 받은 적이 있다. 나는 그에게 이렇게 말했다. "그 강령을 가장 정확하게 만들 수 있는 사람은 바로 당신입니다. 당신이 직접 작성해야 합니다." 경영진의 참여가 없는 상황에서 내가 그 일을 할 수는 없었다.

나는 조직이 추구하는 가치를 진지하게 여기고 그 가치를 잘 활용하는 기업들도 보아 왔다. 존슨&존슨이 내게 회사 전반에 걸쳐 행동 강령이 잘 이행되는지 확인해 달라는 의뢰를 한 적이 있다.

나는 존슨&존슨의 직원들과 인터뷰를 하며 직원들이 회사의 행동 강령 및 회사가 추구하는 가치를 잘 숙지하고 있고, 그것을 의사 결정을 내리는 데 있어서 하나의 지침으로 활용하고 있음을 확인했다. 다이데널 사건이 일어났을 때에도 마찬가지였다. 이 강령이 바로 사내문화의 버팀목이었다. 이 강령은 조직의 모든 구성원들이 정체성을 공유하는 데 커다란 도움이 되었다.

효과적인 커뮤니케이션 방법을 찾아라

팀워크를 만들기 위해서는 먼저 조직이 공유할 정체성을 만들어야 한다. 그런 뒤 이 정체성을 강화하고 유지해야 한다. 이를 위해서는 다양한 방법들이 필요하다. 가능한 모든 방법으로 커뮤니케이션을 시도해 봐야 한다.

1990년 1월 25일, 159명의 승객을 태운 '아비앙카 항공Avianca Airlines'의 보잉 707 여객기 052편이 연료 부족으로 롱아일랜드 코브 넥의 숲속에 추락한다. 그 충격으로 비행기는 두 동강이 나고, 비행기의 머리 부분은 산 속에 살고 있던 노부부의 집 오두막에 처박혔다.

도착한 구조대가 본 광경은 참혹했다. 시체와 비행기의 잔해가 사방에 널브러져 있었다. 나무 위에는 산소마스크가 매달려 있었고, 비명소리가 숲속 여기저기서 울려 퍼졌다. 어린아이들은 쉬지 않고 울었고, 구조 작업을 도울 조명도 충분치 않았다.

비행기 추락으로 사망한 73구의 시체가 생존자들과 뒤섞여 있었다. 아이들은 부모와 떨어져 있었으며, 승객들 상당수가 스페인어밖에 하지 못했다. 비행기가 언제 폭발할지 모르는 위험에도 불구하고 경찰, 소방대원, 의사, 자원봉사자들이 승객들을 폐허 속에서 끌어내려고 안간힘을 썼다. 구조 작업의 핵심 인물이었던 조안 아임호프Joan Imhof는 그 장면을 다음과 같이 생생하게 적었다.

생존자들의 목숨을 구하는 데 인력이 집중되었다. 자원봉사자들은 과거에는 한 번도 해 보지 못한 일들을 하고 있었다. 그들은 이 악몽 같은 상황에서 의사들과 나란히 서서 지혈대를 사용해 응급조치를 하고 생존자들을 위로했다. 그 상황은 말로 다 설명할 수 없다. 사람들은 다른 생각을 모두 떨쳐 버리고 오직 그 일에만 온 힘을 집중했다.

구조 작업은 거의 완벽하게 이루어졌다. 자원봉사자들은 승객들을 비행기 밖으로 끌어내고, 시체와 생존자들을 분리했으며, 두려움에 떨고 있는 어린아이들에게 부모를 찾아 주려고 애썼다. 힘들고 피곤한 일이었지만 그들의 팀워크는 실로 놀라웠다. 구조 작업을 하면서 조안은 사람들이 협력하는 모습에 놀라움을 금할 수 없었다.

사람들은 서로 지나칠 때마다 손을 잡고 격려하고는 했다. 다정한 눈빛을 보내고, 짤막한 말을 건네기도 하며 쉴 새 없이 움직였다. 그들은 계속해서 붕대를 감고 시체를 임시 보관소로 옮겼다. 지치지 않기 위해서는 짧지만 의미 있는 접촉이 필요했다.

나중에 그녀는 한 의사와 병원 복도에 서서 그날의 구조 작업 과정과 그들이 얼마나 많은 생명을 구했는지 등등을 이야기했다. 한참 이야기하던 중 그녀는 자신이 병원 복도 가운데에 서서 지나다니는 사람들에게 방해가 되고 있다는 사실을 깨달았다. 오가는 사람들은 서로 눈을 마주치지도, 손을 마주 잡지도 않았다.

서로 껴안거나 격려의 말을 하는 등의 자발적인 접촉은 그 팀을 단합시키는 접착제 역할을 했고, 그 결과 구조대원들은 성공적으로 생명을 구할 수 있었다. 구조 작업이 그토록 원활하게 이루어진 것도 각 개인들이 팀의 다른 멤버들과 협력하는 능력을 지니고 있었기 때문이었다. 아비앙카 항공기 사고 구조대원들은 서로를 보고,

이야기하고, 껴안기까지 할 수 있었다.

대면이 불가능한 상황에서도 유대는 지속될 수 있다. 베트남전 당시 하노이의 힐튼 수용소(호아 로 수용소)에 갇힌 미군 포로들은 격리 수용되어 고문을 당하는 등 단합을 와해시키기 위한 여러 조치들에 시달리고 있었다. 그러나 포로들은 '탭 코드Tap Code'로 알려진 제2의 언어를 사용하여 의사소통함으로써 자신들이 군인이라는 정체성을 잊지 않았다. 포로들은 수용소의 두꺼운 벽을 두드려 5열×5행으로 구성된 알파벳 행렬로 대화를 나누었다.

예를 들자면 A(1열 1행)를 표현하기 위해서는 '똑 똑', B(1열 2행)를 표현하기 위해서는 '똑 (쉬고) 똑 똑' 하는 식이었다. 그들은 이러한 방법으로 알파벳 각 글자에 고유의 코드를 부여했다. K는 생략하고 C로 대치했다.

수용소 내에서는 밤낮으로 벽 두드리는 소리가 들렸다. 한 포로는 그 상황을 이렇게 묘사했다. "수용소는 마치 장난꾸러기 딱따구리들의 소굴처럼 시끄러웠다. 모두들 수용소 벽을 두드렸다." 미군 포로들은 미국인이라면 누구나 알고 있는 '셰이브 앤 어 헤어컷Shave and a haircut'이라는 멜로디에 맞춰 벽을 두드리고 나서 응답을 기다렸다.

월맹군이 이를 눈치채고 중간에서 메시지를 가로채 다른 정보를 전달하려고 했지만, 운율을 알지 못해 신호를 잘못 보낼 수밖에 없었다. 정작 그들은 자신들이 무엇을 잘못했는지 알지 못했다.

미군 포로들은 수용되어 있는 동안 소설책 몇 권 분량은 될 정도로 무수히 벽을 두드렸다. 시간이 흐를수록 속도가 빨라져 나중에는 분당 5~6개 단어를 전달할 정도가 되었다. 그들은 또한 여러 가지 방법으로 탭 코드를 전달했다. 빗자루로 청소를 할 때도, 삽으로 구덩이를 팔 때도 탭 코드로 신호를 보냈으며, 쇠붙이로 햇빛을 반사하여 신호를 보내기도 하고 심지어는 기침, 재채기, 코를 킁킁거리는 소리 등으로도 코드를 전달했다. 포로들은 자주 감기에 걸렸기 때문에 월맹군은 이를 전혀 눈치채지 못했다.

이 행위에는 단순한 정보 전달 이상의 의미가 있었다. 포로들은 오랜 시간 동안 벽을 두드리며 상대와 의사소통을 했다. 비록 서로의 얼굴은 보지 못했지만 벽을 두드려 상대의 마음을 이해함으로써 서로 끈끈하게 연결된 것이다. 한 번도 만난 적 없는 사람들이 수용소 벽을 통해 분노, 슬픔, 그리고 행복을 나누었다.

간수들은 집요하게 포로들을 분열시키려 했지만 그들의 노력은 무위로 끝났고, 포로들의 끈끈한 유대는 지속되었다.

베리 셀즈버그와 '터놓고 말하기'

활발한 의사소통은 팀의 일체감을 유지시켜 준다. 우리는 팀원들과 아주 가까운 곳에서 일하는 데에 익숙하다. 즉 우리는 사람들을 눈으로 보고, 얼굴을 마주 대하고, 그들과 이야기한다. 그러나 같은 팀에 속해 있더라도 지리적으로는 멀리 떨어지는 경우 또한 생기고 있다. 이럴 때 우리는 이메일, 편지, 전화, 화상전화 등의 다른 의사소통 수단을 이용한다.

우리는 이 수단들을 효과적으로 사용하는 법을 배우는 중에 있다. 나는 이 매체들이 직장을 비인간적인 곳으로 만들고, 조직에서 인간성을 없앤다는 한탄을 자주 들었다. 그러나 이 기술들을 활용하면 전에는 결코 생각하지 못했던 방법으로 협업할 수 있음을 보여 주는 증거들이 점차 많아지고 있다.

수용소 사례를 생각해 보면 본질적으로 이 매체들에 인간의 유대를 해치는 요소는 없다. 오히려 인터넷으로 사랑이 싹트는 경우도 있고, 서로에게 친밀감을 느끼는 경우도 있다.

중요한 점은 기술의 효율성을 팀의 단합에 도움이 되는 방향으로 활용해야 한다는 것이다. 더욱이 사람들은 편안함을 느끼는 매체가 각기 다르기 때문에 다양한 수단을 활용할 줄 알아야 한다.

컬럼비아 경영대학원의 베리 셀즈버그Barry Salzberg 교수는 회계법인 딜로이트Deloitte의 글로벌 CEO로 일하며 커뮤니케이션 능력이 뛰어나다는 평가를 받았다. 딜로이트 미국 세무본부 책임자, 미국 총괄 파트너, CEO, 그리고 글로벌 CEO로 이어지는 성공적인 커리어를 쌓는 데 다른 직원들과의 커뮤니케이션 능력이 큰 도움을 주었다는 평가에는 의심의 여지가 없다. 셀즈버그는 커뮤니케이션에 대한 자신의 접근 방식을 이렇게 설명한다.

결국 커뮤니케이션이란 사람들의 감정에 관한 것이다. 핵심은 사람들이 서로 소통하고 있다고 느끼게 하고, 경영층에 자신의 생각을 전달할 방법을 갖고 있다고 느끼게 하는 것, 그래서 진실로 자신이 조직의 일원이라고 느끼게 하는 것이다. 물론 모든 요구를 수용할 수는 없다. 그러나 그렇게 하려는 생각과 마음은 가져야 한다.

회사의 재무상태가 좋지 않아서 많은 사람들이 해고를 걱정할 때, 셀즈버그는 그때가 특히 직원들과의 커뮤니케이션이 더 중요한 시기라고 생각했다. 그는 사내의 중요 사안들에 대해 거짓말하지 않고 공개적으로 이야기함으로써 직원들의 불필요한 걱정을 줄이고 딜로이트의 다른 리더들에게 좋은 역할 모델이 되었다.

셀즈버그는 직원들과 소통하기 위해 여러 방법을 사용했다. 그가 쓴 『10가지 깨달음10 things』이라는 책이 회사의 전 직원들에게 제공되었는데, 이 책은 리더십, 다양성, 직원 참여, 고객 서비스, 그리고 힘들고 어려운 시기에 조직을 이끌어 가는 일 등 그가 30년 이상 비즈니스를 하며 얻은 교훈을 담고 있다.

직원들과의 커뮤니케이션 능력에 높은 평가를 받는 셀즈버그는 미국 전역을 돌면서 직원들과 '터놓고 말하기Straight Talk'라는 이름의 행사를 가졌다. 구성원들은 현장에 직접 참석할 수도, 전화로 질문할 수도, 웹사이트를 통해 의견을 낼 수도 있었다. 셀즈버그는 어떤 질문에도 대답했다. 주제에 대한 어떤 제한도 없었다.

이 행사는 효과적이었다. 직원들은 셀즈버그의 솔직한 답변에 엄청나게 높은 호응을 보냈다. 그는 회사 외부에서도 좋은 평가를 받아 미국 비즈니스 대상 서비스 분야에서 올해의 경영자로 선정됐다.

우리는 소셜 미디어 시대에 살고 있다. 그러나 섀클턴과 마찬가지로 셀즈버그도 팀의 결속을 강화하는 데 있어 개인적인 접촉만큼 강력한 효과를 발휘하는 것은 없다고 생각했다. 셀즈버그는 이렇게 말한다.

비즈니스에서 신뢰는 산소와 같다. 신뢰는 마치 비행기 내부의 기압이 모두에게 영향을 미치듯 직원과 고객 모두에게 영향을 미친다. 트위터 시대의 엄청난 정보 전달 속도를 고려할 때, 신뢰 상실이 초래하는 위험은 지금이 그 어느 때보다 크다.

하이테크의 힘은 너무나 강력해서 도저히 막을 수 있을 것 같지 않다. 그러나 지금과 같은 하이테크 시대에도 의사소통의 본질적인 모습에서 신뢰와 투명성이 나올 수 있다는 사실에서 용기와 힘을 얻는다.

모든 조직원을 의사결정 과정에 참여시켜라

잘 단합된 팀의 팀원들은 자신들이 해야 할 일을 이해하고 그 일에 책임감을 갖는다. 이렇게 되기 위해서는 각 개인이 팀이 처한 상황을 명확하게 이해하고 있어야 한다. 다시 말해 정보의 공유가 원활해야 하고, 특정한 선택이 가져올 결과를 모든 구성원들이 알고 있어야 한다. 섀클턴은 이러한 적극적인 참여 의식을 모두에게 불러일으킨 리더였다.

섀클턴은 강한 책임 의식을 갖고 상황을 앞서서 주도하려 한 리더였다. 그는 식량을 마련하는 일에서부터 다른 평범한 일상 작업에 이르기까지 탐험대의 거의 모든 활동에 적극적으로 참여했다. 캠프를 급히 철수해야 하는 비상 상황에 각 대원들이 어떤 역할을 맡아 어떻게 대처해야 할 것인지에 대해 철저히 생각해 두는 등 그는 항상 대원들의 생사가 달린 문제를 두고 고민했다.

섀클턴은 이를 통해 강력한 통솔력을 가질 수 있었으며 동시에 대원들이 주도적으로 행동하도록 촉구할 수 있었다. 섀클턴은 대원들을 단합시켰고, 장애물을 극복하기 위한 해결책에 대해 끊임없이 생각하게 했다. 그가 그렇게 행동한 데에는 두 가지 이유가 있었다.

하나는 대원들의 사기를 유지시키기 위해서였고, 다른 하나는 그들의 생존에 도움이 될 실질적인 아이디어를 찾기 위해서였다.

어떻게 그는 자신의 생각을 그토록 강력하게 표현할 수 있었을까? 또 어떻게 대원들로 하여금 해결책을 생각하도록 독려할 수 있었을까? 그가 택한 방법 중 하나는 주요 자문위원들로 구성된 '지휘 위원회'를 설치한 것이다. 프랭크 와일드, 프랭크 워슬리, 프랭크 헐리로 구성된 이 지휘 위원회는 사실상 이사회와 같은 역할을 했다.

이 위원회는 썰매 전진이 실패로 끝난 뒤 오션 캠프의 설치를 만장일치로 결정했다. 이 위원회는 또한 자신들이 택할 수 있는 여러 가지 다른 방안들에 대해서도 검토했다. 워슬리가 묘사한 것처럼, 지휘 위원회는 항상 토론하고 준비했다.

최악의 경우, 우리는 얼음 위에서 또 한 번 겨울을 나야 할지도 모른다. (…) 아니면 1월말까지 표류하여 그레이햄 랜드나 사우스오크니에 도착하여 그곳에서 도움을 받을 수 있을지도 모른다. 또 다른 가능성은, 위험한 시도이기는 하지만 보트를 버린 뒤 목수가 제작한 너벅선을 썰매에 싣고 1월말에 서쪽을 향해 나아가는 것이다. 이 방법은 더이상 얼음 위에서 지내는 일이 불가능해질 때에만 시도할 것이다.

새클턴은 자기 나름의 생각을 가지고 있었지만 항상 지휘 위원회의 조언에 귀를 기울였고, 이들과의 회의는 그의 생각에 많은 영향을 미쳤다. 지휘 위원회는 그들의 생존 가능성이 희박해지고 절망과 체념이 커져 갈 때 새클턴이 필요로 하는 지원과 도움을 제공했다.

지휘 위원회의 역할이 중요하기는 했지만 새클턴이 이 위원회하고

만 대화하고 의견을 나눈 것은 아니었다. 그는 계속해서 대원들에게 "혹시 우리가 해야 하는데 잊은 일은 없나?" 하고 묻곤 했다.

그는 투표를 통한 다수결로 결정을 내리지도 않았고, 모든 제안을 다 받아들여 행동하지도 않았다. 그러나 누구든 섀클턴에게 쉽게 접근할 수 있었고, 그는 대원들 각자에게 그들이 팀 전체에 큰 영향을 미치고 있다는 생각을 심어 주었다. 특히, 계획을 변경할 때마다 섀클턴은 공개 토론을 통해 대원들에게 의견을 구했다. 이러한 과정을 통해 결과적으로 모든 대원들은 자신의 의견이 반영되었다는 생각을 갖게 되었다.

모 컨설팅 회사 CEO의 현명한 은퇴

정보에는 힘이 있다. 리더는 정보를 공유할 수도 있고, 반대로 꼭 꼭 움켜쥔 채 내놓지 않을 수도 있다.

모 컨설팅 회사의 경우를 보자. 그 회사는 재무상황을 투명하게 공개하고, 구성원들과 개방적으로 커뮤니케이션을 함으로써 회사 매각 작업이 내부 분열로 이어지는 것을 막을 수 있었다.

은퇴할 시기가 다가오자 그 회사의 CEO는 자신이 은퇴하면 회사가 혼란에 빠지지는 않을까 걱정했다. 그는 다른 컨설팅 회사의 창업자들이 직원들의 사전 준비나 참여, 이익 배분 없이 회사를 매각해 버리는 경우를 종종 보고는 했다. 그 CEO들은 매각 다음 날 아침 값비싼 롤렉스 시계를 차고 만족스런 표정으로 나타났지만, 갑작스런 매각 이후 회사는 무너져 버리고는 했다.

이 CEO는 그런 CEO들과는 달리 사려 깊게 행동했다. 그는 자신의 회사에서는 그런 일이 생기지 않도록 하겠다는 각오를 가지고 구성원 모두와 함께 회사의 미래에 관한 의견을 나누고자 최선의 노력을 다했다. 누구나 자유롭게 회사의 재무정보에 접근할 수 있었고, 누구나 최고의 조건으로 회사를 매각할 아이디어를 낼 수 있었다. 또 그는 회사를 성공적으로 매각한 다른 기업가들을 만나 의견을 듣고 그 정보를 사내 구성원들과 공유했다. 함께 방법을 찾고 직원들과 개방적인 자세로 커뮤니케이션을 함으로써, 회사는 한마음으로 뭉쳐 매각 준비를 할 수 있었다.

특정 사안에 대한 세세한 상황들을 아무런 고려 없이 무조건 공유해도 괜찮다는 것은 아니다. 대원들에게 나쁜 소식을 알려야 할 때는 섀클턴도 모두가 충분히 휴식을 취했을 때까지 기다리고는 했다. 리더는 반드시 정보를 공유할 타이밍과 상황을 섬세하게 살펴야 한다. 그러나 극한상황에서 조직이 성공하려면 조직이 처한 상황에 관한 모든 핵심적인 사실을 조직원 모두가 이해하고 공유해야 한다.

문제를 일으키는 조직원을 잘 활용하라

섀클턴은 구성원 각각의 성격과 특기를 이해하고 그들의 특성을 탐험 활동의 필요와 연결시켰다. 모든 대원들은 최선을 다해 팀에 기여했고, 그 결과 섀클턴은 그렇지 않았더라면 발생했을지도 모르는 수많은 문제들을 피할 수 있었다. 그럼에도 일부 대원들의 역할을 바꾸어야 할 때도 있었다. 섀클턴은 성과가 떨어지는 사람을 관리하는 능력 역시 탁월하여 그들을 매우 세심하게 보살피곤 했다.

그의 세심한 면모는 사우스조지아 섬까지의 험난한 여정 중에 일어난 한 사건에서 엿볼 수 있다. 대원들이 지니고 있던 막대 모양의 씹는담배가 끊임없이 부딪쳐 오는 파도에 의해 거의 가루가 되어 버렸다. 주머니 속에 들어 있던 담배는 순록 가죽 침낭에서 나온 머리카락과 뒤섞여 볼썽사나운 모습으로 변해 있었다.

그러자 한 머리 좋은 대원이 그 가루들을 모아 휴대용 석유난로에 말린 뒤 젖은 화장지로 말아 궐련을 만들었다. 이 대원이 그 담배를 섀클턴에게 건넸을 때, 섀클턴은 성의 표시로 몇 모금 빤 뒤 그 대원이 채 몸을 돌리기도 전에 담배를 도로 건넸다.

섀클턴은 다른 대원들의 감정이 상하지 않도록 애를 썼지만, 정확한 조치가 필요할 때는 신속하게 행동했다. 예를 들어 괴짜인 오들리는 얼음 위에서 자전거를 타고 묘기를 부리고는 했다. 한번은 자전거를 타고 멀리까지 나갔다가 수색 팀에 의해 구조되기도 했다. 섀클턴은 그가 다시는 혼자서 배를 떠나지 못하도록 엄명을 내렸다.

오들리는 괴짜 기질로 인해 계속해서 다른 대원들과 충돌했다. 그는 대원들로부터 쉽게 따돌림을 당할 수도 있었다. 심지어 사람 좋은 와일드에게도 곧잘 대들곤 했다. 그러나 섀클턴은 결코 그를 따돌리지 않았다. 그 결과 그는 팀이 필요로 할 때 팀을 위해 기여할 수 있었다. 한 예로, 엘리펀트 섬까지 항해하는 동안 오들리는 블랙보로의 언 발을 자신의 가슴에 품어 녹여 주었다.

오들리가 팀에 계속 남아 있을 수 있었던 주요한 이유는 섀클턴이 팀의 단합을 위해 헌신적으로 노력했고, 특정 대원을 편들지 않았기 때문이다. 그는 팀을 분열시킬 수도 있는 일에 극도로 민감하게 반응했고, 분열의 싹을 일찍부터 잘라 내기 위해 많은 고통을 감수했다. 워슬리는 다음과 같이 회상했다.

28명의 남자들이 눈과 얼음 속에 갇혀 거의 꼼짝도 하지 못할 지경이 되자 생활이 무기력하고 따분해졌다. 북쪽으로 나아가고 싶은 마음에 초조했지만, 냉혹한 자연에 맞서 싸울 수 없는 우리들의 무력함을 잘 알고 있었기 때문에 모두들 감정이 격해져 있었다. 이 상황에서 약간의 비난과 분열이 싹트기도 했지만 섀클턴이 뛰어난 재치로 상황을 무마한 덕분에 분열의 싹은 곧 시들어 버렸다. 그는 텐트를 같이 쓰는 인원을 재배치했고 (…) 각 대원들에게 단합해야만 팀의 힘을 유지할 수 있음을 상기시키곤 했다.

섀클턴은 특정 대원을 편든다는 오해를 피하기 위해 노력했다. 섀클턴은 항상 워슬리와 와일드에게 자문을 구했고, 두 사람은 참모로서 탐험대 내에서 분명한 위치를 가지고 있었다. 그러나 결코 섀클턴이 그들만 편애하는 것처럼 보이지는 않았으며, 모든 대원들이 팀의 보호막 아래에 놓여 있었다.

문제 있는 조직원이 능력 있는 조직원으로

조직의 단합을 유지하는 동시에 각 구성원의 미묘한 감정을 배려하면서 성과가 좋지 않은 팀원을 다루는 것만큼 어려운 일은 없을 것이다. 그러나 리더는 그처럼 복잡한 문제를 다룰 수 있어야 한다. 제 역할을 하지 못하는 것처럼 보이는 구성원을 무시해서는 결코 팀의 단합을 공고히 할 수 없다.

구성원들의 업무 능력과 관련한 문제를 다룰 때 나는 "너무 빨리 조치를 취했기 때문에 일을 그르쳤다"고 말하는 리더는 본 적이 없다. 일반적인 경우는 그 반대이다. 뒤로 미루다가 사태가 악화되어 도저히 회복할 수 없는 지경에 이르고, 성과가 좋지 않은 사람들 때문에 다른 사람들의 업무 능력까지 저하되는 것이다. 성과를 중시하는 분위기가 사라질 때, 조직의 단합은 약해진다.

성과가 좋지 못한 구성원에게 제재를 가할 수도 있겠지만, 그 사람을 소외시키지 않고 만회할 기회를 주어야 한다.

한 유명 화학 회사의 연구개발 부서장인 밥Bob의 사례를 보자. 밥은 팀의 스타였으며, 회사에서 가장 혁신적이고 독창적이며 고수익을 올릴 것이라 예상되는 신제품의 개발을 맡은 연구원이었다. 그는 찰리라는 팀원을 시니어 매니저로 승진시켰다.

그런데 얼마 되지 않아 찰리의 성과가 형편없는 것으로 나타나기 시작했다. 연구에만 익숙했던 찰리는 연구원들을 관리하는 역할에는 어울리지 않았던 것이다. 그의 관리 능력은 심각할 정도였다. 그는 신제품 개발을 진행시키지도 못했고 오히려 장애가 되었다.

밥은 그 문제를 건설적으로 처리했다. 그는 찰리가 관리 업무에서 벗어난다면 회사와 찰리 모두에게 이익이 될 수 있음을 깨달았다. 밥은 찰리를 위해 '선임 연구원'이라는 자리를 새롭게 신설했다. 찰리는 다시 이전의 역할로 복귀했다.

밥은 찰리에게 다른 기회를 만들어 줌으로써 조직의 목표 달성을 도왔을 뿐만 아니라, 분노와 분열이 생기기 쉬운 상황에서 찰리와 다른 팀원들 모두에게 만족스러운 결과를 만들었다.

탁월한 리더들은 개별 팀원의 필요와 능력에 민감하며, 개개인의 다양한 재능을 활용하는 방법을 발견한다. 그리고 구성원들을 소외시키거나 희생양으로 만들지 않고도 목표를 향해 나아간다. 성공적인 리더는 지속적으로 "우리는 하나다"라는 메시지를 전달한다.

정체성을 공유하라

1. 팀의 정체성 공유를 위해 당신은 어떠한 조치를 취하고 있는가?

2. 팀이 추구하는 가치가 명확한가? 모든 구성원들이 그 가치를 잘 이해하고 있는가? 의사결정을 할 때 그 가치를 기준 잣대로 활용하는가?

3. 팀의 정체성 공유를 위하여 당신은 무엇을 더 할 수 있는가?

효과적인 커뮤니케이션 방법을 찾아라

1. 당신은 구성원들과 밀접한 관계를 유지하고 있는가? 그 관계를 더욱 증진시킬 방법은 무엇인가?

2. 구성원들 간의 커뮤니케이션은 잘 이루어지는가?

3. 팀 전체가 함께 모여 얼굴을 맞대고 이야기할 기회가 있는가?

모든 조직원을 의사결정 과정에 참여시켜라

1. 팀 전체가 자신들이 해결해야 할 문제에 관해 정확히 이해하고, 팀의 성공에 대한 책임 의식을 지니고 있는가?

2. 어떤 문제에 대해 구성원들이 공개적으로 토론할 기회가 있는가?

3. 모든 구성원을 의사결정 과정에 참여시켜 해결 방안을 함께 고민해 볼 수 있는 방법은 없는가?

문제를 일으키는 조직원을 잘 활용하라

1. 당신은 구성원들의 성과 문제를 효율적으로 처리하는가? 당신이 처리해야 함에도 지금 회피하고 있는 문제는 없는가?

2. 당신의 조직에서 소외되었거나 희생양이 된 개인, 소그룹은 없는가? 만일 그렇다면 그들이 조직의 성공을 위해 다시 적극적으로 일할 수 있도록 당신이 할 일은 무엇인가?

특권을 최소화하라.
예의를 지키고
서로
존중하도록 하라

6

섀클턴은 은밀히 자신의 아침 식사용 비스킷을 내게 내밀며 먹으라고 강요했다. 내가 그 비스킷을 받으면 그는 저녁에도 또 내게 비스킷을 줄 것이다. 나는 도대체 이 세상 누가 이처럼 철저하게 관용과 동정에 찬 행동을 할 수 있을까 생각해 본다. 나는 죽어도 그의 마음을 잊지 못할 것이다. 수천 파운드의 돈으로도 그 한 개의 비스킷을 살 수 없을 것이다. |프랭크 와일드|

극한상황을 극복하기 위한 10가지 전략은 서로 밀접하게 연관되어 있지만, 특히 이 장에서 다루는 전략은 팀 메시지의 중요성을 강조한 5번째 전략과 긴밀하게 연결되어 있다. 사실 이 장에서 다루는 많은 전략들이 앞 장에 포함될 수도 있는 것들이다. 그러나 이 장에서 다루는 내용들은 극한상황에서 성공하기 위해 매우 중요한 역할을 하기 때문에 독립된 하나의 장으로 설명할 가치가 있다.

특권을 최소화하라

스콧은 인류 역사상 가장 유명한 탐험가 중 한 사람이다. 노르웨이인 로알 아문센보다 한 달 늦게 남극에 도착한 스콧은 귀환 도중 동료와 함께 세상을 뜨고 말았다. 그러나 그 탐험을 영웅적으로 생각하는 영국 국민들의 마음속에 스콧은 영원히 살아 있다. 세계 도처에 세워진 그의 동상들이 죽음에 직면한 스콧의 모습을 묘사하고 있으며, 거기에는 보통 다음과 같은 그의 마지막 메시지가 새겨져 있다.

나는 이 여정을 후회하지 않는다. 이 여정에서 영국의 사나이들은 곤경을 극복하고 서로를 도우며, 과거 그 어느 때보다도 꿋꿋하게 죽음을 맞이할 수 있음을 보여 주었다.

사실 스콧의 리더십 능력의 부족이 그러한 비극을 야기한 것이라고 주장하는 사람들도 있다. 예를 들어 롤랜드 헌트포드는 아문센과 스콧의 경쟁에 관한 그의 저서 『지구의 끝The Last Place on Earth』에서 스콧의 결점을 무자비하리만큼 들춰내고 있다. 이 책의 색인란은 '스콧의 성격'에 대한 다음과 같은 내용들을 담고 있다.

방심, 불가지론주의적 사고, 통제력 부족, 급작스런 낙담, 성급함, 즉흥적, 불확실한 신념, 불안정한 감각, 직관 부족, 불합리한 고집, 열정 부족, 판단력 결여, 리더십 부족, 무모함, 책임 회피, 감상주의, 우유부단함.

반면 헌트포드가 지나치게 편파적이며 스콧을 부당하리만치 깎아내린다고 비난하는 사람들도 있다. 1957~1958년 영국 남극내륙 탐험 팀을 이끌었던 비비안 푸크스Vivian Fuchs는 헌트포드가 스콧에 대한 개인적 복수심에서 독필을 휘둘렀다고 주장했다.

헌트포드가 스콧을 지나치게 비하했을지는 모르지만, 섀클턴이 스콧은 갖추지 못한 것들을 갖춘 리더였다는 점에는 의심의 여지가 없다. 두 사람 모두 탐험이 낭만적으로 받아들여지던 시대에 태어난 리더였고, 경쟁적이며 야심만만한 인물들이었다. 그러나 리더로서 두 사람에게는 근본적인 차이가 있었다. 특히 팀의 단합을 창출하는 능력이 완전히 달랐다. 도대체 무엇이 이 두 사람을 그토록 극명하게 대조시켰을까?

리더로서 스콧의 한계를 살펴볼 때, 분명하게 드러나는 한 가지 사실이 있다. 스콧의 결함 중 많은 부분이 그가 리더의 역할을 배웠던 환경(19세기 후반의 영국 왕실 해군)에서 기인했다는 점이다. 그 환경을 좀 더 주의 깊게 살펴볼 필요가 있다. 왜냐하면 그곳은 아직도 오늘날의 리더들과 조직들이 타산지석으로 삼을 만하기 때문이다.

스콧이 영국 해군 사관학교에 입교한 1880년대, 왕실 해군은 과거에 머물러 있었다. 그때까지도 왕실 해군은 1805년 허레이쇼 넬슨 Horatio Nelson 제독이 프랑스 군을 패퇴시킨 트라팔가 해전의 승리에 도취되어 변화를 거부하며 기능보다는 형식에 중점을 두었다. 헌트포드가 잘 묘사하고 있는 바와 같이 그 당시 왕실 해군은 군대라기보다는 마치 그들만의 전용 요트 클럽 같았다.

예를 들어, 그들은 겉모양에만 치중했다. 내부의 무기가 고철 덩어리로 변해 가고 있음에도 전함들은 겉모습만 번지르르했다. 또 그들은 철저한 계급 구조를 가지고 있었으며, 무조건적으로 상관에게 복종했고 중앙집권적으로 의사결정을 했다. 이러한 점들이 스콧에게 커다란 영향을 미쳤다.

스콧은 대원들에게 우스꽝스러울 정도로 부적절한 일들을 시켰다. 스콧은 디스커버리 호의 대원들에게 왕실 해군의 전통에 따라 매일 갑판을 닦도록 지시했다. 대원들은 살을 에는 영하의 날씨 속에서 이 명령을 수행해야만 했다. 물은 갑판에 뿌리자마자 얼음으로 변해 버려 잠시 후에는 삽으로 긁어내야 했다.

스콧은 또한 모든 대원들을 갑판 위에 집합시켜 놓고 검열하기를 좋아했다. 대원들은 너무 오랫동안 갑판 위에 서 있던 탓에 발에 동상이 걸리기도 했다. 그뿐만이 아니었다. 스콧은 커뮤니케이션 능력에 있어서도 심각한 문제가 있었다. 그는 정보를 활용하여 팀의 단합을 공고히 하기는커녕 가장 기본적인 정보마저도 혼자만 움켜쥐고 알려 주지 않았다. 간부들조차도 다음 목적지나 그곳에서 얼마 동안 머무르게 될지 도무지 알 수 없었다.

그의 이러한 행동은 대원들을 분노와 좌절 속으로 몰아넣었다. 그러나 무엇보다도 스콧의 가장 큰 결점은 그가 왕실 해군에서 배웠던 계급 의식이었는지도 모른다. 물론 다른 영국 해군 장교들도 같은 훈련을 받았고, 우수한 지도자가 되기도 했다. 그러나 스콧의 개인적 기질이 왕실 해군의 엄격한 훈련으로 더욱 강화되면서 끔찍한 결과를 가져왔다.

예를 들어, 디스커버리 호 승무원을 선발할 때도 스콧은 왕실 해군 출신이 아닌 사람은 선발하지 않으려고 했다. 어쩌면 그가 다른 부류의 사람을 다룰 자신이 없었기 때문인지도 모른다. 디스커버리 호에서는 장교와 사병, 함장실과 갑판이 엄격하게 구분되었다. 스콧은 섬널 배늘 세뵈야고는 일반 내원에게 빌을 신 찍이 없을 징토였다. 이러한 계급 구조는 눈과 얼음에 둘러싸인 남극에서는 전혀 쓸모없는 것이었다. 이러한 계급 체계는 분열을 낳았고, 그들을 도저히 팀이라고 부를 수조차 없는 오합지졸로 만들어 버렸다.

이에 반해 섀클턴이 취한 방법은 스콧의 접근법과는 확연히 구별된다. 아들을 영국 해군 사관학교에 보낼 만한 금전적 여유가 없던 섀클턴의 아버지는 어린 섀클턴을 휴튼 타워Houghton Tower라는 이름의 범선에 태워 바다로 보냈다. 섀클턴은 그 배에서 다른 2백 명의 선원들과 함께 말 그대로 밑바닥에서부터 삶을 배웠다.

그곳은 엄격한 왕실 해군과는 완전히 달랐다. 물론 이곳에서도 간부와 일반 선원 사이에는 지위의 차이가 있었다. 그러나 결코 해군만큼 엄격하지는 않았다. 이러한 환경 속에서 섀클턴은 간부, 엔지니어, 수습 선원 등 모든 부류의 사람들과 친구가 되었다.

마침내 스콧이 지휘하는 디스커버리 탐험대에 합류할 쯤엔 섀클턴은 사교적이고 활력 넘치는 선원이 되어 있었다. 그는 또한 대인관계에 있어서 스콧과는 근본적으로 다른 시각을 가지고 있었다. 섀클턴은 강력한 리더였으나 팀원들을 차별하는 불필요한 형식적 조치들을 무시했다. 그는 의사결정상에 있어서 권위의 필요성은 인정했지만 결코 우월감이나 엘리트 의식을 내보이지는 않았다.

디스커버리 탐험 때 이 두 사람의 근본적인 차이는 자주 드러났다. 섀클턴이 스키를 배우느라 다른 대원들과 눈 속에서 허우적댈 때 스콧은 멍하니 구경만 하고 있었다. 스콧이 탐험대의 지질학자이자 가장 나이 어린 간부인 하틀리 페라Hartley Ferrar에게 화풀이하듯 질책할 때마다 섀클턴은 스콧의 그러한 행동이 잘못된 것임을 알고 페라를 감싸 주었다.

남극대륙 횡단 탐험에서 섀클턴이 탐험대를 지휘하게 되었을 때 그의 리더십은 스콧과 더욱 분명하게 대조되었다. 특히 불필요한 계급 의식을 조직 내에서 완전히 없앴다는 점이 가장 두드러진다. 인듀어런스 호에서 모든 대원들은 신분과 업무를 초월하여 굳게 뭉쳤다. 과학자, 의사, 선원들 모두 똑같이 합심하여 주어진 일을 해냈다. 한 예로 탐험대를 찍은 한 사진에서는 의사인 맥클린이 무릎을 꿇고 열심히 갑판 바닥을 닦는 모습을 볼 수 있다.

그러나 모든 사람들이 처음부터 이와 같은 평등주의적 사고를 받아들인 것은 아니다. 왕실 해군 체계에 익숙했던 토머스 오들리는 자신의 일기에 이렇게 적었다.

나는 매사에 장교의 자존심을 내려 놓아야 한다. 하지만 아무리 생각해도 갑판 바닥을 닦는 것은 장교로서의 품위를 지키는 데 익숙한 사람에게 어울리는 일이 아닌 것 같다.

그러나 시간이 지남에 따라 신분을 초월한 시스템은 팀 문화의 일부가 되었다. 대원들이 작업을 하는 동안 지켜보기만 했던 스콧과는 달리 섀클턴은 팀의 일원으로서 작업에 참여했다.

이러한 평등주의적 정신은 팀에 두 가지 중요한 특징을 부여했다. 첫째, 탐험대의 전 대원들은 어떤 일이 주어지든 그 일을 성취하기 위해 최선을 다했다. 둘째, 물자 부족으로 극심한 스트레스를 받을 수밖에 없는 상황에서, 자신보다 더 좋은 대우를 받는 사람이 있다는 분노나 적개심을 최소화했다.

섀클턴이 팀 내의 평등 의식을 유지할 수 있었던 방법 중의 하나는 보급품을 한 치의 오차도 없이 공정하게 배분하는 것이었다. 예를 들어 인듀어런스 호가 침몰한 직후, 대원들은 모두가 순록 가죽 침낭을 쓸 수는 없다는 것을 알았다. 전문 가죽업자가 특별히 만든

이 침낭은 원래 썰매를 모는 팀만 사용할 예정이어서 18개밖에 없었다. 이제 28명 중 10명은 모직 침낭으로 버텨야만 했다. 이 문제를 공평하게 처리하기 위한 바람직한 방법은 추첨으로 순록 가죽 침낭을 차지할 사람을 뽑는 것이었다. 섀클턴은 이 추첨에 참여하지 않았다. 경험이 많은 탐험가로서 그는 모직 침낭으로도 견딜 수 있다고 판단했다.

식량 또한 대원들에게 중요한 문제였다. 풍족함과 굶주림 모두 얼마나 식량을 배급받느냐에 달려 있었다. 이러한 상황에서 편파적인 요소가 조금이라도 보이면 대원들은 즉각 분노를 느끼게 될 것이었다. 섀클턴은 공정을 기하기 위하여 솔로몬 왕 같은 지혜를 발휘했다.

텐트 속의 모든 사람들이 함께 모여 식사를 한다. 모든 식량을 텐트 속에 있는 사람 수대로 똑같은 분량으로 아주 정밀하게 나누어 배급한다. 한 대원이 눈을 감거나 고개를 돌린 채 무작위로 다른 동료의 이름을 부른다. 동시에 그날의 식사 당번이 미리 나누어 놓은 음식 더미 중 하나를 고른다. 이렇게 함으로써 모든 사람들이 공정하다고 느끼고 만족할 수 있었다. 우리는 모두 같은 배를 탔다고 느끼고 있었고, 누구도 불평하지 않았다.

공평한 처우를 강화하기 위해 섀클턴은 리더인 자신부터 어떠한 특권도 누리지 않으려 했다. 그는 대원들과 똑같은 옷을 입고 똑같은 음식을 먹었으며 일상적 잡무에 있어서도 자신의 순번을 빼놓지 않고 지켰다. 한 예로 그는 고된 식사 당번도 마다하지 않고 돼지기름, 오트밀, 쇠고기와 야채, 설탕을 넣어 만든 황갈색 스프가 든 통

을 날랐다. 그리고 주방장이 그에게만 특식을 제공할 때도 섀클턴은
원칙을 위배하는 것이라며 일언지하에 거절했다.

또한 섀클턴은 자신이 잘못했을 때 그것을 인정하고 사과함으로
써 평등 정신을 유지하고 리더로서의 권위도 지켰다. 그는 자기주장
이 강하고 고집 센 사람이었지만 자신이 분명하게 잘못했을 때는 언
제든지 그것을 인정했다.

섀클턴과 워슬리는 제임스 커드 호로 사우스조지아 섬까지 가는
데 필요한 부력과 중량에 대해 서로 이견을 보였다. 워슬리는 대원
들과 보급품의 무게가 450kg에 달한다는 것을 알고 추가로 실을 수
있는 짐의 양이 조금밖에 없다고 주장한 반면 섀클턴은 배가 풍랑
에 뒤집힐 것을 염려하여 배에 싣는 짐의 총 중량을 1톤 정도로 늘
려야 한다고 고집했다. 이로 인해 제임스 커드 호는 물속에 너무 깊
이 잠겨 항해가 힘들어졌다. 항해 뒤 자신의 실수를 깨달은 섀클턴
은 워슬리에게 잘못을 시인했다.

스키퍼, 자네가 옳았어. 내가 잘못 판단했어. 자네 말을 들었더라면
더 쉽고 빨리 항해할 수 있었을 텐데.

제임스 커드 호가 성공적으로 항해를 마친 후였기 때문에 굳이
자신의 잘못을 인정하지 않을 수도 있었다. 아마 다른 리더 같았으
면 구렁이 담 넘어가듯 슬쩍 넘어갔을지도 모른다. 그러나 섀클턴은
자신의 잘못을 솔직하게 인정했고, 이러한 솔직함은 그에 대한 신뢰
를 더욱 공고히 했다.

계급문화와 팀워크

모든 조직에는 계급이 있기 마련이지만 어떤 조직은 지나치게 계급을 강조하는 경향이 있다. 에드 롤러Ed Lawler는 자신의 저서 『밑바닥에서부터From the Ground Up』에서 어느 독일 기업의 아주 독특한 디자인을 한 본사 건물에 대해 묘사하고 있다. 그 빌딩은 피라미드 모양을 하고 있고, 한 직급 전체가 한 층씩을 차지하고 있다. 모든 종업원은 건물에서의 위치로 자신의 계급을 파악하고 있으며, 그 건물에서 한 층 위로 올라가 일한다는 것은 조직에서 정확하게 한 계급 승진했다는 것을 의미한다.

이와 같은 엄격한 계급문화는 극한상황에서 팀워크에 전혀 도움이 되지 않는다. 그러나 계급 그 자체가 문제인 것은 아니다. 권한이나 직책, 역할은 필요한 것이다. 분열은 이런 것들 때문이 아니라 상위 그룹의 엘리트 의식, 즉 선택받은 소수가 갖는 차별 의식 때문에 발생한다. 따라서 리더는 각 구성원들이 조직에서의 역할에 상관없이 서로에 대한 존경심을 갖는 환경을 구축해야 한다.

바로 이러한 점을 잘 보여 주는, 내가 직접 경험한 사례가 있다. 하버드 비즈니스 스쿨을 졸업한 후 나는 신임 교육 국장 존 오티나John Ottina의 보좌관으로 일하게 되었다. 첫 출근을 하던 날, 나는 미국 교육의 문제점에 대해 신랄하게 비판하겠다는 포부를 가지고 사무실에 도착했다. 그러나 곧 사무실이 다른 보좌관들과 대화하거나 분석 작업을 할 만한 마음의 여유도 생기지 않을 만큼 좁다는 것을 알게 되었다.

존은 사무실에 처박혀 있는 우리의 모습을 보더니 공간을 가늠하고는 즉각 움직이기 시작했다. 그는 국장실로 따로 분리된 큰 사무실에서 나와 그렇지 않아도 좁은 우리 사무실에 테이블 하나와 서류 서랍을 들여놓았다. 그는 요란을 떨지 않았다. 이 간단한 행동으로 그는 모든 것을 다 말했던 것이다. 순식간에 우리는 모두 한마음이 되었다. 직책에 상관없이 우리는 하나가 되었다.

리더가 잘못을 인정하는 것은 계급과 지위의 차이를 최소화하는 또 하나의 방법이다. 나는 자신이 틀렸다고 말하는 리더들에게 감동받는다. 스콧 스클라Scott Sklar는 거친 환경에서도 구김 없이 견딜 수 있도록 디자인된 의류 제품들을 전문적으로 취급하는 '트래블스미스TravelSmith'의 공동 CEO이다. 스클라는 내가 예일 대학에서 강의를 할 때 비즈니스 과정을 수강했다. 우연한 기회에 우리는 자리를 같이하게 되었고, 대화를 나누는 중에 스클라는 '작은 검정 드레스' 이야기를 자세히 늘어놓으며 몹시 기뻐했다.

당시 여성 의류 사업팀 팀장이었던 나탈리 칼슨Natalie Carlson은 트래블스미스의 카탈로그에 검정색 니트 드레스를 포함하여 몇 가지 상품을 추가할 것을 제안했다. 그러나 스클라는 그 콘셉트를 받아들이지 않았다. 회사가 지금까지 한 번도 시도해 본 적이 없는 것이었고, 스클라 자신도 옷에 대해서 별로 아는 바가 없었다. 트래블스미스는 그때까지 여성 의류 분야에 있어서 걸음마 단계에 있었다.

그러나 칼슨은 집요하게 검정 드레스를 고집했다. 남편이 프랑스 회사에서 근무하고 있었기 때문에 칼슨은 주말을 자주 파리에서 보내곤 했다. 멋진 파리 여인늘 사이에서 그녀는 사신의 스타일이 영 별로라는 것을 느꼈다. 칼슨은 가방 속에 넣기 좋고 구김도 잘 가지 않으면서 스타일도 좋은 검정 드레스를 사려 했다. 그러나 그녀의 마음에 쏙 드는 완벽한 드레스를 찾기란 너무 어려워 결국 그녀는 자신이 직접 옷을 디자인해 만들어 입었다. 칼슨은 이 옷이 그녀 자신뿐만 아니라 자주 여행을 하는 여성들에게 꼭 필요한 옷임을 깨달았다.

마음이 썩 내키지는 않았지만 스클라는 계속 그녀의 말에 귀를 기울였다. 그러고는 마침내 그녀의 의견을 받아들였다. 결과는 그의 예상을 완전히 뒤엎었다. 스클라는 다음과 같이 회상했다.

그 드레스는 우리의 가장 성공적인 제품들 중 하나일 것이다. 그 옷은 우리의 트레이드 마크가 되었다. 이 일을 통해 내가 깨닫게 된 것은 탁월한 리더가 되기 위해서 매사에 전문가일 필요는 없지만, 사람들의 재능을 이해하고 동기를 유발하고 관리하는 법에 있어서는 반드시 전문가가 되어야 한다는 것이다.

칼슨은 판촉 담당 부사장이 되었고 많은 여성들의 필수 의상이 된 검정 드레스는 트래블스미스 문화의 일부가 되었다. 스클라는 자신이 결코 리더로서 모든 것을 다 알고 있는 것처럼 행동하지 않았다. 그는 칼슨과 다른 직원들로 하여금 그들이 믿는 바를 추진하도록 격려했다.

예의를 지키고 서로 존중하도록 하라

리더가 구성원 개개인에게 다른 사람에 대해 걱정하는 마음을 갖도록 강요할 수는 없다. 그러나 다른 사람을 돌보는 것을 모범적인 행동으로 삼고, 시간이 흐름에 따라 이러한 행위가 상호 간의 유대를 강화하는 데 도움이 되도록 할 수는 있다.

남극대륙 탐험의 시작에서부터 끝까지 섀클턴은 서로 존경하고 돕는 태도를 강조했다. 섀클턴의 희생적 태도는 팀워크의 기초를 다졌다. 섀클턴의 이러한 태도는 왜 대원들이 그토록 그에게 군건한 신뢰와 믿음을 보였는지를 잘 설명해 준다. 1등항해사 그린스트리트는 다음과 같이 말했다.

> 섀클턴은 무엇보다도 대원들을 먼저 생각했다. 그는 대원들이 입을 옷이 충분하지 않으면 자신의 몸에 셔츠 하나라도 걸치지 않을 사람이었다. (…) 아마 다른 대원들도 느꼈을 것이다. 그가 우리를 그 무엇보다도 소중하게 생각했다는 것을….

이 유대감은 리더에 대한 충성 이상의 감정이었다. 이 감정이 시간이 흐를수록 대원들을 강력하게 결집시켰다.

섀클턴이 대원들에게 보인 모범적 행동은 때로 아주 단순한 것이었다. 예를 들어, 인듀어런스 호가 침몰하고 난 후 섀클턴과 와일드는 대원들을 위해 텐트를 돌아다니며 따뜻한 우유를 나누어 주었다. 또한 대원들이 기진맥진해 사우스조지아 섬에 도착했을 때, 섀클턴은 첫 번째 경계 근무에 자원한 뒤 원래 한 시간씩 돌아가며 서던 경계 근무를 세 시간 농안 섰다.

사우스조지아 섬으로 항해하는 도중에 그는 대원들을 위해 스스로 엄청난 고통을 감수했고, 유별나게 추운 밤에는 대원들이 추위를 이길 수 있도록 4시간마다 따뜻한 우유를 끓여 마시도록 했다.

대원들은 몸 안에 여분의 온기를 집어넣기 위해 한밤중에 우유를 끓여야 하는 고통을 기꺼이 감수했다.

대원들은 죽음의 문턱에 서 있는 것이나 마찬가지였지만, 뜨거운 우유를 마신 덕분에 그 여정 동안 아무도 죽지 않았다. 워슬리는 다음과 같이 회상했다.

우리들 중 적어도 두 명은 죽기 일보직전이었다. 섀클턴은 계속해서 두 사람의 맥박을 체크했다. 대장은 그 두 사람 중 한 명이 오한이나 몸을 심하게 떠는 것을 보면 그에게 즉시 뜨거운 우유를 끓여 제공하도록 지시하곤 했다. 섀클턴은 몸 상태가 좋지 않은 대원이 결코 외로움을 느끼지 않도록 각별히 배려했다. 가장 힘들어하는 대원에게 가장 많은 혜택이 주어졌다.

여기서 우리가 깨달아야 할 점은 섀클턴의 개인적인 염려가 파급효과를 가져왔다는 것이다. 그의 영향을 받아 대원들은 서로를 최대한 보살폈고, 희생정신을 발휘했으며, 다른 탐험대 이야기에서는 좀처럼 찾기 힘든 동료애를 보였다.

가장 극적인 사건 중 하나는 보트로 항해를 시작하기 바로 직전, 페이션스 캠프에서 일어났다. 식량은 바닥을 드러내고 있었다. 고래기름은 채 일주일분도 남지 않았고, 적은 양이나마 아침 식사로 제공되던 물개 고기도 바닥이 났다. 보통 때라면 개 먹이로 주던 고기까지 먹어 보려고 시도했고, 몇몇은 꽁꽁 언 펭귄 고기를 날것으로 먹기까지 했다.

이처럼 처절한 상황에서 말다툼이 벌어졌다. 온몸이 물에 젖은 채

밤을 꼬박 새우고 난 뒤 워슬리, 맥클린, 오들리, 생물학자 로버트 클라크Robert S. Clark 사이에서 벌어진 일이었다. 언쟁이 한창 절정에 달했을 때, 그린스트리트가 분유를 물에 타 만든 우유를 실수로 눈밭에 쏟아 버렸다. 비극적인 순간이었다. 작가 알프레드 랜싱은 그의 저서 『섀클턴의 위대한 항해』에서 그 광경을 다음과 같이 적고 있다.

그린스트리트는 숨을 가다듬고 화를 가라앉히더니 입을 다물어 버렸다. 텐트 안에 있던 나머지 대원들도 하나같이 조용해지면서 그린스트리트를 쳐다보았다. 텁수룩하게 자란 머리와 수염을 하고, 기름 그을음이 낀 새까만 얼굴로 빈 머그잔을 든 채 우유를 고스란히 빨아들인 눈을 멍하니 바라보고 있는 그를. 우유를 엎지른 슬픔에 그는 금방이라도 울음을 터뜨릴 것만 같았다.

클라크는 아무 말 없이 다가가 그린스트리트의 잔에 자신의 우유를 따라 주었다. 그러자 워슬리와 맥클린 그리고 리킨슨과 커어A. J. Kerr, 오들리와 블랙보로도 조금씩 그린스트리트의 잔에 우유를 부어 주었다. 그들은 말없이 남은 우유를 마셨다.

섀클턴이 보여 준 동료애는 대원들 모두에게 귀감이 되었다. 대원들은 모두 섀클턴처럼 행동하려 했다. 죽음과 굶주림이 눈앞에 닥쳐와도 팀워크는 굳건하게 유지되었다.

팀원들이 서로 존중하도록 하는 또 한 가지 방법은 예의가 전혀 필요 없어 보이는 상황에서도 서로에 대한 예의를 지키는 것이다.

물론 극한상황에서는 필연적으로 갈등이 생길 수밖에 없을 것이고, 이 갈등은 팀에 도움이 되기도 할 것이다. 그러나 극한상황이라고 해서 서로에 대한 예의를 버려서는 안 된다. 프랭크 와일드는 섀클턴이 말한 대로 '조그만 감사의 표시가 큰 힘을 준다'는 사실을 대원들에게 항상 강조했다. '부탁해' '미안하지만' 같은 공손한 표현이 조직원들 사이에 윤활유 역할을 한다.

나는 베트남전 참전 초기에 한 가지 사건을 통해 이 사실을 알게 되었다. 작전을 수행하던 중 우리 대대는 적의 강력한 저항에 부딪쳤다. '인디아'라는 이름의 중대가 숲속을 향해 진격하던 중 참호 속에 숨어 있던 적들의 자동화기와 박격포의 집중 포화를 받았다. 적의 공격이 끝났을 때에는 중대원의 3분의 1이 죽거나 중상을 입은 채였다. 단 몇 분 만에 부대가 완전히 박살난 것이다.

중대는 서둘러 산등성이에 설치한 대대 본부로 돌아왔다. 작전 이전에 시행한 공습으로 아직도 연기가 자욱한 그 언덕은 마치 지옥을 연상케 했다. 대대 정보 장교가 아직 충격에서 헤어나지 못한 중대장과 대화를 나누었다. 두 장교는 땅바닥에 무릎을 꿇은 채 몇 발자국 거리에서 서로 얼굴을 마주 보고 있었고, 정보 장교가 적의 화력과 무기, 대응책 등에 대해 여러 가지 질문을 던지던 중이었다.

머리 위에서는 헬리콥터가 적을 향해 기관총을 난사했고, 반대편에서는 부상자를 실은 헬리콥터가 날아오고 있었다. 전투기가 겨우 몇 미터 떨어진 곳에서 네이팜탄을 떨어뜨렸다. 나는 우리가 적들에게 밀려 후퇴할 것인지, 아니면 적이 전투를 중지하고 퇴각할 것인지 판단할 수가 없었다. 이러한 와중에 나는 대대장에게 메시지를 전달해야 한다는 임무에만 온 신경을 집중하여 아무 생각 없이 그 두 사람 사이를 가로질러 대대 본부를 향해 달렸다. 내가 그들 사이를 지나자 정보 장교가 버럭 소리를 질렀다. "이봐, 이거 무례하잖아!"

'무례?' 나는 생각했다. '도대체 무슨 소리를 하는 거야?' 갑자기 뒤통수를 얻어맞은 것 같았다. 나는 이 비정상적인 상황 속에서는 그런 행동들이 자연스러운 것이라 생각하고 있었다. 나는 충격에서 헤어나려고 안간힘을 쓰던 중인 중대장을 전혀 신경 쓰지 않았고, 그 결과 두 장교를 화나게 했던 것이다. 이러한 상황에서 서로에 대한 예의는 아직 남아 있는 몇 안 되는 문명의 흔적들 중 하나였다. 이 일은 나에게 결코 잊을 수 없는 교훈이 되었다.

예의 바른 행동과 회사의 역량

팀원들이 서로 존중하기를 원하는 리더는 스스로 모범을 보여야 한다. 그러한 행동은 위임할 수도, 가식적으로 꾸밀 수도 없는 것이다. 리더의 행동이 모델화되면 시간이 지나면서 서로를 보살피는 것이 팀 문화의 일부가 될 것이다.

대형 미디어 회사의 CEO인 마이클은 한 분석가가 '정치적이며 서로 경쟁적인 쓰레기 같은 집단'이라고 말한 한 기업을 인수하게 되었다. 그 기업의 구성원들은 사분오열되어 공공연하게 서로 헐뜯고 비방하며 으르렁대기 일쑤였다.

마이클은 이러한 상태로는 회사의 역량을 집결시킬 수 없음을 깨달았다. 그는 중역들이 지켜야 하는 행동을 명시한 행동 규범을 만들었다. 그 행동 규범의 토대는 다른 사람에 대한 존경과 예의 바른 행동이었다.

처음에 사람들은 행동 규범이 단순한 형식적 엄포일 것이라고 생각했다. 그러나 결코 그렇지 않았다. 규정을 계속해서 위반한 사실이 명백하게 드러난 중역 두 명이 권고사직을 당하자, 그 규범은 단순한 엄포가 아니었음이 확인되었다. 곧 회사 전체에 소문이 퍼졌고, 얼마 지나지 않아 한때 '역겨운 행동들의 집합소'로 알려졌던 그 회사의 문화는 바뀌게 되었다. 개인주의가 깊게 뿌리내렸던 집단이 앞으로 나아갈 준비가 된 조직으로 변한 것이다.

1. 당신이 이끄는 조직에서 지위에 따른 차이를 만드는 구조적 특징은 무엇인가? 분열을 조장하는 규정이나 절차가 있는가? 그러한 규정이나 절차들이 꼭 필요한 것인가? 어떻게 하면 차별이나 특권을 없앨 수 있는가?

2. 구성원들에게 자원을 어떤 방식으로 배분하는가? 구성원들끼리 자원을 공유하거나 더 필요한 사람에게 배분하는 방법이 있는가? 자원 배분 과정이 공정하다고 생각하는가? 회의 때 안건으로 삼아 논의해 보라.

3. 당신이 사람들에게 당신의 리더십에 대해 평가해 달라고 한다면 그들은 당신을 섀클턴 쪽에 가깝다고 보겠는가, 아니면 스콧 쪽에 가깝다고 보겠는가? 팀원들은 당신을 적극적으로 행동하는 타입으로 볼 것인가, 방관자 타입으로 볼 것인가? 당신과 팀원들 사이의 소통을 가로막는 장벽은 없는가?

4. 당신은 직원들이 하는 일을 같이 해 본 적이 있는가? 실제로 그 일에 참여해 볼 수 있도록 계획을 세워라. 이러한 현장 경험은 첫째, 구성원들에게 당신이 그들과 똑같은 일을 할 수 있고 또 기꺼이 하려는 마음이 있음을 보여 줄 것이다. 둘째, 당신은 팀이 수행해야 할 과업이나 임무를 보다 잘 이해하고, 그렇게 함으로써 팀이 필요로 하는 것을 파악할 수 있게 될 것이다. 마지막으로, 당신은 어떻게 해야 그 과정을 개선할 수 있는지를 알게 될 것이다.

5. 당신이 팀원들을 위해 마지막으로 희생을 한 것은 언제인가? 당신은 직접 차를 준비하는 것과 같은 일을 해 본 적이 있는가?

6. 팀의 문화는 예의와 존중을 강화하는 방향으로 형성되어야 한다. 팀원들이 서로를 대하는 방식에 대한 명시적이거나 암묵적인 규범이 있는가?

갈등을
극복하라

7

비난, 다툼 그리고 팽팽한 긴장이 늘 등 뒤에 도사리고 있었다. 지겹도록 보아야만 하는 똑같은 얼굴들. 그리고 탈출할 수 있다는 희망이 전무한 상황에서 오는 초조함…. 그러나 그들은 리더를 신뢰했고, 그들에게는 그 점이 무엇보다도 중요했다. 섀클턴은 아무 일도 하지 않고 있는 것처럼 보이면서도 고난을 제압하는 힘을 가지고 있었다. |롤랜드 헌트포드|

갈등. 말만 들어도 걱정스러움이 앞선다. 겁 없이 새로운 시장에 뛰어들어 경쟁하는 유능한 경영자들이라도 대인관계에서의 갈등만은 피하기 위해 노력한다. 그러나 극한상황에 처한 조직에서 갈등은 쉽게 발생한다. 갈등은 직접적인 언쟁, 반대, 파괴 행위, 무저항적 반항 등 여러 가지 형태로 나타난다.

제대로 해소되지 않은 갈등은 추후 믿을 수 없을 만큼 파괴적인 방식으로 되돌아올 수 있다. 생사가 걸린 극한상황에서 갈등은 팀워크를 와해시켜 생명을 잃게 하는 결과를 낳을 수도 있다. 생존이 문제가 되지 않는 조직에서도 생산성 저하, 스트레스 증가, 에너지 낭비, 문제 해결 능력 감소 등의 결과를 불러온다. 또한 갈등은 일터를 행복하지 못한 곳으로 만들고, 매출을 감소시키며, 조직의 경쟁력을 약화시켜 궁극적으로는 조직을 완전히 무너뜨릴 수 있다.

이 장에서는 갈등을 제대로 다루지 못해 생명을 잃은 사람들의 사례와 함께 어려운 조건하에서도 갈등을 효과적으로 해소한 사례들을 살펴볼 것이다. 아울러 탁월한 리더들은 갈등을 해소함으로써 보다 높은 성과를 창출하고 유지할 수 있음을 보여 줄 것이다.

갈등은 나누어 해소하라

다시 칼럭 탐험대의 예를 살펴보자. 스테팬슨이 갑자기 떠나 버린 뒤 배에 남아 있던 선장 로버트 바렛은 팀을 제대로 이끌지 못했다. 분열은 날이 갈수록 심해졌고, 마침내 갈등은 폭발하고 말았다.

섀클턴 탐험대보다 더 혹독한 상황에서 바렛 선장은 남은 대원들을 이끌고 빙벽에 갇힌 배에서 나와 빙판을 가로질러 육지를 향해 썰매로 행군해 나아갔다. 그러나 비교적 안전한 장소인 랭글 섬에 도착했을 때, 바렛은 완전히 탈진한 대원들을 남겨 둔 채 구조를 요청하러 떠날 수밖에 없었다.

1914년 3월 18일, 15명의 대원들을 뒤로한 채 바렛과 그의 에스키모 가이드인 카타크토빅은 눈보라를 헤치며 시베리아를 향해 가기 시작했다. 바다 위를 떠다니는 얼음을 가로질러 320킬로미터를 가야 하는 험난한 여정이었다. 1914년 4월 5일, 두 사람은 완전히 기진맥진한 채 육지에 도착했고, 곧 한 무리의 친절한 시베리아 이누이트족의 도움을 받았다.

그들은 이누이트족의 보살핌 속에 이틀을 쉬었다. 그리고 랭글 섬에 남겨 두고 온 대원들을 걱정하며 피로에 지친 개들을 재촉하여 다시 길을 떠났다. 1914년 4월 25일, 랭글 섬을 떠난 지 37일 만에 바렛과 카타크토빅은 시베리아의 이스트 케이프에 도착했다. 그들은 약 1,120킬로미터를 이동했는데, 매일 32킬로미터씩 달린 셈이었다. 지금까지 인간이 한 빙원 여행 중 가장 위험한 여행이었다.

이와 같은 초인적인 노력에도 불구하고 얼음이 녹지 않아 바렛은 1914년 5월까지 알래스카로 갈 배를 찾을 수 없었다. 돈을 미리 내지 않고는 전보를 보내 줄 수 없다는 전신원과 한동안 실랑이를 벌인 끝에 바렛은 마침내 랭글 섬에 고립된 표류자들의 상황을 알리는 전보를 보낼 수 있었다.

바렛이 팀원들의 구조를 위해 미친 듯이 노력하는 동안, 랭글 섬에 남아 있던 생존자들 간의 갈등은 계속해서 커져만 갔다. 끊임없이 다툼이 벌어졌다. 수석 엔지니어 먼로John Munro가 섬에서 대원들을 통솔하고 있었는데, 먼로는 리더가 되기 전부터 여러 동료들과 관계가 좋지 않았다. 그는 프랭크 와일드 같은 인물이 아니었다.

그들은 4개의 소그룹으로 분열되어 행동했고, 팀 분위기는 급속도로 악화되었다. 이러한 상황에서 사냥은 단합심을 키울 기회였지만, 그들은 사냥을 하며 오히려 갈등을 악화시켰다.

탐험에 참여했던 기상학자 맥킨리William Laird McKinlay는 다음과 같이 적었다.

우리의 공동체는 장차 다가올 거대한 재앙의 씨를 잉태하고 있었다. 일반적인 상황에서라면 가장 가깝고 친한 사람들조차도 알아차리기 힘든, 보통 있을 수 있는 가벼운 행동들이었다. (…) 그러나 우리가 처한 불행과 절망으로 인해 우리는 사소한 결점이나 실수들에 더욱 예민하게 반응했다.

다툼의 가장 큰 원인은 비스킷이었다. 대원들은 비스킷 1/8조각을 놓고 서로에게 욕설을 퍼부었다. 대원들은 서로 사냥물을 몰래 감춘다고 비난했다. 사냥에 성공한 사람은 사냥물을 다른 사람들과 나누지 않고 혼자 먹거나 조금밖에 잡지 못했다고 거짓말을 했다.

때로는 갈등이 증폭되어 서로 폭력을 행사하겠다고 위협하기도 했다. 한 대원은 격분하여 동료를 총으로 쏴 버리겠다고 말했고, 얼마 후 화부(火夫)인 브레디George Breddy는 총에 맞은 채 시체로 발견되었다. 다행스럽게도 그 사건은 살인이 아니라 자살이었지만, 브레디의 소지품을 정리하다 보니 그가 동료들로부터 훔친 물건들이 수없이 발견되었다.

다툼을 멈추는 때도 있었지만, 시간이 갈수록 갈등의 골은 더욱 깊어졌다. 믿을 수 없게도 대원들은 다툼에 온 정신을 쏟다 로더스 섬에서 구조선을 기다리라는 바렛의 마지막 지시마저 까맣게 잊어버렸다. 때문에 그들은 목숨을 잃을 뻔했다.

1914년 9월 7일, 9명의 생존자들은 범선 킹 앤드 윈지King and Winge 호에 의해 구조되었다. 표류자들은 의식을 거의 잃어 처음에는 구조선을 알아보지 못했다. 마침내 얼음 벌판을 가로질러 그들은 구조선에 탔다. 11명의 동료들이 목숨을 잃은 뒤였다. 8명은 동사, 2명은 영양실조, 1명은 권총 자살이었다. 갈등은 극한상황을 극복할 기회를 앗아갔다.

칼럭 호의 사례는 갈등 해소 능력 부족이 파괴적 결과를 낳은 수많은 사례 중 하나에 불과하다. 그 유명한 '도너 파티Doner Party' 사건 역시 사소한 갈등이 폭력과 재앙을 부른 비극적 사례이다.

1846년, 도너 파티라는 그룹의 개척자 87명이 캘리포니아를 향해 미주리 주, 세인트루이스로 출발했다. 개척자들 중의 한 명인 밀트 엘리엇Milt Elliott은 소 떼를 몰고, 앞서 달리던 다른 팀의 존 스나이더John Snyder를 앞지르기 위해 전력으로 질주했다. 마침내 그들은 좁은 길에서 맞부딪쳤다. 격분한 스나이더는 자신의 채찍으로 엘리엇의 소들을 후려치기 시작했다. 그 팀의 리더였던 존 리드John Reed는 급히 말을 달려 그를 말리려 했으나, 리드의 행동에 더욱 화가 난 스나이더는 채찍으로 리드와 그의 아내를 후려갈겼다. 마침내 리드는 이성을 잃고 사냥용 칼로 스나이더를 찔러 죽이고 말았다.

순식간에 일어난 싸움이었지만 결과는 참으로 어처구니없는 것이었다. 첫째, 그 사건으로 인해 그 집단에 있던 공동체 의식이 완전히 사라져 버렸다.

그날 일어났던 그 사악한 감정은 (…) 다시는 일어나서는 안 되는 것이었다. 개척자들은 더 이상 공동체가 아니었다. 그저 모래알처럼 각기 따로 노는 개인들의 집합에 불과했다. 그들은 자신들에게 분명한 이익이 있을 때에만 상대방과 협력하려 했다. 증오와 멸시가 마차를 감싸고 있었다.

둘째, 그 사건을 수습하느라 귀중한 시간이 허비되었다. 행진을 멈추고 그 사건을 심리할 위원회가 구성되었다. 조서가 작성되었고, 사람들은 복수를 해야 한다고 생각했다. 군중들의 요청에 따라 총살형이 내려질 수도 있는 분위기였다.

마침내 타협점을 찾아 리드는 무장을 해제당한 채 그 집단을 떠나야 했다. 그러나 분노는 여전히 남아 있었고, 이 비극 때문에 전진 속도는 더욱 느려졌다. 도너 파티는 결국 시에라 산 정상에 이르렀으나, 눈을 뜰 수 없을 정도의 극심한 눈보라에 휩싸였다. 그 결과 공포와 약탈이 뒤따랐고, 그들은 갈등을 극복할 능력을 잃었다는 사실이 드러났다.

도너 파티와 칼럭 탐험대가 갈등을 처리하는 방식은 인듀어런스 호 대원들이 갈등을 극복한 방식과는 현저한 대조를 이루고 있다. 섀클턴이 갈등을 효과적으로 해결할 수 있었던 이유는 우선 그가 갈등이 얼마나 파괴적인가를 잘 알았기 때문이다.

일찍이 디스커버리 탐험에서, 섀클턴과 로버트 스콧은 서로 말을 하지 않을 정도까지 관계가 좋지 않았다. 그들은 식사와 규율, 개와 관련된 문제에까지 거의 모든 사안에서 끊임없이 부딪쳤다. 섀클턴은 스콧의 성급하고 참을성 없는 성격, 현명하지 못한 의사결정 과정, 지나치게 비관적인 태도가 못마땅했다. 두 사람 사이의 긴장과 갈등은 남극에 도달하려는 그들의 목적에 장애가 되었고, 팀 서열 3위인 에드워드 윌슨Edward Wilson의 중재를 통해야만 다소 누그러지곤 했다.

섀클턴은 또한 다른 탐험가들이 남긴 기록과 벨지카Belgica 호의 운명 등 이전 탐험대의 사례들을 연구함으로써 갈등의 위험성을 파악했다. 벨기에 남극 탐험 팀을 태웠던 벨지카 호는 1898년 얼음에 갇혀 벨링스하우젠 해의 얼음 바다 위에서 1년 이상을 표류했다. 벨지카는 남극에서 겨울을 난 최조의 배였고, 그 경험은 결코 행복한 것이라 할 수 없었다. 모든 대원들이 따분해했고, 극심한 공포와 절망을 느꼈으며, 계속되는 의견 충돌로 고통을 겪었다. 마침내 그들이 얼음을 빠져나와 남아메리카로 돌아왔을 때에는 한 명은 물에 빠져 죽고 세 명은 정신이상자가 된 뒤였다.

새클턴은 벨지카 호의 승무원들 같은 운명을 피하기 위해서 무엇보다 팀워크가 가장 중요하다는 사실을 깨달았다. 그는 항상 가장 앞장서서, 가장 확실하게 모범을 보였다. 그는 좁은 숙소에서 육체적, 정서적 스트레스로 인해 일어나는 긴장과 갈등을 해결하는 데 리더인 자신이 모범을 보이는 것이 중요하다는 사실을 알고 있었다.

새클턴은 차분한 사람이 아니었다. 사실 그는 무척 성격이 급한 사람이었다. 그러나 그는 마음의 평정을 유지하기 위해 노력했고, 한 걸음 물러나서 상황을 평가하고 대원들이 해결책을 발견하도록 돕기 위해 애를 썼다. 특히 상황이 어렵거나 곤경에 처했을 때 그는 침착을 유지하고 손을 뻗어 대원들을 위로했다.

새클턴은 또한 아무리 사소한 의견 차이가 발생할지라도 그 사실을 자신에게 보고하게 함으로써 긴장을 증폭시키거나 단합을 해칠 수 있는 요소들을 사전에 파악했다.

예를 들어 탐험이 시작되었던 처음 몇 달 동안 성격이 괴팍한 오들리는 선상에서 대원들과 끊임없이 충돌했다. 그는 군대 복무 경험이 있는 몇 안 되는 대원들 중 한 명이었고, 군대식 사고에 젖어 있었다. 이 군대식 사고가 종종 갈등의 원인이었다. 그는 보급품 관리 역할을 맡고 있었다. 한번은 그가 동료에게 무슨 양념을 내주며 수령증을 요구했다. 사실 왕실 해군에서 수령증을 요구하는 것은 하나의 관행이었다. 그러나 오들리의 이러한 행동에 마음이 상한 동료는 새클턴에게 불만을 토로했다. 오들리의 일기에 의하면 새클턴은 이렇게 말했다고 한다. "그게 승무원 정신이지…. 그가 잘했군…. 하지만 안 봐도 알아. 아마 그가 기분 나쁘게 이야기했을 거야."

샤클턴은 자신이 용인하는 행위와 아닌 행위를 분명히 규정했다. 또한 그는 이러한 과정을 통해 대원들의 마음을 흩뜨리거나 에너지를 소모시키는 요소들을 사전에 파악함으로써 문제가 보다 커지는 것을 막을 수 있었다.

물론 이토록 노력했음에도 불구하고 긴장이 고조된 적도 있었다. 인듀어런스 호가 얼음에 갇혔던 7월, 뛰어난 대원이었지만 약한 사람을 괴롭히곤 했던 존 빈센트John Vincent는 어느 날 다른 대원들과 이야기하다가 욕설을 퍼붓고 주먹을 휘두르기 시작했다. 상황을 전해 들은 샤클턴은 그러한 행동은 결코 용납될 수 없음을 분명히 했다. 빈센트는 강등되었다. 이 사건은 탐험 도중 있었던 최초이자 최후의 폭력 사건이었다.

아마도 탐험 초기에 일어났던 이 사건으로 인해 샤클턴은 대원들이 스트레스와 부정적인 감정을 매일매일 조금씩은 풀 수 있도록 해야 한다는 생각을 더욱 굳히게 된 것 같다.

샤클턴 탐험대에서는 하루도 빼놓지 않고 매일 사소한 논쟁이 벌어졌다. 대원들은 심지어는 바람의 방향을 놓고, 또는 자신들이 지난주에 얼마나 항해했는지에 대해서도 언쟁을 벌이곤 했다. 텐트 속에서 동료의 발을 밟는 사람은 심한 힐난을 받았다. 한밤중에 화장실에 가기 위해 밖으로 가면서 텐트 바람막이를 제대로 닫지 않을 때, 그리고 신발 속에 눈이 들어가게 하거나 맡은 일을 제대로 하지 않을 때는 모든 사람들의 주의를 받았다.

샤클턴만 대원들로 하여금 이렇게 감정을 조금씩 해소하게 한 것은 아니었다. 프랭크 와일드도 엘리펀트 섬에 남은 일행들을 이끌 때 같은 방법을 취했다. 사실 와일드는 사람들의 갈등을 조정하는 데 뛰어난 능력을 소유하고 있었다.

대원들이 매일 보는 똑같은 얼굴에 싫증을 느끼게 되자 숨어 있던 갈등이 표면화되었고 그것을 드러내는 게 일상생활의 일부가 되었다. (…) 때로는 서로가 앉아 있는 공간을 침범했다고 다투었다. 와일드는 그러한 상황을 용납함으로써 대원들이 스트레스를 풀도록 했다가, 누군가의 분노가 폭발하기 직전에 중재에 나서며 상황을 무마시켰다.

따라서 인듀어런스 호 대원들의 일상생활은 사소한 언쟁과 불화의 연속이었다. 분위기가 좋을 때도 있었지만 그렇지 않을 때도 있었다. 그러나 심각한 다툼은 없었다. 스트레스를 배출하는 이러한 문화는 시의적절하게 갈등을 해소했고, 사소한 사건이 확대되어 심각한 상황에 이르는 것을 막았다. 다시 말해 일련의 작은 지진들이 커다란 지진을 예방한 것이다.

'테이블 위의 사슴' 모델

갈등은 어느 조직에서나, 특히 목표 달성을 해야 한다는 압박에 시달리는 조직에서는 일을 그르치게 할 수 있는 요소이다. 리더는 어떻게 갈등을 해소하느냐 하는 문제가 아니라 어떻게 팀 구성원들의 유대를 강화하는, 생산적인 방식으로 갈등을 관리할 수 있느냐 하는 문제를 고민해야 한다.

모순적이게도 오늘날의 기업문화가 팀워크를 강조하면서 오히려 조직 내부의 갈등은 더욱 커지는 경향이 있다. 해소되지 않은 갈등은 잠복해 있다가 언제든 긴장 상태를 만들어 낼 수 있다. 화기애애

한 분위기 속에서 미소를 지으며 회의를 마치고 막상 중요한 얘기는 복도나 화장실에서 하는 경우가 얼마나 많은가? 혹은 심도 있는 논의는 하지 못한 채 아무도 원하지 않는 막연한 타협으로 회의를 끝내 버리는 경우는 또 얼마나 많은가?

갈등과 분노, 부정적인 감정을 직접적으로 해소하거나 조금씩 분출할 기회를 줘야 하는 몇 가지 이유가 있다. 첫째, 갈등이 수면 위로 떠오르지 않는다는 것은 즉 구성원들이 문제를 정면으로 다루지 않고 있다는 것이다. 둘째, 직접적으로 다루어지지 않는 갈등은 다른 비생산적인 방법으로 표출된다. 그러다 보면 갈등의 직접적 원인이 아닌 다른 문제를 놓고 불필요한 언쟁을 벌이게 되고, 팀원들은 교묘하게 또는 노골적으로 다른 사람을 따돌리게 된다. 마지막으로, 사활이 걸린 극한상황에서 제대로 해소되지 않은 갈등은 점차 증폭되어 통제할 수 없는 지경에 이르고 결국 커다란 재난을 불러오게 된다.

갈등을 관리하는 일이 이렇게 중요함에도 불구하고, 많은 리더들에게 이 일은 쉽지 않다. 다른 면에서는 탁월한 리더들도 갈등 상황을 다룰 때에는 팀의 화합을 해칠까 두려워하는 경우가 많다. 그들은 다루기 까다로운 문제를 회피함으로써 갈등을 자유롭게 표현하는 분위기를 만들어 내지 못한다.

갈등을 바람직한 방식으로 표출하는 첫 단계는 갈등과 화합이 서로 상반되는 개념이 아니라는 사실을 이해시키고 그 사실을 완전히 체화시키는 것이다. 한창 말다툼을 하다가도 우유를 나눠 마시는 인듀어런스 호 대원들의 모습은 이 점을 생생하게 보여 준다.

두 번째 단계는 잠복해 있는 의견들을 표면화시키는 것이다.

몇 년 전에 나는 모 기업을 컨설팅 하는 와중에 고위 경영진들에게 사내의 여러 민감한 문제들에 정면으로 대응하라고 조언을 한 적이 있다. 그러나 경영진은 내 조언을 받아들이기를 꺼렸고, 나는 좌절을 맛보았다.

당시 나는 예일 대학에서 '조직의 동력을 들여다보는 렌즈로서의 가족적인 조직 모델'이라는 주제로 강의를 하고 있었다.

나는 조직을 가족에 비유하여 분석했다. 조직이 진짜 가족은 아니지만, 나는 이러한 비유가 조직의 역학을 분석하는 데 새로운 시각을 제공할지도 모른다고 생각했다. 또한 나는 이러한 시각이 이성적 분석이 어려운 조직 내의 문제를 설명하는 데 도움이 될지도 모른다고 생각했다. 누구도 가족 관계가 이성적일 거라고는 생각하지 않는다.

이 이론에서 특히 주목할 만한 부분은 '가족 비밀family secret'이라는 개념이다. 가족 비밀은 가족 간에 입 밖에 내는 것이 금기사항으로 여겨지는 일들을 말한다. 가족들은 종종 약물이나 알코올 중독과 관련한 문제, 결혼 생활 문제, 그 외 여러 종류의 다른 문제들을 겪고 있을 수 있다. 가족들 모두가 그 비밀을 알고 있다. 그러나 아무도 이 비밀을 공공연하게 거론하지 않는다. 어쩌다 대화가 비밀을 건드리는 방향으로 흘러가면 모두들 느낄 수 있을 만큼 긴장 수위가 올라간다.

그 고위 경영진들은 민감한 문제들을 다루기를 꺼렸다. 마치 가족들이 가족 비밀을 입 밖으로 꺼내지 않는 것처럼 말이다. 나는 사내에서 금기사항으로 여겨지는 문제들이 마치 가족 비밀인 것처럼 접근해 보기로 했다. 그러자 그 문제를 어떻게 표면화시키느냐 하는 물음이 생겨났다.

가족 문제를 다루는 상담사들은 가족 비밀을 표면화시키기 위해 수많은 비유와 이미지를 사용하지만, 문제를 조직의 차원으로 옮겨 놓고 나니 그것들 중 어떤 것도 적합하지 않은 것 같았다. 한참을 고심하던 끝에 나는 '테이블 위의 사슴'이라는 이미지를 선택했다. 덩치 큰 털북숭이 엘크 사슴이 테이블 한가운데에 앉아 의사소통을 가로막는 이미지였다. 이 비유는 마치 그들이 회피하고 있는 문제들을 상징하는 것 같았다. 그 사슴 모형은 당당하지만 멍청해 보여서, 그렇지 않았더라면 긴장이 감돌았을 상황을 유머러스하게 풀어 주었다.

다소 불안하기는 했지만 컨설팅 중에 나는 그 비유를 사용하기 시작했다. 처음에 그 비유를 들은 경영자들은 눈을 치켜떴다. 그러나 결국 그 사슴이 오랫동안 회피해 왔던 문제들을 표면화시켰고, 그 결과에 대해 나는 놀라움을 금할 수 없었다.

한 주요 기술 업체의 CEO와 그 구성원들은 신규 사업 분야에서 고전 중이었다. 그들은 자신들이 갖고 있는 문제를 처리하는 일이 매우 중요하다는 것을 알았지만, 누구도 왜 그 문제가 해결되지 않고 지속되는지에 대해서는 확신을 가지고 말하지 못했다.

그 비밀을 풀기 위해 나는 가족 시스템 모델을 제시했다. 결과는 참으로 놀라웠다. 그 업체가 최종적으로 작성한 보고서에는 다음과 같은 문제들이 적혀 있었다.

■ 우리는 모든 신제품 출시 때마다 우리가 처음 거두었던 것과 같은 수준의 성과를 달성해야 한다는 생각을 갖고 있다.

- 사실 우리는 기술 배반적인 회사가 되고 있다.
- 매출 계획이 우리의 자원 배분과 의사결정 과정을 주도하고 있다.
- 우리는 평이한 것들을 용인하는 경향을 가지고 있다.
- 우리는 회사를 구할 '마법의 제품'을 찾고 있다.
- 사실 우리에겐 시장 경쟁력이 없다.
- 계획된 생산라인 사이클이 새로운 비즈니스 방안을 적시에 반영할 수 있을 만큼 유동적이지 않다.

최종 보고서가 CEO에게 제출되었다. 그는 미소를 지으며 보고서를 받아 들었다. 물론 그가 보기에 보고서의 내용이 썩 마음에 들지는 않았을 것이다. 그러나 그는 그 문제들이 체계적으로 해결해 나갈 수 있는 것임을 인식했다.

오랜 세월 동안 나는 동료들과 함께 테이블 위의 사슴 모형을 전 세계의 수십 개 조직에 가지고 다녔다. 때로는 다른 동물들이 필요하기도 했다. 예를 들어, 엘크 사슴이 없는 아시아에는 테이블 위에 물소를 올려놓기도 했다. 그러나 형식이야 어떻든 그 비유와 모형들은 항상 갈등을 표면화하는 데 성공적이었다.

왜 사슴 비유가 그토록 효과적이었을까? 첫째, 이러한 비유를 만들고 이 비유를 의식하는 행위는 갈등 표출을 합법화하고 사람들이 마음을 열게 만든다. 그들은 갈등을 표출하는 공통된 문구, 예컨대 "그 사슴을 떠올리면서 들으면 좋겠는데…"와 같은 말을 사용할 수 있다. 둘째, 우스꽝스러운 사슴 모형이 그들이 다루는 문제의 날카로움을 제거한다. 셋째, 문제를 사슴으로 인식함으로써 심리적인 거리감이 생긴다. 그럼으로써 내부의 문제를 해결해야 할 외부 문제로 생각하는 일이 가능해진다. 일단 갈등이 공동의 문제가 되면 팀원들은 해결책을 찾기 위해 함께 협력할 수 있다.

문제를 일으키는 조직원을 포용하라

인듀어런스 호의 대원들은 매일 비좁은 텐트 속에서 이야기하고 새우잠을 자며 시간을 보내야 했다. 섀클턴은 대원들이 좁은 공간에서 함께 생활하면서 서로 불만을 키우고 있음을 느꼈고, 대원들 간에 벌어질 수 있는 갈등을 최소화해야 할 필요성을 느꼈다.

섀클턴은 대원 한 사람 한 사람을 파악하여 누군가가 도를 지나치는 때를 알고 있는 것 같았다. 의사인 맥클린은 섀클턴을 이렇게 묘사했다. "대원들에게 거의 아무것도 묻지 않고도 대원들이 어떤 상태인지 (…) 그리고 그 밖의 모든 것들을 알 수 있는 능력을 보유한 사람. (…) 때로는 그가 상대를 너무 세게 몰아붙여 비정하다고 느껴질 때에도 부정적인 효과는 나타나지 않았다. 사전에 그런 일을 예방하는 비법이 있는 것 같았다."

섀클턴은 분노가 쌓이는 것을 예방하기 위해 즉각적인 조치가 필요하다는 사실을 명확히 인식하고 있었다.

대원 선발 과정에서, 그리고 탐험 초기에, 섀클턴은 팀의 사기에 부정적인 영향을 미치거나 자신에게 반발할 가능성이 있는 대원들을 파악했다. 그리고 그는 이러한 대원들을 멀리하지 않고 오히려 더욱 감싸 안았다.

예를 들어 사진사인 프랭크 헐리는 항상 다른 사람들이 자기를 리더 중 한 사람으로 인정해 주기를 원했다. 마땅히 자신이 받아야 한다고 생각하는 대우를 받지 못할 때는 공격적으로 행동하거나 까탈을 부리곤 했다. 섀클턴은 이처럼 항상 인정받고 싶어 하는 성격을 가진 헐리에게 자신과 함께 텐트를 쓰게 했고, 중요한 사안에 대해서는 자문을 구하곤 했다. 섀클턴의 이러한 대우가 그의 모난 곳을 잘 보듬었고, 결국 섀클턴은 헐리의 능력을 문제없이 활용할 수 있었다.

섀클턴은 또한 텐트에서 함께 지낼 팀원들 간의 궁합이 중요하다는 것도 알고 있었다. 그는 물리학자인 레지널드 제임스가 지나치게 학구적이어서 다른 팀원들로부터 따돌림을 받을까 염려하여 자신과 함께 텐트를 사용하도록 했다. 섀클턴은 누구라도 지나친 조롱을 받지 않도록 했다. 그는 그러한 조롱이 혹여 커다란 다툼으로 번질까 두려워했다.

엘리펀트 섬에서부터 사우스조지아 섬까지 보트로 항해할 대원들을 선발할 때, 섀클턴은 문제를 일으킬 가능성이 있는 대원들이 육체적, 정신적으로 탈진한 다른 대원들을 더욱 힘들게 만들지도 모른다고 생각했다. 섀클턴은 맥니쉬를 데려갔다. 목수인 맥니쉬의 기술이 나무 보트를 타고 가는 그들에게 절대적으로 필요하기도 했지만, 그는 맥니쉬가 섬에 남아 있을 경우 커다란 분란을 일으킬지도 모른다고 생각했다.

그는 또한 빈센트도 그 항해에 선발했다. 섀클턴은 빈센트가 약한 사람을 괴롭힌다는 것을 잘 알고 있었기 때문에 와일드에게 골칫거리가 되지 않도록 자신이 데리고 가는 것이 좋겠다고 생각했다. 마지막으로 섀클턴은 크린Thomas Crean도 데리고 가기로 결정했다. 그는 협동심이 부족해 틀림없이 문제를 일으킬 것 같았다.

새클턴의 통찰력과 문제대원을 껴안고 가려는 그의 의지는 참으로 놀라운 것이었다. 사우스조지아 섬까지 보트로 항해해야 하는 도전을 함께할 팀원을 선발했을 때, 그 팀의 절반 이상이 문제를 일으킬 염려가 있는 대원들이었다. 그러나 새클턴이 이 대원들을 포용함으로써 엘리펀트 섬에 남은 대원들 간의 갈등은 크게 완화될 수 있었고, 이는 와일드가 팀의 사기를 유지하는 데 커다란 도움이 되었다.

문제를 일으키는 조직원을 다루는 법

우리는 종종 문제를 일으키는 조직원을 무시하거나 따돌리고 싶은 유혹을 느낀다. 심정을 이해는 하지만 그것은 잘못된 일이다. 그러한 태도는 더 큰 문제를 유발하고, 궁극적으로는 조직을 해친다. 보다 생산적인 해결법은, 엉뚱하게 들릴지도 모르지만 완전히 반대로 행동하는 것이다.

- 팀의 단합을 저해할지도 모르는 구성원을 파악하라.
- 문제가 있는 구성원은 적극적으로 포용하라.
- 그들의 부정적 행동이 미치는 영향을 최소화할 수 있는 방법을 찾아라.
- 문제가 있는 구성원을 어떤 식으로든 의사결정에 참여시키라.
- 다른 구성원들과 마찬가지로 그들을 존중하라.
- 행동의 허용치를 정하고, 이것이 모두를 위한 것임을 분명히 하라. 무례한 행위, 남을 괴롭히는 행위 등은 용납되어서는 안 된다.

- 문제가 있는 대원을 비난하지 말라. 그 사람에 대한 의견은 자신만 간직하거나 가장 가까운 조언자에게만 이야기하도록 하라.

적극적으로 문제대원을 다루는 리더들은 팀에 부정적인 분위기가 형성되는 일을 피할 수 있다.

어떤 회사에 우열을 가리기 어려운 두 명의 CEO 후보가 있었다. 결국 한 사람이 CEO가 되고 다른 사람은 2인자인 COO가 되었다. 신임 CEO는 불필요한 갈등을 예방하기 위해 사진 촬영이나 회의 등 모든 공적인 자리에 COO가 함께 하도록 했고, 그러한 행위는 그들이 한 팀이라는 메시지를 강화했다. COO의 역할을 인정하는 그의 모습은 COO에게 새로운 사업을 성공으로 이끌어야겠다는 동기를 유발하는 요인이 되었다. 이런 노력의 결과로 그 둘 모두에게 재앙이 될 수도 있었던 상황이 상호보완적인 협력 관계로 변했다. 그들은 함께 힘을 모아서 성공적으로 기업을 이끌어 갔다.

불필요한 힘겨루기를 피하라

1915년 12월. 인듀어런스 호 대원들이 사우스조지아 섬을 출발한 지 1년도 더 된 뒤였다. 여전히 구조될 희망은 보이지 않았고, 섀클턴은 대원들의 사기가 떨어지고 있음을 느꼈다. 배가 침몰하여 원래의 목표를 이룰 수 없게 된 이후로 급여를 받지 못할지도 모른다는 우려의 목소리가 그의 귀에 들려왔다. 어떤 대원들은 아무런 대가 없이 이 고통스러운 상황을 견디고 있다고 믿기 시작했고, 자신들의 급여에 의존하고 있는 고향의 가족들을 걱정했다.

샤클턴은 자신이 무엇인가를 해야 한다고 믿었다. 대원들이 계속 분노와 좌절 속에 있도록 내버려 둘 수는 없었다. 그리하여 그는 얼음판을 가로질러 육지를 향한 두 번째 행군을 하기로 결심했다. 12월 22일, 앞으로 있을 여정에 대비하여 각오를 다지며 그들은 일찌감치 크리스마스 축하 파티를 열어 실컷 먹었다. 그리고 다음 날 아침 4시 30분에 행군을 시작했다.

이전처럼 14명으로 구성된 두 팀이 각각 450킬로그램이 넘는 보트와 썰매를 끌었다. 이전 행진 때도 마찬가지였지만 젖은 눈 속에 몸이 무릎까지 빠졌다. 행진 속도는 고통스러우리만치 느렸다. 그들은 하루 평균 고작 3킬로미터씩밖에 전진하지 못했다. 마침내 행진을 시작한 지 4일째 되는 날, 지치고 굶주려 완전히 쓰러질 지경이었던 맥니쉬는 더 이상 가지 못하겠다고 주저앉아 버렸다.

워슬리는 맥니쉬에게 그가 맡았던 끈을 잡고 계속 끌라고 명령했다. 그러나 맥니쉬는 그 명령에 불복하며 그 행진이 쓸데없는 짓이라고 소리쳤다. 그 자신 역시 탈진 상태였던 워슬리는 샤클턴을 불렀다. 샤클턴은 좌절과 분노에 싸인 그 목수 앞에 섰다. 맥니쉬는 도저히 목적지에 갈 수 없을 것이기 때문에 행군이 헛수고일 뿐이라고 주장했다.

맥니쉬가 소리를 지르는 동안 샤클턴은 조용히 서 있었다. 맥니쉬는 자신은 어떠한 명령에도 복종할 필요가 없다고 믿겠다. 자신이 서명한 고용계약은 선상에서만 적용되는 것이며, 더 이상 인듀어런스 호를 타고 있지 않기 때문에 명령을 따를 의무가 없다는 주장이었다.

모든 대원들이 섀클턴의 권위에 대한 최초의 도전을 지켜보는 가운데 섀클턴은 맥니쉬에게 등을 돌려 다른 쪽으로 걸어가 버렸다. 그는 맥니쉬와 말다툼할 필요가 없다는 사실을 알고 있었고, 쓸데없는 논쟁으로 에너지를 소모하고 싶지 않았다. 섀클턴은 목수를 그냥 눈 속에 서 있도록 두었고 그가 정신을 차릴 시간을 주었다. 자신이 선택할 수 있는 여러 방안들에 대해 생각해 본 맥니쉬는 잠시 후 탐험대가 다시 출발하려 했을 때 썰매 뒤쪽 자기 자리로 되돌아갔다. 이 항명 사태는 이렇게 더 이상의 갈등 없이 진압되었다.

상대의 퇴로를 열어 두고 싸우기

싸울 가치가 있는 싸움인지 아닌지를 파악하는 것이 중요하다. 그리고 만약 싸울 가치가 있는 싸움이라면 모든 수단을 총동원하여 전력을 다해 치러야 한다.

그러나 상황을 즉각 해결할 수 없을 때는 섀클턴처럼 당신의 '맥니쉬'를 눈 속에 세워 놓고 현실을 깨닫도록 할 수도 있다. 섣불리 대응하여 문제를 악화시키기보다는 현명하게 대처할 수 있을 때까지 기다리는 편이 낫다.

덫에 걸려 상대가 빠져나갈 구멍이 없다고 느끼게 만들어서는 안 된다. 로마 장군 스키피오는 퇴로가 차단된 적은 필사적으로 대항할 수밖에 없기 때문에 적에게 퇴로를 남겨 두라고 충고했다.

스키피오의 이러한 충고는 비군사적인 상황에도 적용할 수 있다. 퇴로를 만들어 놓는 일은 서로 동업을 했던 톰, 엘리자베스, 패트릭에게도 좋은 해결책이 되었다.

그들은 성공할 수 있다는 생각을 가지고 우정을 바탕으로 사업을 벌였지만, 사업은 그들의 바람대로 되지 않았다. 회사를 살려 보려고 노력했으나 그들 간의 의견 차이는 심해졌고, 그 차이를 좁힐 수 없다는 사실이 점점 더 분명해졌다.

특히 패트릭은 늘 다른 두 친구가 자신을 무시하고 자기의 의견을 받아들여 주지 않는다고 생각했다. 결국 패트릭은 동업을 그만두겠다고 선언한 뒤 톰과 엘리자베스에게 터무니없는 금전적 보상을 요구했다. 다툼은 계속되어 변호사까지 동원되었고, 마침내 세 사람 모두 지쳐 버리고 말았다. 그때 엘리자베스가 한 가지 제안을 했다.

세 사람이 초기에 투자를 한 금액 및 약간의 이익금이 은행 잔고에 남아 있었다. 엘리자베스는 각자가 자신의 투자 금액을 가져가고 나머지 금액은 패트릭이 갖는 것이 어떠냐고 제안했다. 투자 금액을 제외한 금액은 몇백 달러에 불과했지만 패트릭은 이 제안을 받아들였다. 이 제안은 따분한 다툼을 끝낼 퇴로를 제공했던 것이다. 결과적으로 세 사람은 불필요한 다툼을 피하고 각자의 삶을 살아갈 수 있었다.

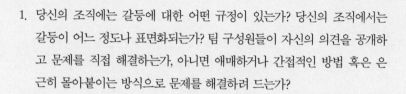
1. 당신의 조직에는 갈등에 대한 어떤 규정이 있는가? 당신의 조직에서는 갈등이 어느 정도나 표면화되는가? 팀 구성원들이 자신의 의견을 공개하고 문제를 직접 해결하는가, 아니면 애매하거나 간접적인 방법 혹은 은근히 몰아붙이는 방식으로 문제를 해결하려 드는가?

2. 갈등 및 긴장을 생산적으로 해결할 수 있는 방안을 생각해 보라.

3. 당신의 조직에는 성과에 영향을 미치지만 결코 언급되지 않는, 금기로 여겨지는 문제가 있는가? 금기를 적극적으로 다룰 수 있는 방법을 찾아 보라.

4. 당신은 어떻게 문제를 일으키는 조직원들을 다루는가? 그들을 감싸 안는가, 아니면 배척하는가? 당신의 텐트 안으로 끌어들여 생산적으로 바꿔 놓을 조직원은 없는가?

5. 당신 또는 다른 조직원들이 비생산적인 세력 다툼에 매달려 있지는 않은가? 팀에 맥니쉬 같은 존재는 없는가? 만일 있다면 당신은 리더십과 권위를 잃지 않고 어떻게 대원들을 전진시킬 수 있는가?

함께
웃을 일을
만들라

8

극지방에서 해가 진다는 것은 암담한 일이다. 몇 달 동안 어둠 속에 있다 보면 육체적으로뿐 아니라 정신적으로도 엄청나게 힘이 든다. 그러나 대원들은 어둠 속에서도 평소의 명랑함을 잃지 않았다. 저녁마다 음악회를 열었고, 왁자지껄한 소리가 텐트 밖의 춥고 고요한 세계와 묘한 대조를 이루었다. |어니스트 섀클턴|

이 전략은 10가지 전략 중에서 가장 비상식적인 것으로 여겨질지도 모른다. 혹독한 상황과 웃음은 도무지 어울리지 않는다. 생존이 달린 상황에서 웃는 것은 부자연스러운 행위이며, 어려운 기업 경영 환경에서 유머는 부적절하고, 바보스럽고, 도저히 현실적으로 가능하지 않은 것처럼 여겨질 수 있다.

그러나 곤란한 상황에서도 기쁨을 찾아 축하하고 웃는 능력은 엄청난 차이를 만들 수 있다. 웃음은 절망감을 차단하고 새로운 생각을 할 수 있게 한다. 또 사람들로 하여금 한발 물러서서 자신들의 문제에 대해 심리적인 거리를 갖게 한다. 웃음은 두려움과 긴장을 완화시키며, 팀의 힘을 집중시켜 거대한 난관을 극복하도록 돕는다.

이 장에서는 웃음을 잃지 않으려는 행동이 섀클턴 탐험대 및 다른 생존 사례에 얼마나 지대한 영향을 미쳤는지에 대해 다룰 것이다. 또한 이 능력을 효과적으로 활용하여 사업을 성공으로 이끈 사례도 알아볼 것이다.

무엇보다도 이 장에서 깨달아야 할 점은, 극한상황에서 축하와 유머는 불필요하거나 사치스러운 것이 아니라 절대적으로 필요한 것이라는 사실이다.

축하할 일을 찾아라

샤클턴 탐험대는 처음부터 작은 일도 축하하고 기념하는 분위기를 가지고 있었다. 삶에 대한 굳건한 믿음이 쾌활한 분위기와 어울려 팀을 지배했다. 이와 같은 분위기는 3번째 전략(낙천적 마인드와 자기 확신을 가지되 현실을 직시하라)에서 묘사한 낙천주의에 기여하기도 했다. 그러나 탐험대의 분위기는 단순한 명랑함 그 이상이었다.

때로는 엉뚱하기도 했지만, 샤클턴은 어떻게 해서든지 축하할 소재를 찾아냈다. 예를 들어 1915년 5월 24일 '제국의 날'도 그들은 축하의 소재로 삼았다. 원래 이 날은 영국이 어린이들의 애국심을 고양시키기 위하여 제정한 날이었다. 제국의 날을 축하하기 위해 인듀어런스 호 대원들은 큰 소리로 조국의 영광을 노래했다.

얼마 후 샤클턴은 '개썰매 경주' 페스티벌을 열었다. 저녁노을이 질 무렵 열린 개썰매 경주는 즐거움과 웃음을 선사했고, 대원들은 초콜릿과 담배를 걸고 내기에 열중했다.

상황이 그다지 어렵지 않았던 남쪽 조에는 축하 파티가 자주 열렸다. 그러나 인상적인 사실은 아무리 명랑한 사람이라도 쉽사리 절망에 빠질 순간에도 무언가를 축하하는 행사가 계속되었다는 것이다.

1915년 12월 5일은 그들이 문명세계를 떠난 지 꼭 1년이 되는 날이었다. 그들이 타고 왔던 배는 이미 침몰해 버렸고, 그들은 바다에 떠 있는 얼음판 위에서 하루하루를 힘겹게 보내고 있었다. 원래 계획에 의하면 그들은 지금쯤 집으로 돌아가고 있어야 했다. 따라서 이날은 자신들이 처한 혹독한 현실을 일깨울 뿐일 수도 있었다.

그러나 섀클턴은 대원들이 절망에 빠질지도 모른다는 것을 의식하고 조치를 취하기로 했다. 섀클턴은 자신들이 사우스조지아 섬을 출발한 지 1년이 되는 날을 축하하기 위해 그날을 휴일로 선언했다. 이로 인해 대원들은 절망에 빠질 수도 있던 날을 즐기게 되었다.

후일 페이션스 캠프에서 그들이 처한 환경은 더욱 악화되었다. 식량이 부족해지며 그들은 어쩌다 덫에 걸리는 펭귄과 물개에 의존하여 하루하루를 연명했다. 버렸던 물개 머리와 지느러미를 찾아 얼음 속을 파헤칠 지경이었다. 가지고 온 쇠기름이 모두 바닥나 잡은 고기는 물개 기름으로 튀겨야 했다.

결코 뭔가를 축하할 만한 상황이 아니었다. 그러나 섀클턴은 여전히 축하할 소재를 찾아냈다.

1916년 2월 29일, 윤년을 축하하며 우리는 특별 파티를 열었다. 무엇보다도 대원들은 마지막 남은 코코아를 마신단 사실에 즐거워했다. 어쩌다 마실 아주 묽은 우유를 제외하면, 이제 우리에게 남은 유일한 음료는 물뿐이었다.

탐험대의 생존 환경은 계속해서 악화되었지만 축하는 결코 중단되지 않았다. 엘리펀트 섬에 남겨진 대원들은 극도로 비참한 생활을 하고 있었다. 동상에 걸린 블랙보로의 발은 점점 더 썩어 들어갔다.

그의 생명을 구하기 위해서는 발가락을 잘라 내야만 했다. 맥클린과 또 한 명의 의사 맥클로이James A. Mcllroy가 그 일에 대해 논의했다.

펭귄 껍질을 태워 마취제로 쓸 클로로포름 증기를 냈다. 맥클로이는 블랙보로의 발에서 붕대를 벗겨 낸 뒤 썩은 발가락을 잘라 냈다. 55분에 걸친 수술이 끝나자 블랙보로는 미소를 지은 뒤, 맥클로이가 브리태니커 백과사전을 찢어서 말아 만든 담배를 청했다.

그 당시는 희망과 즐거움이 가득했던 탐험 초기와는 완전히 다른 상황이었다. 그들은 고통스럽고 두려운 상황에 처해 있었다. 그러나 그로부터 일주일 후 그들은 '한겨울날 축제'라는 이름의 행사를 열었다. 음식으로 견과류 푸딩, 우유, 비스킷, 통조림 등이 나왔다.

어디서 그런 힘이 생겼는지 놀랍게도 그들은 시 낭송과 음악 연주 등을 포함해 26가지의 다양한 장기들을 펼쳐 보였다. 비록 관객들은 모두 침낭 속에 누워 있었지만 장기자랑 시간은 그들의 사기를 북돋아 주었다. 허시는 밴조를 연주했고, 제임스는 프랭크 와일드와 함께 자신들의 원시적인 삶을 풍자한 노래를 불렀다.

축제는 제임스 커드 호에 탑승한 섀클턴 및 다른 대원들을 위한 건배로 끝났다. 그들은 서로를 격려하며 구조를 기다리는 지루한 삶을 극복하기 위해 노력했다.

축제와 축하를 이용해 팀의 사기를 진작시켰던 섀클턴의 능력은 평범한 것으로 느껴지기도 한다. 그러나 놀랍게도 많은 리더들이 이러한 의식의 중요성을 이해하지 못하거나 어설프게 시도하여 오히려 사기를 떨어뜨리고 만다.

칼럭 호에서 다시 실패 사례를 찾을 수 있다. 배가 침몰할 때 선장 바렛은 자신만의 독특하고 기이한 의식에 몰두해 있었다.

바렛은 모두가 탈출할 때까지 배에 남아 있었다. 그는 주방 스토브에 불을 붙이고 배 안에 있는 레코드판들을 하나씩 틀었다. 판이 끝날 때마다 그는 판을 불길 속에 집어던졌다. 그러나 쇼팽의 '장송 행진곡'을 틀고 나서는 그 판은 나중을 위해 따로 내려놓았다.

마지막 레코드판이 끝났을 때쯤에는 갑판까지 물이 차올랐다.

바렛 선장은 축음기 위에 '장송 행진곡'을 올려놓았다. 갑판 우현을 따라 물이 흘러내려 갑판 승강구로 쏟아지기 시작했다. 그는 난간에 서서 얼음판과 난간의 높이가 같아질 때까지 기다리다 얼음판 위로 걸어 내려왔다. (…) 마침내 캐나다 국기가 펄럭거리다 물속으로 사라졌다. 바렛 선장은 너무도 가슴이 아픈 듯 배가 완전히 시야에서 사라질 때까지 눈길을 떼지 못했다.

쇼팽의 '장송 행진곡'을 틀어 놓고 칼럭 호가 가라앉는 것을 지켜봄으로써 바렛 선장은 자신의 어떤 필요는 충족시켰을지 모른다. 그러나 그 장면이 나머지 22명의 남자와 1명의 여자, 16마리의 개와 1마리의 고양이에게 어떤 영향을 미쳤을지를 상상해 보라. 그것은 희망과 신뢰와 사기를 북돋는 의식이 아니었다.

조직원들을 격려하는 다양한 방법들

탁월한 리더들은 격려하는 문화를 조직의 일부분으로 만든다. 격려할 이유는 다양하기 때문에 팀을 단합시킬 방법도 그만큼 다양하다. 나는 승진이나 판매 목표 달성 등 비즈니스와 관련된 성취를 축하해 주는 회사도 봤고, 생일이나 약혼 등 개인적인 이벤트를 축하해 주는 회사도 봤다.

매년 성대한 파티를 열거나 매달 간소한 생일 축하 모임을 통해 직원들의 노고를 격려할 수도 있다. 인간적인 느낌이 나게 동료들이 업무에 대한 공헌에 감사하는 쪽지를 담당자에게 보낼 수도 있다.

동료를 칭찬하는 시스템을 만드는 회사도 있다. 예를 들어 다른 동료를 칭찬하는 쪽지를 넣는 통을 만드는 것이다. 매월 말일이 되면 부서장이 그중 세 명을 뽑아서 상을 준다.

모 기업의 시장조사 부서는 연간 기획 회의와 중간 검토 회의 때 구성원들 개개인에게 맞는 상을 준다. 예를 들어 오페라 주역 오디션에 지원해 합격한 직원은 '눈부신 디바' 상을 받았다. 상품은 드레스룸 앞에 걸 수 있도록 그녀의 이름이 새겨진 채 디자인된 별 모양의 빛나는 장식물이었다. 일이 힘든 동료들을 자주 도운 한 직원은 '인명구조대' 상을 수상했는데 상품은 꽃다발과 인명구조대 사탕이었다. 다른 상들도 비슷한 식이었다.

이런 상품을 준비하는 데에는 비용이 많이 들지 않지만 마음에 울림을 주는 유머와 진정성이 담겨 있다. 눈부신 디바 상의 상품인 별은 본부장이 직접 만들었다. 별을 만들다 보니 그녀의 집은 온통 반짝이 천지가 되어 버렸다. 본부장은 웃으면서 자기 집이 전쟁터 같았다고 말했다. 소박한 상품이지만 사려 깊고 인간미가 있었다. 상품은 의미를 담고 있었다. 이 점이 중요하다.

여러 사람들에게 물어본 설과 각 회사는 다음과 같은 다양한 방법으로 직원들을 격려하고 있었다. 독자들도 잘 찾아보면 이 외에도 다른 좋은 방법들을 많이 발견할 수 있을 것이다.

■ 매 분기마다 지난 분기의 성과를 축하하고, 다음 분기에도 잘할 수 있도록 격려하는 이벤트를 벌인다. 우리는 불금 파티를 하기도 한다. 대게가 많이 잡히는 곳에 가 대게 파티를 벌인 적도 있다. 우리 회사는 다양성을 중요시하기 때문에 직원들 간의 저녁 식사도 그렇게 특정 테마를 잡아 하고는 한다.

■ 우리 회사에서는 매 분기 말, 결산일, 그리고 근속기념일에 축하 파티를 연다.

■ 우리 회사는 새 프로젝트를 수주했을 때, 전년도 대비 성장을 이루었을 때, 새로운 직원이 입사했을 때, 누군가가 곧 출산을 앞두고 있을 때, 입사 기념일이나 생일에, 누군가가 승진했을 때, 부서 이동이 있을 때 등등의 경우에 축하 파티를 연다.

■ 우리는 인턴직원이 정직원 채용 제의를 받을 때, 매년 정기 승진일에 축하한다.

함께 웃을 거리를 찾아라

특별한 축제나 파티가 없을 때에도 섀클턴과 대원들의 생활에는 유머와 웃음이 있었다. 특히 섀클턴은 어떠한 상황에서도 팀의 분위기를 밝게 유지하기 위해 세심한 주의를 기울였다.

섀클턴은 썰매 여행에 앞서 불필요한 짐을 줄여야 한다는 사실을 강조하기 위해 상징적인 제스처로 금붙이들을 버렸다. 그러나 놀랍게도 섀클턴은 침몰하는 인듀어런스 호 안으로 되돌아가 밴조를 가지고 나왔다. 그는 5킬로그램이 넘는 그 악기를 허시에게 전해 주었다. 허시는 그 사건에 대해 다음과 같이 회고했다.

"이거 좀 무거운데요."
나는 의심스러운 듯이 말했다.
"이것을 가져가야 합니까?"
"그래, 반드시."
대장은 조금도 주저하지 않고 대답했다.
"이건 중요한 정신적 치료제야. 그러니까 반드시 필요해."

섀클턴의 판단은 정확했다. 밴조는 탐험대의 분위기를 밝게 유지하는 데 크게 기여했다. 비록 허시의 레퍼토리가 여섯 곡밖에 되지 않았지만 대원들은 수많은 밤을 밴조의 명랑한 운율을 들으며 잠들 수 있었다.

허시는 위트가 뛰어났고, 그의 임기응변과 재치는 우리에게 남은 몇 안 되는 즐거움 중의 하나였다. 우리는 그의 재치 있는 반격을 듣고 싶어 일부러 그를 화나게 하곤 했다. 몇 사람이 그를 몰아붙여도 결과는 항상 그의 승리였다. 얼음판 위에서는 소그만 일도 문명사회에 살고 있는 사람들이 상상하는 것 이상으로 즐거움을 주곤 했다.

분위기를 밝게 해 주는 사람은 허시뿐만이 아니었다. 1등항해사 그린스트리트 역시 사람들을 웃기는 능력이 뛰어났으며 특히 성대모사가 장기였다. 대원들은 자주 서로를 흉내 냈다.

다른 사람을 흉내 내는 것은 대원들 사이에서 가장 인기 있는 레퍼토리였다. 흉내 내기는 긴장을 완화하고 갈등을 표면화하는 한편 분위기를 밝게 하는 효과가 있었다.

예를 들어 오들리는 항상 섀클턴을 기쁘게 해 주려고 했는데, 의사인 맥클로이는 두 사람의 대화를 자주 흉내 내곤 했다. 오들리는 자신의 일기에 맥클로이의 흉내에 대해 이렇게 적었다.

> "예, 대장. 그렇습니다, 대장. 정어리 여기 있습니다. (다시 재빨리 주방으로 달려갔다 나오며) 빵 여기 있습니다, 대장. 구두를 좀 닦아 드릴까요?" 등등.

가벼운 놀림과 흉내는 단조로운 분위기를 깨뜨렸고 대원들이 암울한 위기를 극복해 나가도록 힘을 주었다.

인듀어런스 호가 침몰하는 때야말로 그 탐험에 있어서 가장 암담한 순간이었을 것이다. 배가 압력을 더 이상 견디지 못하고 부서지기 시작하자 섀클턴은 대원들에게 바다에 떠 있는 얼음 위로 하선하도록 명령했다. 모두 배의 난간을 넘어 얼음 위로 내려가고 있을 때 섀클턴이 오들리를 향해 말했다.

> "우리 지금 엄청나게 큰일을 당하고 있는 거야, 그렇지?"
> "글쎄, 난 그렇게 생각하지 않네."
> 오들리는 섀클턴의 말투를 흉내 내어 말했다. "만일 이런 일이 없다

면 나중에 도무지 글로 적을 만한 일이 없지 않겠나."

"그렇군요, 정말 그럴 것 같은데요."

이번에는 섀클턴이 오들리의 어투를 흉내 내어 말했다. 그러고 나서
두 사람은 큰 소리로 웃음을 터뜨렸다.

유머는 곤경을 극복하는 효과적인 도구이다. 나는 한 해군 장교
와 대화를 나누면서 새삼 그것을 느꼈다. 나는 전임 해군 장관 존
달튼John Dalton에게 섀클턴과 극한상황 리더십에 대해 설명할 기회가
있었다. 국방부에서 열린 이 세미나에는 많은 해군 참모들이 참석했
고, 그들 대다수는 직접 극한상황을 겪어 본 적이 있었다.

강연 후에 매우 열띤 토론이 이어졌다. 이 토론은 내가 10가지 전
략을 좀 더 폭넓게 이해하는 데 커다란 도움이 되었다. 나중에 해군
조종사 견장을 단 한 해군 장교가 내게 다가와 말했다. 그는 내게
강의를 잘 들었다고 인사한 뒤 혹시 토가 파티(대학생들이 로마 남성들
의 옷인 '토가'를 입고 밤새 술을 마시며 노는 파티)를 해 보았냐고 물었다.

나는 언젠가 존 벨루시John Belushi(미국의 유명 코미디언)가 나오는 영
화 〈애니멀 하우스〉에서 토가 파티를 보았던 기억이 났지만, 해군
사관학교에서는 금지되어 있었기에 직접 해 본 적은 없었다. 그 장
교는 존 벨루시가 열연한, 활기 가득한 토가 파티 장면에 찬사를 아
끼지 않았다. 나는 그가 하는 이야기를 열심히 들었지만, 토가 파티
와 리더십이 무슨 관련이 있는 것인지는 알 수 없었다.

그러나 그가 1978년 10월 26일 알래스카의 아닥 기지를 이륙한
해군 정찰기 알파 폭스트롯 586기의 이야기를 들려주었을 때, 나는
그의 의도를 알 수 있었다. 4기통 터보프로펠러 엔진 정찰기인 알파

폭스트롯 586기는 15명의 탑승자를 태우고 일상적인 해안 정찰 및 대 잠수함 감시 임무를 수행하기 위해 기지에서 이륙했다. 그런데 갑자기 기체가 바다 위에 불시착하면서 늘 해 오던 일상적인 임무가 생존을 위한 처절한 투쟁으로 바뀌었다. 절망적인 상황을 극복한 그들의 경험은 극한상황 리더십에 있어서 좋은 사례였다.

국방부에서 그 장교와 이야기한 후로 나는 그 사고에 대한 모든 자료를 수집했다. 수백 페이지에 달하는 문서를 수집했지만 생존자 중 그 누구와도 직접 접촉할 수는 없었다. 이 이야기에 대한 정보는 대부분 미 해군의 사건 보고서에서 얻은 것이다.

그들이 북태평양 상공을 비행하고 있을 때 기상이 갑자기 악화되고 바람이 거세졌다. 그러나 무엇보다도 걱정스러운 점은 기체 왼쪽 날개의 프로펠러 상태가 좋지 않다는 것이었다. 엔진 소리가 불규칙해지면서 프로펠러의 회전율이 정상 범위인 103.5%에서 110%, 120%로 증가하더니 마침내 최대치인 129.5%까지 올라갔다. 프로펠러는 이제 곧 크게 훼손되어 치명적인 손상을 입을 것이었고, 이렇게 될 경우 기체는 폭발하고 대원들은 전원 사망하게 될 것이었다.

조종사인 제리 그릭스비Jerry Grigsby는 프로펠러의 회전속도를 낮추기 위해 고도를 높였다. 그러나 330미터 상공에서도 프로펠러의 회전율은 낮아지지 않았다. 엔진이 경고음도 없이 불길에 휩싸였고 프로펠러는 도저히 말을 듣지 않았다.

일단 항공 엔지니어인 해럴드 부치 밀러Harold "Butch" Miller가 소화기로 불길을 잡기는 했지만 그러면서 소화액을 거의 다 써 버리고 말았다. 그러나 분명 불은 또 날 것이었다. 상황은 심각했다. 아딱 기지로부터 이미 1,280킬로미터나 떨어져 있었기에 기지로의 귀환은 불가능했다. 가장 가까운 세미아 섬의 공군 기지까지도 540킬로미터나 떨어져 있었다. 이 고장 난 비행기를 가지고는 마치 수억 광년처럼 먼 거리였다.

비행기가 폭발할 것을 예상하고 그릭스비는 비행기 고도를 300미터까지 낮추었다. 다시 화재 경보가 울렸다. 밀러는 마지막 남은 소화액으로 그 불길을 껐다. 그릭스비는 계속 고도를 낮추었다. 기체는 150미터 상공에서 세미아 섬을 향해 마치 절뚝거리듯 날아갔다.

최악의 상황에 대비하여 대원들은 구명조끼와 구명복을 입었다. 다시 화재 경보가 울렸다. 고장 난 엔진에서 시커먼 연기가 쏟아져 나왔다. 전술 교관 맷 기본스Matt Gibbons가 마이크로 비행기의 상황을 이야기한 뒤 마지막으로 덧붙였다.

"비상사태 발생, 비상착륙 감행한다."

그 말이 끝나자마자 그릭스비는 파고 7.5미터의 북태평양 위로 기체를 비상착륙시켰다.

비행기가 수면에 닿는 순간 오른쪽 날개가 떨어졌고 연료 탱크가 부서졌으며, 엔진들은 엄청난 연기를 뿜어냈다. 동체가 찢어지며 바닷물이 쏟아져 들어와 기체는 가라앉고 있었다. 충격으로 인해 대원들은 비행기 잔해 여기저기로 흩어졌다. 그 와중에 통신병이 두 개의 구명보트(대형 하나와 소형 하나)를 띄웠다. 그릭스비는 비행기 안에 대원들이 남아 있는지 확인했다. 그리고 마침내 모두 다 비행기를 빠져나간 것을 확인한 후에야 구명보트를 향해 헤엄쳐 갔다.

그러나 아무리 애를 써도 거친 파도 때문에 그릭스비는 보트에 접근할 수 없었다. 그는 방향을 바꿔 두 번째 보트를 향해 헤엄치기 시작했다. 보트 위에 타고 있던 대원들이 그를 향해 로프를 던졌지만 그 로프는 그릭스비의 몇 미터 앞까지밖에 닿지 않았고, 잠시 후 그는 시야에서 사라졌다.

12인용 대형 보트에는 4명이 타고 있었고 7인용 소형 보트에는 9명이 타고 있었다. 지붕도 없는 소형 보트에 탄 사람들은 살을 에는 듯한 북태평양의 거친 파도에 시달려야만 했다. 소형 보트에는 방수포 덮개도 없어서 보트 안에 물이 차올랐다. 대원들은 배 안에 비치되어 있던 금속성 원단 재질의 서바이벌 담요로 필사적으로 물을 퍼냈다. 그 와중에 실수로 에어밸브가 열렸는데도 알아채지 못했다.

셰미아 섬에서 생존자를 찾기 위한 구조대가 날아올 때까지 두 보트는 거친 바다에서 표류했다. 혹독한 추위와 세차게 뺨을 때리는 폭우로 인해 그들은 점점 지쳐 갔다. 주의력도 약해졌다. 소형 보트에 탔던 한 대원이 마침내 바람이 빠지며 보트가 서서히 가라앉고 있단 사실을 알아챘다. 이 충격적인 사실에 대원들은 모두 소스라치게 놀랐고 공기가 새는 곳을 미친 듯이 찾기 시작했다. 마침내 그들은 에어밸브가 열린 것을 발견하고 다시 틀어막았다.

표류는 몇 시간 동안 계속되었다. 기관사인 게리 헤머Gary Hemmer의 찢어진 구명복 사이로 물이 새어 들어왔다. 그러나 그는 그 사실을 전혀 의식하지 못했다. 서서히 그의 눈이 감겼다. 동료인 갈란드 셰퍼드Garland Shepard가 헤머의 헬멧을 계속 두드리며 그의 의식을 깨우려 했다. 그릭스비를 구하기 위하여 물속에까지 뛰어들었던, 자동 전파신호 발신 장치 기술자인 제임스 부르너James Brooner는 서서히 보트에서 미끄러져 물속으로 빠져들어갔다. 순식간에 머리만 남기고 그의 몸이 바닷물에 잠겼다. 세 명의 동료가 그를 다시 끌어올려 말을 붙이고 뺨을 후려치며 몸을 흔들었다. 그들은 서서히 죽음을 향해 가고 있었다.

바로 그 절망적인 순간, 놀라운 일이 일어났다. 기본스와 항로·통신 담당 존 볼John Ball이 그들이 처한 절망적인 상황에 대해 유머를 주고받았다. 모의 자격시험 중인 것처럼 기본스가 볼에게 항공기 전기시스템 상태를 물었다.

"물속에 잠겼습니다." 볼이 대답했다. "합격!" 기본스가 큰 소리로 외쳤다.

종잡을 수 없이 이어지던 대화는 곧 오하이오 주립대학 시절 있었던 광란의 파티에 대한 추억으로 이어졌고, 시트로 몸을 감은 존 벨루시의 이미지가 떠올랐다. 그리고 천천히 "토가, 토가, 토가" 하는 구호가 울려 퍼지기 시작했다. 절망의 구렁텅이에서 어찌된 일인지 코미디언이 시트를 몸에 감고 파티에 나타난 이미지가 생존자들의 머리에 떠오른 것이다. 볼은 "사기가 바닥으로 떨어졌을 때 외친 '토가, 토가, 토가'라는 구호가 우리에게는 주문 같았다"고 회상했다.

구호는 점점 커졌고 그 구호는 점점 생존자들의 사기를 북돋았다. 유머와 의지의 이 묘한 조합이 그들의 생존을 가능하게 한 요인이었다. 그들은 마침내 소련 어선에 의해 구조되었다.

이 사고로 인해 모두 다섯 명이 사망했다. 대원 한 사람이 비행기와 함께 가라앉았다. 세 사람은 저체온증으로 사망했고, 그릭스비는 실종됐다. 후일 그에게는 우수 조종사 십자훈장이 수여되었다.

이 이야기는 할리우드 영화저럼 비현실석인 애피엔팅은 아니다. 이 추락사고의 생존자들은 사고로부터 26년 뒤에 재회했다. 그들의 재회 행사에는 10월 26일에 불시착한 후 26년이 지났다는 의미가 담긴 '26번째 26일26th on the 26th'이라는 이름이 붙여졌다. 재회 모임에는 그들을 구조했던 소련 배의 선장이 주빈으로 그들과 함께했다.

현장에 처음 도착했던 구조 항공기의 항로·통신 담당 데니스 매트Dennis Mette는 "당시의 기억을 되살리며 공군, 해양경비대, 해군과 아르부조프 선장께 감사할 수 있는 시간이었다. 미국과 소련 두 나라의 공군과 해군이 냉전을 잠시 제쳐 두고 위험에 빠진 사람들을 구조했던 사건"이라고 말했다.

알파 폭스트롯 586기의 추락 사고에서 10명이 구조될 수 있었던 것은 불굴의 의지, 동료들의 도움 때문이기도 했지만 토가 파티를 떠올리는 유머 정신 때문이기도 했다.

사우스웨스트 항공식 유머 감각

유머는 가장 효과적인 리더십 도구 중 하나이다. 존 케네디와 로널드 레이건은 서로 정치적 견해는 완전히 달랐지만 유머를 잘 활용했다는 면에서 공통점이 있다.

반면 근엄해 보이기는 했지만 사람들에게 관대하지 못했던 리처드 닉슨의 경우 유머가 부족했던 점이 그의 정치적 능력에 마이너스가 되었다.

유머는 리더십에 있어서 마치 군용 스위스 나이프처럼 다목적 성격을 가지고 있다. 상대의 마음을 상하게 하지 않는 호의적인 농담은 개인 간의 유대를 강화한다. 가벼운 농담은 어느 직업에서든 피할 수 없는 반복 업무의 따분함을 잊게 해 준다. 웃음은 편안한 분위기를 연출하며 창의성을 자극한다. 유머(심지어는 다소 암울한 유머일지라도)는 긴장, 두려움, 걱정을 덜어 줄 수 있다.

사우스웨스트 항공의 CEO인 허브 켈러허는 조직의 성공과 수

익성 증대를 위해 유머가 꼭 필요함을 이해한 리더였다. 케빈Kevin Freiberg과 재키Jackie Freiberg는 자신들의 저서 『너츠 NUTS! 사우스웨스트 효과를 기억하라Nuts!』에서 켈러허의 비결을 자세히 묘사했다.

이 항공사가 권하는 명랑한 태도는 밝은 분위기를 위해 다소 웃기는 복장을 입는 것에서부터 시작된다. 켈러허 자신도 종종 엘비스 프레슬리나 패튼 장군 등의 복장을 하고 회의에 나타나곤 했다.

사우스웨스트 항공 사보는 어떤 문제에 대한 혁신적인 해결 방안을 제시한 직원들의 이야기를 유머러스한 소개와 함께 싣기도 했다. 이 회사는 조직 전체에 유쾌한 분위기가 스며 있다. 이런 분위기는 직원들이 서로를, 그리고 고객을 대하는 태도에 영향을 미친다.

위에 언급한 책의 '사우스웨스트 항공식 유머 감각 기르기'라는 장에는 다음과 같은 지침이 나와 있다.

- 웃기는 생각을 하라. 상황을 뒤집어 보고 황당한 생각을 해 보라.
- 유쾌한 태도를 취하라. 멍청하거나 터무니없는 생각에 대해서도 열린 마음을 가져라.
- 먼저 웃는 사람이 돼라. 곤경 속에서도 항상 유머를 잃지 말라.
- 비웃지 말고 함께 웃어라. 건강하고 건설적인 유머를 권장하라.
- 스스로 웃음거리가 돼라. 일은 진지하게 생각하되 자신에 대해서는 심각하게 생각하지 않도록 하라.

나는 이러한 지침과 섀클턴 탐험대가 보여 준 행동이 얼마나 딱 들어맞는지를 확인하고 놀라움을 감출 수 없었다. 이미 한 세기도 더 되었지만 섀클턴 탐험대의 규범은 아직도 커다란 효과가 있었다.

1. 당신은 리더로서 조직이 이뤄 낸 성과나 결실을 격려하는 편인가?

2. 당신은 작은 성과에 대해서도 격려하는가?

3. 당신이 이끄는 팀이나 조직의 분위기는 어떠한가? 무겁고 진지한가, 아니면 경쾌하고 자발적인가?

4. 당신이 이끄는 조직의 구성원들은 농담과 유머를 즐기는가? 만일 그렇지 않다면 좀 더 자유로운 분위기를 조성하기 위해 어떤 조치를 취할 수 있는가?

5. 혹 농담이 타인을 비아냥대거나 공격하는 용도로 쓰이지는 않는가?

6. 일이 잘못되는 경우, 당신은 긴장을 해소하기 위한 도구로 유머를 활용하는가?

7. 당신은 스스로 웃음거리가 될 수 있는가?

불가피한 위험을
기꺼이
감수하라

9

역설적이게도 섀클턴은 지나치리만큼 신중한 사람이었다. 남극 탐험가에게 신중한 사람이라고 하는 것은 다소 이상하게 들릴지도 모르지만 나는 그것이 사실이라고 말하고 싶다. 그는 지금까지 내가 보아 온 어느 누구보다도 용감한 사람이었다. 그러나 결코 무모하지는 않았다. 필요할 때는 위험한 일이라도 두려워하지 않고 감행했지만 그러기 전에 항상 모든 가능성을 신중하게 검토했고, 가장 안전한 방법을 택하고는 했다. 그는 신중하다는 자신의 평판을 자랑스러워했고, 첫 번째 탐험에서 '신중한 사람'이라는 별명을 얻게 되었다. 그는 그 별명을 몹시 좋아했다. |프랭크 A. 워슬리|

　나는 보험업계 경영자 모임에서 극한상황 리더십에 대한 견해를 이야기할 기회가 있었다. 이들은 이 전략에 대해 내게 많은 질문을 했다. 대화 도중 한 사람이 그들의 비즈니스는 결코 큰 위험을 택하는 것이 유리한 그런 사업이 아니라고 말했다.

　어쩌면 위험하다는 것 그 자체가 행동의 동기가 될 수도 있다. 그러나 이 장에서 말하려고 하는 바는 그런 것이 아니다. 쓸데없는 위험을 감수하는 행동은 조직의 안정을 해치고, 경우에 따라서는 목숨까지 위태롭게 할 수 있다. 분명 원래 가던 길을 계속 고수하고 위험을 최소화해야 하는 상황도 있다. 그러나 또 안전해 보이는 길이 실제로는 더 위험한 경우도 있다. 이 장에서 우리는 이 두 가지 상황에 대해 살펴볼 것이다.

감수할 가치가 있는 위험인지 고려하라

남극 탐험은 본질적으로 위험한 일이다. 그럼에도 불구하고 섀클턴은 불필요한 위험을 피하기 위해 최대한 노력했고, 수많은 예들을 통해 그의 이러한 노력을 확인할 수 있다.

그는 자칫 목숨이 위태롭게 될지도 모르는 무모한 일은 용납하지 않았다. 예를 들어 인듀어런스 호를 잃은 직후 맥클린과 그린스트리트는 재미 삼아 조그만 얼음판을 타고 물개 사냥을 하려고 했다. 그들은 한참 신이 나 강가에 놀러 나온 아이들처럼 즐거워했다. 그러나 섀클턴의 모습이 보이자 그들은 마치 죄 지은 학생처럼 당장 그 놀이를 멈추었다. 캠프로 돌아온 두 사람은 섀클턴의 표정을 보고 앞으로는 그런 무모한 장난은 할 수 없다는 사실을 분명히 알 수 있었다.

섀클턴의 조심스러운 면모는 탐험 내내 거듭 반복되어 나타난다. 1916년 3월 9일, 페이션스 캠프가 세워진 거대한 얼음판은 계속 북쪽으로 표류했다. 파도가 거세지자 그들이 타고 있던 그 얼음판이 조금씩 움직이는 것이 느껴졌다. 대원들은 기회만 있으면 어떻게 해서든지 보트를 띄워 그곳을 탈출하려고 했다. 이틀 후, 마침내 그들 앞을 가로막고 있던 빙벽들이 서서히 움직이며 바다로 나갈 길이 열렸다. 그들 앞에 망망대해가 펼쳐졌다. 대원들은 구명보트를 띄울 준비를 했지만 섀클턴은 멈 별었디. 그의 내부에서 믿기기 경게 신호를 보냈다. 그는 대기하라고 지시를 내렸다. 곧 빙벽이 다시 닫혔다. 현명하게도 그는 자신의 직관을 믿었다.

보트를 띄우려는 시도는 계속되었다. 그리고 1916년 3월 23일, 그들 눈앞에 남극대륙의 최북단이 보이자 이 얼음판 위에서 빠져나가고 싶다는 욕구가 극에 달했다. 탐험대는 5개월 동안 빙벽 사이에 갇힌 채 표류했다. 그들은 밀실 공포증마저 느끼고 있었다. 탈출한다는 생각만으로도 대원들은 신이 났다. 육지에 도달하면 썰매를 타고 마른 땅으로 갈 수도 있었다.

섀클턴과 워슬리는 상황을 판단하기 위해 작은 얼음 언덕 위로 올라갔다. 그들은 쌍안경으로 수평선을 살폈고, 워슬리는 섀클턴에게 모든 대원들이 마음속에 품고 있던 질문(빙벽을 뚫고 탈출 시도를 할 것인가)을 했다. 워슬리는 그 후 일어난 상황에 대해 다음과 같이 적었다.

> 대장은 즉각 대답하지 않았다. 그러나 나는 그의 표정에서 그가 우리를 실망시켜야 한다는 사실에 몹시 곤혹스러워하고 있음을 알 수 있었다. 마침내 그가 짧게 말했다. "아니야… 빙벽을 통과하는 위험을 무릅쓸 수는 없어. 빙벽은 열렸다가도 조류 때문에 금방 다시 닫혀 버릴지 몰라. 보트들이 박살 날 수도 있고, 잘못하면 우리들이 서로 갈라질 수도 있어. 또 어떤 예상치 못한 일들이 생길지 몰라. 이 상태로 160킬로미터 정도만 가면 열린 바다로 나아가 가장 가까운 포경 기지에 도달할 수 있을 거야."

섀클턴은 앞에 놓인 위험을 예견할 수는 없었다. 그러나 그는 얼음에 갇힌 이후로 3,000킬로미터가 넘는 거리를 안전하게 이끌어 왔고, 대원들을 위험에 빠뜨릴지 모르는 충동적인 행동은 결코 해서는 안 된다고 확신했다.

타당한 위험이라면 주저하지 말라

엘리펀트 섬에 상륙한 뒤 대원들은 휴식을 취했다. 그러나 어디까지나 일시적일 뿐이었다. 인듀어런스 호를 찾던 사람들은 탐험대가 웨들 해 남쪽 어딘가에 있을 것이라고 예상했다. 현재 탐험대의 위치와는 완전히 동떨어진 곳이었다. 따라서 엘리펀트 섬에 있는 한 섀클턴과 대원들이 구조될 희망은 없었다.

이런 암담한 현실 외에 섀클턴을 괴롭히는 또 한 가지 보다 절박한 문제가 있었는데, 그것은 바로 식량 부족이었다. 클라크가 삿갓조개 같은 것들을 발견하기도 했고, 요리사인 그린Charles. J. Green이 계속해서 따뜻한 음식을 제공했지만, 구할 수 있는 식량에는 한계가 있었다. 워슬리는 그때의 상황을 이렇게 회고했다.

동이 트자 섀클턴은 겨울 동안 대원들을 먹일 식량이 없다는 암담한 현실에 직면했다. 나는 그날을 기억한다. 그는 내게 전망대 언덕까지 함께 걷자고 말했다. 그곳에서 그는 내게 걱정을 털어놓았다. "스키퍼, 아무리 위험하더라도 보트를 띄워야 할 것 같아. 대원들을 굶어 죽게 할 순 없어."

구조대가 올 것이라는 희망을 가질 수도 없는 상황이었고, 식량도 충분하지 않았다. 신중하게 가능성을 계산해 본 뒤 지금까지 그 누구도 시도해 보지 않았던 모험, 즉 사우스조지아 섬까지 1,287킬로미터를 항해할 용기가 필요한 때였다.

이 항해의 위험성이야말로 아무리 과장해도 지나치지 않을 것이다. 그러나 이러한 선택을 한 섀클턴에게는 결코 비난의 여지가 없다. 지붕도 없는 배로 거친 바다를 1,287킬로미터나 항해하는 것은 극도로 위험한 일이었지만, 그는 섬에 남아서 굶어 죽느니 차라리 그러한 모험을 하는 게 낫다고 판단한 것이다. 여섯 사람이 항해에 나섬으로써 남아 있는 사람들은 엘리펀트 섬의 한정된 먹거리를 가지고도 좀 더 오랫동안 버틸 수 있을 것이었다. 섀클턴은 제임스 커드 호에 극히 적은 양의 식량(한 달 치)만 싣는 계획을 세웠다. 그는 만일 그들이 한 달 안에 사우스조지아 섬에 도달하지 못하면 결코 그 항해에 성공할 수 없다는 사실을 알고 있었다.

섀클턴은 나중에 다음과 같이 적었다.

정말 위급한 상황에서만 위험을 무릅써야 할 것이다. 5월 중순의 케이프 혼 남쪽 바다는 세계에서 가장 거친 폭풍이 몰아치는 곳으로 알려져 있다. 날씨는 변덕스러웠고 하늘에는 먹구름이 가득했으며 쉴 새 없이 돌풍이 몰아쳤다. 우리는 이미 수개월 동안 악천후에 두들겨 맞은 조그마한 보트로 이 악조건에 맞서야만 했다.

6미터 85센티 길이의 구명보트 제임스 커드 호는 결코 이러한 항해를 염두에 두고 만들어진 배가 아니었다. 항해에는 극도의 위험과 고난이 따랐고 그들은 험난한 바다, 거친 바람과 사투를 벌여야 했다. 경계 임무가 없다 하더라도 혹독한 추위에서 자기 자신을 보살펴야 했기 때문에 잠시도 쉴 수가 없었다. 무자비한 파도에 작은 배 안이 온통 물로 가득 찼다.

배 안은 너무 좁아 섀클턴은 경계 임무 교대 시 서로 부딪히거나 상처를 입지 않도록 한 사람 한 사람의 행동을 일일이 지시해 주어 야만 했다. 그들의 옷과 순록 가죽 침낭은 완전히 물에 젖었고, 침 낭이 터져 순록 털이 마실 물속에 들어가기도 했다.

제임스 커드 호는 가라앉을 뻔한 위기를 수없이 겪었다. 파도가 칠 때마다 배 안에 물이 가득했고, 적어도 한 사람은 쉴 새 없이 물 을 퍼내야 했다. 또 그들은 종종 몸을 굽혀 보트에 달라붙은 얼음 조각들을 떼어 내야만 했다. 목숨을 건 작업이었다. 자칫 뱃전으로 넘어가기라도 하면 구할 수 있는 방법이 없었다.

이러한 노력에도 불구하고 얼음은 계속 두꺼워져 시간이 지나자 보트는 통나무 뗏목처럼 되어 버렸다. 배를 가볍게 하기 위해 그들 은 생존에 절대적으로 필요한 것들만 남겨 두고 나머지는 전부 버렸 다. 여분의 노, 얼어 버린 두 개의 침낭 등등.

여행을 시작한 지 6일째 되는 날에는 모든 사람들이 동상에 걸려 손에 물집이 생겼다. 그들은 제발 날씨가 좋아지기를 기도했다. 추 위 때문에 그런 것만은 아니었다. 정확히 방향을 분간하기 위해서는 태양의 위치를 알아야만 했다. 하늘이 온통 구름으로 덮여 있어 도 무지 위치를 분간할 수 없었다.

항해에 나선 지 7일째 되는 날, 드디어 태양이 보였다. 마침내 워 슬리는 그들의 위치를 파악할 수 있었다. 그들은 600킬로미터 이상 을 항해했다. 사우스조지아 섬까지는 거의 반을 온 셈이었다. 해가 뜨자 망망대해에서 제임스 커드 호가 얼마나 작은지 분명하게 느러 났다.

항해 10일째 되는 날, 워슬리는 너무나 오랫동안 몸을 굽히고 있 었던 탓에 허리를 똑바로 세울 수가 없었다. 몇 사람이 그를 끌어당겨 계속 마사지를 해 주어 침낭 속으로 들어가도록 했다.

다음 날, 키를 잡고 있던 섀클턴은 분명 맑게 갠 하늘을 보았다고 생각했다. 그는 대원들에게 소리를 질러 이 소식을 알렸다. 그러나 그 순간 그는 자신이 본 것이 맑게 갠 하늘이 아니라 커다란 파도, 그가 여태껏 한 번도 본 적 없는 어마어마한 파도가 일으킨 물보라라는 것을 깨달았다.

섀클턴이 "맙소사, 꽉 잡아!"라고 소리침과 동시에 파도가 보트를 나뭇잎처럼 들어 올렸다. 배 안에 반쯤 물이 찼지만 간신히 가라앉지 않고 떠 있었다. 대원들은 필사적으로 물을 퍼냈다. 다행히도 보트가 서서히 균형을 잡았다. 하마터면 그들의 항해는 비극으로 끝나고 말 뻔했다.

상황은 더욱 악화되었다. 식량과 요리용 스토브가 완전히 물에 젖었으며 얼마 남아 있지 않던 식수에는 바닷물이 들어가 버렸다. 입은 바짝 타고 혀는 부어올랐다. 그들은 육지를 찾아 헤맸다. 마침내 5월 8일, 엘리펀트 섬을 떠난 지 14일 만에 사우스조지아 섬의 검은 절벽이 시야에 들어왔다.

섀클턴과 대원들은 육지를 향해 필사적으로 노를 저었지만 9~12미터의 거센 파도와 바위 투성이의 해안이 그들의 접근을 거부했다. 그들은 보다 안전한 상륙 지점을 찾는 수밖에 없었다.

다음 날 동이 트자 그들은 배가 파도에 휩쓸려 깎아지른 듯한 절벽을 향해 밀려가고 있음을 발견했다. 거친 바다와 바람으로 인해 제임스 커드 호가 요동쳤다. 그들은 배가 절벽에 부딪히지 않도록 사력을 다해 노를 저었다. 순간 바람의 방향이 바뀌었고, 그들은 안도의 숨을 내쉬었다.

모든 것이 최악으로 치닫는 것처럼 보였을 때 최선의 상황이 연출되었다. 나는 종종 성공과 실패가 종이 한 장 차이라는 사실에 놀라움을 금치 못한다. 분명 재난처럼 보이던 상황이 순식간에 꽤 안전한 상황으로 바뀌었다.

바람이 멈추는 순간 커드 호의 돛대를 고정시켜 주던 핀이 빠졌다. 만일 그 핀이 조금 더 일찍, 그러니까 거센 바람이 부는 동안 빠졌다면 아마도 돛대는 홍당무처럼 부러졌을 것이고, 그랬다면 배는 절벽에 부딪쳐 비참한 최후를 맞고 말았을 것이다. 그들은 다시 상륙 지점을 찾았다. 모두 기진맥진하여 무감각해진 상태였다. 타는 듯한 갈증에 탈수현상마저 나타나고 있었다. 순록 털을 걸러 내기 위해 거즈에 적셔 짜 마시던 물도 이미 바닥난 지 오래였다.

5월 10일, 그들은 마침내 암초 사이로 상륙할 만한 곳을 발견했다. 변덕스런 바람과 사투를 벌이며 그들은 계속해서 접근을 시도했다. 다섯 번이나 시도한 끝에 암초 사이를 비집듯이 파고들어 상륙에 성공했다.

배가 해안에 닿는 순간 굉음과 함께 거대한 파도가 그들을 덮쳤다. 그들은 모두 앞으로 고꾸라져 얼음처럼 차가운 바닷물을 들이켜야 했다. 마침내 위험천만한 남극해 항해를 끝마치고 안전한 육지에 도착한 것이다.

돌이켜 보면, 엘리펀트 섬에서의 일시적인 안선을 박차고 항해를 시도한 섀클턴의 판단은 옳은 것이었다. 그는 도박을 감행했고, 성공을 거두었다.

위험을 무릅쓰고 시도를 해야 함을 머리로만 아는 것과 실제로 실천하는 것은 전혀 다른 일이다. 나는 베트남전 참전 경험을 통해 이 사실을 분명히 알게 되었다. 유쾌한 사건은 아니었지만 그 사건을 통해 의미심장한 교훈을 얻을 수 있었다.

베트남에서의 복무가 끝나 갈 무렵, 나는 약 2백 명으로 구성된 소총 중대의 중대장을 맡고 있었다. 내가 지휘하는 중대(인디아 중대)는 40대의 수송 차량을 '추라이 공항'에서부터 '다낭 기지'까지 안전히 호송하라는 임무를 부여받았다.

약 80킬로미터로 비교적 짧은 거리였지만, 우리가 지나야 하는 1번 작전로는 이동 거리와는 상관없이 언제나 위험한 곳이었다. 그 길을 지나는 수송대 차량들은 놀이공원에 있는 사격장의 표적이나 마찬가지였다. 우리는 미리 정해진 루트를 따라 이동했고, 따라서 적의 공격에 완전히 노출되어 있었다. 게다가 도로 포장도 군데군데 파괴되어 있어 적군이 지뢰나 다른 폭발물을 설치해 놓았을 가능성도 다분했다.

이른 아침 수송대는 추라이를 출발했다. 트럭마다 보급품이 실려 있거나 중대원들이 타고 있었다. 나는 무전병들과 함께 행렬 앞부분에 있는 트럭 중 하나에 타고 있었다. 우리는 이동 중 혹시 있을지 모르는 지뢰 폭발에 대비하여 모래주머니를 몇 개씩 포개고 그 위에 앉았다. 실질적으로 효과가 있어서라기보다는 심리적인 안정감 때문이었다.

수송 행렬에는 '온토스Ontos'라는 최신 무기를 포함해 장갑차량 몇 대가 포함되어 있었다. 그리스 말로 '물건'이라는 뜻을 가진 온토스는 화력이 대단했지만 고장이 잦았다. 또 온토스는 6정의 무반동총을 장착하고 있어 발사될 때마다 후폭풍이 일어났기 때문에, 온토스가 발사될 때는 후방에 아무것도 놓을 수 없었다.

공중에서는 헬리콥터가 우리를 엄호했다. 그리고 위험 상황을 대비해 언제라도 전투기 지원을 요청할 수 있었다. 우리는 정글 속을 이동하는 불리함을 만회할 수 있을 만큼 화력 면에서는 우위에 있었다.

그러나 베트남에서 자주 그랬듯이 예상은 처음부터 빗나갔다. 헬리콥터 지원 요청을 위한 주파수가 잘못 전달되어 헬리콥터는 무용지물이 되어 버렸다. 결국 나는 문제가 해결될 때까지 이동을 중단할 수밖에 없었다.

화가 치민 조종사가 헬리콥터를 착륙시켰고, 얼굴을 맞대고 의사소통을 한 뒤에야 문제를 해결할 수 있었다. 그저 웃긴 해프닝일 수도 있지만, 결국 이 일로 인해 작전은 상당히 지연되었다. 결국 우리는 햇빛의 도움을 받지 못하고 밤에 이동할 수밖에 없었고, 이로 인해 유사 상황이 발생하더라도 전투기의 지원을 원활히 받을 수 없게 되었다. 그야말로 상상조차 하기 싫은 일이었다.

계속해서 북쪽으로 이동하는 와중에 '탐키'라는 작은 마을에서 우리는 또다시 멈춰 서게 되었다. 베트콩들이 군용 트럭이나 탱크 같은 육중한 물체가 지나갈 때 폭발하도록 대형 지뢰를 묻어 두었는데, 운 없는 베트남 농부 한 사람이 소형 트럭에 쌀자루를 가득 싣고 지나다 지뢰를 터뜨려 죽은 것이다. 부서진 트럭이 길을 가로막고 있었다.

여기저기 파헤쳐진 도로도 수송을 지연시키는 원인이었다. 도로가 파헤쳐진 지점에 이를 때마다 공병들이 지뢰탐지기로 부근을 탐색해야 했다. 해군 사관학교 동기인 빌 글리슨Bill Gleeson이 이끄는 팀이 최첨단 탐지기를 사용하여 도로 위를 샅샅이 조사했다. 공병대원들은 지하수로에 매설되어 있을지도 모르는 전선과 폭발물들을 탐지하기 위해 물속까지 샅샅이 수색했다. 지루한 작업이었지만 소홀히 할 수 없는 일이었다.

한참을 이동하던 중 나는 월맹군 대대가 근처에서 작전을 벌이고 있으니 경계하라는 메시지를 받았다. 정찰 보고가 잘못된 경우도 자주 있었지만, 어쨌든 한층 더 경계태세를 갖추지 않을 수 없었다. 만일 그 보고가 사실이라면 정글 속에서 월맹군과 전면전을 펼치게 될 수도 있었다.

이동이 지연되는 동안 밤은 점점 깊어졌다. 야간에 도로 위에 있다는 점이 걱정되었다. 시간을 많이 잡아먹는 지뢰 제거 작업을 피할 방법이 없었다. 어느 지점에선가는 선두 차량의 운전병이 지뢰가 제거된 후에도 차를 운전하지 못하겠다고 버텼다. 글리슨은 멀리서 그를 향해 손을 들어 계속 전진하도록 명령했지만 그 운전병은 고개를 돌리며 "못 가겠습니다"라고 말했다. 그는 도로에 매설된 지뢰가 완전히 제거되었다는 확신을 가지지 못하고 자신이 인간 지뢰탐지기로 이용되고 있다고 생각했던 것이다. 글리슨은 트럭으로 달려와 특유의 미소를 띤 채 그의 옆자리에 올라타며 말했다. "가자!"

수송대는 앞을 향해 달렸고 나를 포함한 선두부의 트럭들이 무사히 그 지점을 통과했다. 그런데 우리 뒤쪽에서 갑작스런 굉음과 함께 트럭 한 대가 불길에 휩싸였다. 순식간에 타고 있던 해병대원 두 명이 목숨을 잃었다. 수십 킬로그램의 고성능 폭탄이 너무 깊이 묻혀 있던 탓에 탐지기에 걸리지 않은 것이다. 아마도 주변에 매복해 있던 적군이 내가 탄 트럭의 무전기 안테나를 보고 지휘관인 나를 노리려다 잠시 주춤하는 바람에 뒤따라오던 차량을 폭발시킨 것 같았다. 작전 지연으로 인해 우리는 귀중한 생명과 시간을 잃었다. 불타는 트럭을 길에서 밀어낸 뒤 구급 헬리콥터를 불러 전사자를 후송했다.

우리는 사고를 수습하고 계속 앞으로 나아갔다. 그런데 다른 마을을 지날 때 또 한 명의 부하가 저격병의 총에 맞았다. 결국 또 한 명이 전사했다. 시간은 더욱 지체되었고, 밤은 계속 깊어져 갔다.

우리는 속도를 올려 마침내 다낭으로부터 30킬로미터 정도 떨어진 작은 마을에 도착했다. 그 마을 앞에는 긴 다리가 강을 가로질러 놓여 있었고, 다리 입구에는 출입을 통제하기 위해 커다란 나무문이 달려 있었다.

지뢰 제거 팀이 탄 선두 차량이 다리를 건너고, 내가 탄 트럭이 문앞 약 20미터 지점에 이른 순간 갑자기 문이 닫혔다. 순간 마을 쪽에서 여태껏 베트남에서 한 번도 들어 보지 못한 어마어마한 폭음이 연쇄적으로 들려왔다. 수백 개의 불꽃들이 마치 불붙은 거미줄처럼 솟아올랐다.

적의 공격이 시작되자 내 트럭 앞쪽에 있던 온토스가 90도 각도로 방향을 바꾸어 응사하기 시작했다. 내 앞쪽은 온토스가 뿜어내는 후폭풍과 굳게 닫힌 문에 의해 차단되었다. 우리는 박격포와 로켓포, 자동화기, 무반동포, 기타 중화기로 무장한 적군의 집중 공격을 받았다. 닫힌 문과 후폭풍으로 인해 앞으로 전진할 수 없는 상황에서 우리가 탄 트럭들은 고정 표적이 되었다. 대원들이 트럭에서 뛰쳐나와 응사하기 시작했다.

폭발음과 총성이 너무 커서 몇 미터 앞에서 고함치는 소리도 들리지 않았다. 무전기에 귀를 댔지만 트럭 위에 쏟아지는 50구경 기관총 소리 때문에 아무것도 들리지 않았다. 나는 무전병 옆에 쪼그리고 앉아 어떡해야 할지 생각했다. 순간 우리가 지금 살상지대에 들어왔다는 생각이 들자 소름이 돋았다.

모든 매복은 적을 가두어 두고 공격하기 좋은 곳에서 이루어지는데, 우리가 바로 그러한 장소에 들어와 있었다. 사전에 민간인들을 마을에서 내보냈기 때문에 적군은 제약 없이 자유롭게 사격을 할 수 있었다. 계속 그곳에 머물러 있다가는 전멸하고 말 것이었다.

나는 이 사실을 좀 더 일찍 깨달았어야만 했다. 매복 공격을 당한 상황에서는 무슨 일이 있더라도 앞으로 전진하는 것밖에는 방법이 없다. 그러나 앞쪽은 굳게 닫힌 문과 온토스의 후폭풍으로 가로막혀 있었다. 더욱이 내 마음속 한편에는 적에 맞대응하여 교전하고 싶은 욕구도 있었다. 그러나 지금은 싸울 때가 아니었다.

나는 대원들에게 트럭에 올라타도록 명령했고, 우리는 전속력으로 문을 뚫고 앞으로 돌진했다. 우리가 다리 쪽으로 접근하자 적군이 내 트럭을 향해 무반동총으로 집중포화를 퍼부었다. 내가 탄 선두 트럭만 맞히면 뒤따라오는 모든 트럭들이 오도 가도 못하게 되는 상황이었다.

순간 적의 무반동총 사격이 중지되었다. 나는 나중에야 글리슨의 공병 팀이 무사히 강을 건넜다가 목숨을 걸고 되돌아와 수류탄 발사기로 적을 공격했음을 알았다. 우리는 계속 다리 위를 달렸다. 이제 적의 공격에 완전히 노출된 셈이었다.

다시 사방에서 총알이 비 오듯 쏟아졌다. 다리를 무사히 건너는 일은 불가능한 것처럼 보였다. 그러나 전진 외에는 달리 방법이 없었다. 마침내 선두 트럭이 다리에 올라서자 적의 공격은 수송대의 후미에 집중되었다. 월맹군들은 백병전에 대비한 듯 착검을 한 상태로 사격을 하고 있었다. 행렬의 가장 뒤에 있던 트럭이 불길에 휩싸였다. 용기 있는 한 병사가 트럭을 향해 달려가 부상당한 운전병을 어깨에 들쳐 메고 나와 안전지대로 피신시켰다.

마침내 우리는 다리를 건넜고 한참 후에야 적의 공격에서 벗어날 수 있었다. 나중에 부대를 다시 집결시킨 뒤 보니 벌집처럼 총알구멍이 나 있지 않은 차량이 없었다. 트럭 두 대가 파괴되기는 했지만 다행히 추가 전사자는 없었다. 지금 돌이켜 보아도 그때 우리 중대가 그 기습 공격에서 빠져나와 살아남은 일이 도저히 믿기지 않는다.

나는 그날에 대해 자주 생각하곤 한다. 적의 기습 공격에 완전히 노출된 상태에서 다리를 건너는 일은 자칫 전 대원이 몰살당할 수도 있는 위험천만한 행동이었다. 그러나 그 위험은 감당할 수밖에 없는 불가피한 것이었다. 죽음을 벗어나기 위해 필요한 것은 오직 전진, 전진 그리고 또 전진뿐이었다.

IBM의 사례

헨리 데이비드 소로Henry David Thoreau는 이렇게 말한 바 있다. "앉아 있는 사람 역시 달리는 사람만큼이나 위험에 처해 있다."

아무것도 하지 않거나 안전해 보이는 선택을 하는 것이 때로는 대담한 도박을 감행하는 것보다 더 위험하다. 섀클턴은 스코티아 해를 따라 1,287킬로미터를 항해하는 모험을 피할 수도 있었다. 그리고 기적과도 같은 일이긴 하지만 기다리다 보면 구조대가 올 가능성도 있었다. 그러나 그러다가 모두 엘리펀트 섬에서 서서히 굶어 죽게 될 가능성이 가장 높았다.

새클턴이 처한 상황은 적의 매복 공격을 받는 상황과 비슷한 면이 있다. 두 경우 모두 리더의 중대한 결정을 요구하고 있었다. 서서히 악화되는 상황 속에서 무작정 참고 견딜 것인가 아니면 궁극적으로 안전지대에 도달하기 위해 과감히 눈앞의 더 큰 위험을 택할 것인가? 이러한 상황에서 안전한 것처럼 보이는 결정은 오히려 더 커다란 위험을 불러온다.

수많은 어려움이 따르는 비즈니스 현실에서 많은 리더들도 이와 유사한 상황에 처한다. 예를 들어 아드리안 실워츠키Adrian Sylwotzky와 데이비드 모리슨David Morrison은 그들의 저서 『이익 지대Profit Zone』에서 정보기술, 전 세계적인 차원의 경쟁, 산업 디자인 등이 다른 요인들과 결합되어 경제 질서에 변화를 가져왔다고 지적한다. 이러한 변화의 결과로 시장 점유율과 양적 성장이 더 이상 비즈니스의 성공을 보장하지 않는다는 것이다. 그리고 그들은 많은 경영자들이 현재가 안전하다는 환상에 사로잡혀 '이익이 나지 않는 지대'에 머무르고 있다고 말한다.

'이익이 나지 않는 지대'는 비즈니스 세계의 블랙홀이다. 물리학에서 블랙홀은 빛까지도 빨아들인다. 이 경제적 블랙홀은 투자금을 빨아들일 뿐 결코 이익을 내놓지 않는다.

이익이 나지 않는 지대에 놓인 기업은 적의 매복 공격을 당하고 있는 군대와 마찬가지로 커다란 재난에 직면한 것이다. 그 지대를 빠져나오기 위해서는 현재 자신들이 처한 위험을 인식하고 다른 방법(즉 사업에 대한 전면적인 재검토)을 시도하는 위험을 감수해야 한다.

장기적으로 희망이 없고 현실적으로 별다른 대안도 없을 때 모험을 감행하는 것은 의미 있는 일이다. 물론 위험을 회피하면 파국에 처하는 일은 피할 수 있을지 모르지만 결코 변화를 가져올 수는 없다. 위험을 선택하는 사람은 뭔가를 이루어 낼 수 있다.

IBM의 인사담당 수석 부사장인 랜디 맥도널드Randy MacDonald는 회사에 중요한 변화를 만들어 내기 위해서라면 커다란 위험도 감수하는 사람으로 알려져 있다.

글로벌 세일즈 인사담당 본부장 테드 호프Ted Hoff는 맥도널드에 대해 이렇게 이야기한다. "랜디는 위험을 미리 계산하고 감수하는 능력을 가지고 있다."

맥도널드의 이러한 능력은 IBM을 글로벌 통합기업으로 만들어 달라는 CEO 샘 팔미사노Sam Palmisano의 요청을 받았을 때 드러났다. 맥도널드와 IBM의 인사담당자들은 전 세계 IBM 직원 한 사람 한 사람의 역량을 측정하는 시스템을 구축해야 했다. 그런 시스템을 구축하면 IBM은 필요에 따라 직원들을 유망한 시장에 전진 배치할 수 있게 될 것이었다. 그런 목표를 위해서는 회사가 인적자원을 관리하는 방법을 근본적으로 수정해야 했다.

맥도널드와 그의 팀은 '전 직원 관리 제도WMI, Workplace Management Initiative'라는 혁신적인 프로그램을 개발했다. 그들은 새로운 인사 구조를 개발하고 부서로 나누었던 과거의 구조를 대지했다. 맥노닐느는 복리후생, 급여, 또는 다양성과 같이 기능에 따라 그룹을 나누는 대신 전문가들로 이루어진 '복합기능 팀CFT, Cross Functional Team'을 만들었다. 각 복합기능 팀은 다시 특정한 사업단위에 배치되어 각 사업

단위의 목표 달성을 위해 일했다.

새로운 인사 구조가 자리를 잡자 맥도널드는 다음 도전에 착수했다. 33만 명의 직원들이 가진 기술과 경험 현황을 파악하는 것이었다. 맥도널드와 그의 팀은 직원들의 전문 분야와 경력상의 목표를 파악하는 진단도구를 만들었다. 그 진단도구는 직원들이 보유한 기술 및 능력을 4,000가지의 영역으로 세분하여 파악하게 해 주었다. 이를 통해 그들은 회사에서 필요로 하는 기술과 직원들이 보유한 기술 간의 간극을 파악할 수 있었다. 또한 인사이동과 채용 등의 업무도 더 효과적으로 수행할 수 있었다.

복합기능 팀으로의 혁신은 글로벌 통합기업을 만들겠다는 CEO 팔미사노의 목표 달성에 도움이 되었을까? 약간의 어려움도 있었지만 경제적으로 힘든 시기에 인사제도의 혁신이 IBM의 재무 상태에 도움이 되었다는 것이 종합적인 결론이다. 실질적인 성과는 인건비를 최적화했다는 것이다. 특정한 역량을 요구하는 자리에 거기에 맞는 직원을 배치할 수 있었기 때문이다. 인사혁신은 또 IBM이 새롭게 직원을 채용하는 데 도움을 주면서 회사에 이득이 되었다. 그런데 무엇보다도 가장 중요한 점은 객관적으로 평가하는 데 어려움이 있기는 하지만, 인사혁신이 고객들에게 더 좋은 서비스를 제공하는데 도움을 주었다는 것이다. 올바른 사람이 올바른 장소에서 올바른 시점에 일하도록 함으로써 그런 변화가 가능했다.

복합기능 팀이라는 개념은 무척 단순하지만 그 개념을 실행에 옮기는 과정은 엄청나게 복잡했다. 1억 달러에 달하는 투자가 필요했다. 세상에 있는 어떤 조직도, 심지어 미군까지도 구성원들의 역량을 그렇게 깊이 진단하려고 한 적이 없었다. 인사혁신을 위해서는 데이터베이스를 구축하고 소프트웨어 개발에 투자해야 했다. 사실 그보다 더 어려운 점은 바로 전 세계에 흩어져 있는 수많은 직원들을 관리하는 방식 자체를 변경해야 한다는 것이었다.

테드 호프는 자신들의 경험을 돌아보면서 맥도널드가 가진 리더십의 중요성을 강조했다.

"언어 문제, 노동 관련 법규 문제, 문화와 관련된 문제, 정부 지침과의 충돌 등 여러 문제들이 있었다. 그 누구도 해 본 적이 없던 일이었기에 성공하려면 팀워크, 인내, 그리고 혁신이 필요했다. 우리도 최선을 다했지만 비전과 결단을 제공한 것은 랜디였다."

IBM의 사례가 명확하게 보여 주듯이 극한상황의 리더는 모험 속에 내재되어 있는 불안요소를 편하게 받아들일 수 있어야 한다. 불필요한 위험은 피해야 하지만 과감하게 나아가야 할 때도 있다. 직면한 위험을 신중하게 파악하고 평가해야 한다. 위험과 그에 따르는 예상 결과를 균형 잡힌 시각으로 살펴보고, 시도할 가치가 있는 위험은 과감하게 택할 용기를 지녀야 한다.

1. 조직의 효율성과 수익성을 증대시키기 위한 방법들을 생각해 보라. 각 방법을 택할 때 예상되는 최상의 결과와 최악의 결과를 적어 보라. 적은 내용에 따르면 당신이 해야 할 선택은 어떤 것인가?

2. 그 선택과 선택에 뒤따르는 위험에 대한 당신의 생각이 조직 구성원들의 생각과 일치하는가?

3. 만일 당신이 위험한 모험을 시도할 생각을 가지고 있다면, 그 계획을 구성원들에게 전달할 적절한 방법을 생각해 두었는가? 구성원들의 이해와 참여를 높일 효과적이고 논리적인 방법은 무엇인가?

4. 리더로서 자신의 능력을 계발하기 위해 시도해 볼 일이 있는가? 그 일을 시도해 볼 경우 나타날 수 있는 최상의 결과와 최악의 결과를 적어 여러 가지 가능성을 분석해 보라.

절대
포기하지 말라.
항상
대안이 있다

닻이 없어 배가 심하게 흔들렸고 보트 안으로 바닷물이 마구 쏟아져 들어왔다. 나침반 유리가
깨졌다. 우리는 곧 구급상자 속에서 꺼낸 반창고로 깨진 유리를 붙였다. |프랭크 A. 워슬리|

문제를 해결하는 창의적인 방안을 찾는 것은 주변 상황이 좋을
때조차도 어려운 일이다. 극한상황에서라면 더 말할 필요도 없을 것
이다. 그러나 창의력은 두려움과 육체적 피로, 정신적 고통 등으로
생사가 달린 상황에 처한 사람들에게 중요한 요소이다. 최고의 성과
를 달성하기 위해 사력을 다하는 기업들에게도 마찬가지다. 상황이
어려울수록 문제 해결 능력이 중요하고 혁신이 필요하다. 이 장에서
는 이러한 점들에 대하여 다뤄 볼 것이다.

창의성을 발휘하라

이 책에 실은 다양한 생존 사례에서 나는 팀워크를 이끌어 내는
능력을 강조했다. 그러나 리더 개인의 능력 또한 중요하다.

내가 아는 가장 창의력이 빛나는 이야기는 맹독을 가진 산호뱀에

물린 한 텍사스 사람의 이야기다. 그는 뱀의 머리를 물어뜯고 구조대가 도착할 때까지 뱀가죽으로 지혈하여 목숨을 구했다.

이 이야기보다는 덜 창의적이지만 스티븐 캘러한Steven Callahan의 이야기는 거대한 도전에 맞서 끈질기게 창의성을 발휘한 예를 잘 보여준다. 캘러한은 자신의 작은 범선 '나폴레옹 솔로Napoleon Solo 호'로 카나리 섬에서 카리브 해를 향해 항해하다가 강한 돌풍을 만났다. 게다가 고래의 공격까지 받아 배는 곧 물속으로 가라앉을 상황에 처했다. 캘러한은 작은 고무보트 '러버 더키 IIIRubber Ducky III 호'로 탈출했고 그 후로 76일간 2,900킬로미터를 항해했다.

하루하루가 생존을 위해 싸워야 하는 시련의 연속이었다. 강한 태양열로 인해 식수는 변질되었고, 상어들은 1.6미터의 조그만 보트를 등으로 치고 물어뜯으며 쉴 새 없이 공격했다. 모두 9척의 배가 지나갔지만 표류하고 있는 그를 발견하지 못하고 지나쳐 버렸다.

타는 듯한 갈증과 굶주림으로 서서히 죽어 가던 캘러한은 마지막으로 트리거피시(열대어의 일종)를 잡아 보기로 했다. 무엇이라도 먹으면 힘이 날 것 같았다. 그러나 그가 가지고 있는 장비는 형편없는 것들이었다. 거친 파도에 보트는 나뭇잎처럼 흔들렸다. 하루하루가 위기의 연속이었고 조그만 일에도 세심한 주의를 기울여야 했다.

나는 내가 생존 가능한 세계를 만들기 위해 하루하루 더 열심히, 그리고 더 많은 시간을 일해야 한다. 생존은 하나의 연극이다. 나는 이 상황에서 주연을 맡고 싶다. 대본은 간단하다. 거기에는 기다림, 통조림, 음식, 물, 고기, 바닷물 증류하여 식수 만들기 등이 쓰여 있을 뿐이다. 그러나 그 작은 일 하나하나가 내게는 중요한 의미를 갖는다. 만일 내가 지나가는 배를 발견하는 일에만 치중한다면 너무 지쳐 고기를 잡는 일이나 바닷물을 증류하여 식수를 만드는 일, 그 밖에 필수적으로 해야 할 다른 일들은 못 하게 될 것이다. 또 자칫하면 내가 수평선을 보지 못한 어느 한순간 배가 지나갈 수도 있다. 그러나 바닷물을 증류시키는 작업을 하면 갈증도 없앨 수 있고 배가 지나가는지 지켜볼 수도 있다. (…) 나태해지지 않도록 나 자신을 통제하고 생존을 위해 스스로 규율을 세워 지키는 것 자체가 끊임없는 투쟁이다. 물론 대체 무엇이 생존을 위한 최상의 행동방식인지는 알 수 없다. 다만, 나는 내 자신에게 이렇게 말할 수 있다. "나는 최선을 다하고 있어."

표류한 지 23일째 되는 날, 캘러한은 작살 총으로 쏘아 맞춘 황새치와 사투를 벌였다. 27킬로그램쯤 되는 황새치는 힘이 무척 셌다. 작살 총을 계속 붙들고 있기가 힘들 정도였다. 꼬리 부분에 작살이 꽂힌 황새치는 보트를 물속으로 끌고 갈 기세로 요동쳤다.

작살 총은 그가 생존을 위해 작살에 끈을 매어 팔 힘을 이용해 던질 수 있도록 임시변통으로 만든 무기였다. 그 총은 그가 식량을 조달할 수 있는 유일한 수단이었다. 생존을 위해 절대적으로 필요했다. 그는 총을 놓지 않기 위해 온 힘을 다했다. 황새치가 다시 수면 위로 떠오를 때까지 그는 마치 고대 청동상처럼 꼼짝도 하지 않고 기다렸다.

당분과 탄수화물, 비타민 부족으로 캘러한의 몸은 점점 야위어 갔다. 따가운 태양과 소금물로 인해 온몸에 수많은 염증이 생겼고 견딜 수 없는 고통이 뒤따랐다. 그는 스스로를 다스리며 새벽과 저녁,

한밤중에 요가를 하곤 했다. 규칙적으로 행한 이 요가는 서서히, 그리고 몹시 고통스럽게 진행되었다. 평범한 상황에서는 30분이면 끝났을 것이 한 시간 반이 걸렸다. 그러나 그는 의지를 잃지 않으려 온갖 노력을 다했다.

40일째 되는 날, 캘러한은 그 보트가 수면에 있던 시간이 제조업자가 보증한 시간을 초과했음을 알아차렸다. 그는 보증 시한을 돌파한 것을 자축했다. 그 무렵 그는 자신이 카리브 해를 반 이상 표류해 왔다고 추정했다. 그동안 그는 용기에 나이프로 구멍을 내어 빗물을 수집하는 장치를 고안하기도 했다.

그는 나름대로 안정적으로 상황을 이끌고 있는 것처럼 보였다. 그러나 표류한 지 43일째 되는 날 다시 재난이 다가왔다. 작살에 맞은 황새치가 수면 위로 올라와 요동치는 와중에 작살의 날카로운 끝이 보트 하단의 튜브를 10센티미터 정도 찢어 놓은 것이다. 틈 사이로 커다란 공기 방울들이 올라왔고 곧 하단 튜브의 공기가 다 빠져 버렸다. 이제 러버 더키는 상단 튜브만으로 버티고 있어 수면 위로 겨우 8센티미터 정도만 떠 있을 뿐이었다.

캘러한의 목숨은 하단 튜브를 수리할 수 있느냐 없느냐에 달려 있었다. 만일 그가 하단 튜브를 수리하지 못하면 고기를 잡을 수 없을 것이고, 혹 잡는다 하더라도 식용으로 쓰기 위해 제대로 말릴 수가 없을 것이었다. 제대로 잠도 잘 수 없을 것이고, 다리는 보트 밖으로 나가 바닷물에 잠기게 될 것이며, 피에 굶주린 상어들은 이제 튜브가 아니라 그의 다리를 노릴 것이었다.

보트에 있는 수선도구함을 열어 보았지만 소용이 없었다. 안에 있는 것들은 너무나 보잘것없었다. 그는 하단 튜브에 난 구멍을 쳐다

보았다. 마치 커다랗게 벌린 입 같았다. 순간 캘러한에게 좋은 생각이 났다. 그는 나폴레옹 솔로 호에서 가져온 발포쿠션을 마치 혀처럼 그 입 안쪽에 채워 넣었다. 일시적이나마 그 발포쿠션으로 구멍을 막을 수 있었다.

그러나 효과는 순간적이었다. 펌프질로 공기를 주입하고 15분 정도가 지나면 바람이 전부 빠졌다. 그는 그 틈을 막기 위해 5시간 동안 애를 썼지만 여전히 공기는 새어 나갔다. 보트를 계속 떠 있게 하기 위해서는 하루에 펌프질을 3천 번 정도 해야 했다. 그 일을 하는 데에는 하루에 2시간 이상이 걸렸다. 중노동이었다.

8일 동안 캘러한은 그 구멍을 메우려고 애를 썼다. 생존을 위해서는 반드시 그 구멍을 수리해야 했다. 그는 그 문제에 대해 냉정하게 생각해 보았다.

뭔가 방법을 찾아야 해. 처음부터 문제를 다시 생각해 보자. 보트를 떠워 올려야 한다. 내가 뭘 가지고 있지? 담요, 조명탄, 고장 난 라이터, 비닐봉지… 또 뭐가 있지? 구급상자, 반창고, 가위, 끈 몇 가닥… 그리고 스푼, 포크… 포크! 그래, 바로 그거야. 포크!

포크가 해답이 될 수도 있다는 생각에 힘을 얻은 캘러한은 밤새도록 수리 계획을 생각했다. 아침이 되자 그는 조심스럽게 포크 날을 부러뜨린 뒤 포크 손잡이를 발포쿠션에 꽂아 넣었다. 그다음 그것을 끈으로 감아서 공기가 새어나가는 것을 막도록 만들었다.

몸이 너무 약해진 상태였기 때문에 그는 작업 중간중간 휴식을 취해야 했다. 오후가 반 지나서야 그는 수리 작업을 마치고 펌프질을 시작했다. 평소라면 5분 만에 끝났을 작업이 30분이나 걸렸다. 마침내 튜브가 부풀어 올랐다. 그러나 오래가지는 못했다. 한 시간 반 정도 만에 다시 공기가 다 빠져 버렸다.

절망적인 상황이었지만 캘러한은 굳은 의지로 다시 시도해 보았다. 틈새를 좀 더 막고, 다시 펌프질을 시작했다. 다행히 이번에는 기대한 만큼 효과가 있었다.

공기를 주입하자 더키 호는 마치 뿌리에서 백합이 솟아나는 것처럼 서서히 수면 위로 몸을 일으키기 시작했다. 더키는 이제 다음 공기 주입까지 12시간을 견뎌 주었다. 비록 몸은 갈증과 굶주림, 고통에 지쳐 있었지만 그때 기분은 이루 말할 수 없을 정도였다. 나는 마침내 해낸 것이다!

보트는 서쪽을 향해 카리브 해를 천천히, 그리고 쉬지 않고 계속 항해해 나갔다. 매일같이 새로운 문제가 발생했고 즉각적인 해답을 찾아야 했다. 상어들은 계속 보트를 공격했다. 매일 먹을 식량을 구하는 것도 힘든 일이었다. 황새치들과 밀고 당기는 동안 망가진 작살 총도 수리해야 했다.

식량 문제를 비롯한 수많은 요소들이 그의 생명을 위협했다. 캘러한은 창의력을 발휘하여 주변 상황에 적응해 나갔다.

나는 지금 사는 더키 마을 생활에 꽤 익숙해졌다. 물고기들과 친해져 한 마리 한 마리와 대화를 나눌 수 있고 (…) 황새치나 상어가 꼬리로 보트를 때리거나 머리로 들이받는 것을 마치 이웃 사람이 노크하는 것처럼 생각할 수 있게 되었다.

표류한 지 75일째 되는 날, 캘러한은 처음에는 남쪽에서, 곧이어 북쪽에서 희미한 불빛을 발견했다. 한 줄기 빛이 수평선 위를 휩쓸고 지나갔다. 등대였다. 그는 뛸 듯이 기뻐하며 그 좁은 보트 안에서 춤을 췄다. 그러고는 마치 누군가가 옆에 있는 듯 허공을 껴안으며 소리쳤다. "육지다! 육지야!"

다음 날 세 명의 어부가 탄 작은 배가 러버 더키 III 호를 발견하고는 놀라움을 감추지 못했다. 구조선 위로 옮겨지자 캘러한은 조용히 물통을 열어 아껴 두었던 약 5리터의 물을 모두 마셨다. 그는 곧 과달로프 근처의 모리 갈란테 섬으로 안전하게 옮겨졌다. 그는 과감한 결단력과 창의성, 굳은 의지로 인류 역사상 고무보트로 바다에서 1개월 이상 생존한 유일한 사람이 되었다.

팀원들의 창의력을 활용하라

물론 섀클턴과 탐험대가 캘러한보다 훨씬 더 오래 표류하기는 했지만, 인듀어런스 호의 대원들에게는 캘러한보다 유리한 점이 있었다. 그들은 한 명이 아니라 여러 명이었기에 서로 의지하고 힘을 모을 수 있었다. 그렇기에 설령 한 사람이 지쳐 포기한다 하더라도 서로가 부축하며 지탱해 나갈 수 있었다. 섀클턴 탐험대 이야기는 그들의 강인함을 보여 준 수많은 사례들로 가득 차 있다. 그들이 지나온 여정을 돌아보면 대원들의 활력과 인내심에 감동하지 않을 수 없다.

대원들은 위기를 맞아 좌절할 수도 있었을 것이다. 특히 인듀어런스 호가 침몰했을 때, 두 번의 썰매 여행이 실패로 끝났을 때, 엘리펀트 섬에 고립되었을 때, 사우스조지아의 거대한 빙벽에 직면했을 때, 남겨진 대원들을 구조하려는 노력이 번번이 실패로 끝났을 때 대원들은 좌절할 수도 있었다. 그러나 그때마다 그들은 견뎌 냈고, 마침내 전 대원이 안전하게 귀환했다.

새클턴 탐험대가 무사히 귀환할 수 있었던 것은 인내심 때문만은 아니었다. 그들은 죽음에 당당하게 맞서며 그들이 해결해야 할 문제들에 대해 창의적으로 생각했다. 아이디어들 중 상당수가 사진사인 프랭크 헐리, 목수인 맥니쉬로부터 나온 것이었는데, 흥미롭게도 새클턴은 사실 이들 두 사람을 사고뭉치로 생각하고 있었다.

제임스 커드 호로 드레이크 해협의 거센 돌풍과 파도를 헤쳐 나갈 일을 계획하며, 그는 맥니쉬에게 보트를 좀 더 안전하게 항해할 수 있도록 만들라고 지시했다. 맥니쉬는 갑판을 만들기 위해 꽁꽁 얼어붙은 부직포를 펼치고 상자 등에서 못을 빼내어 그것들로 임시 갑판을 만들었다. 볼품없기는 했지만 갑판은 충분히 제구실을 했다. 그 갑판이 없었다면 그들은 그 험난한 항해에서 살아남을 수 없었을 것이다.

또 한 가지 그들의 생명을 구한 소중한 도구는 헐리가 고안한 물 퍼내는 펌프였다. 헐리가 그러한 도구를 발명한 것은 전혀 놀라운 일이 아니었다. 그는 금속을 잘 다루었고, 창의적인 사람이었다. 그는 침몰한 인듀어런스 호에서 가져온 연통 등을 활용해 멋진 캠핑용 난로를 만든 적도 있었다. 연장들을 대부분 잃어버렸기 때문에 그는 뭉툭한 끌로 0.5센티미터 두께의 철판을 깎아 내야 했다.

제임스 커드 호로 바다를 항해하는 동안 나침반 유리가 깨지는 일이 있었다. 나침반은 항해에서 매우 중요한 도구이기 때문에 나침반이 제 기능을 못 한다는 것은 생명과 직결되는 문제였다. 그러나 대원들은 그 문제를 구급상자에 들어 있던 반창고로 해결했다.

그 밖에도 무수히 많은 상황에서 대원들은 창의력을 발휘해 곤경에 대처해 나갔다. 섀클턴과 대원들이 제임스 커드 호를 타고 사우스조지아 섬에 도착한 뒤에도 그들의 목적지였던 그리트비켄 포경 기지까지는 뱃길로 240킬로미터나 떨어져 있었다. 제임스 커드 호의 상태도 좋지 않았고, 몇몇 대원들은 쇠약해질 대로 쇠약해져 있어 섬을 가로질러 육로 여행을 하는 것 외에는 달리 방법이 없었다.

섀클턴은 뱃길로 좀 더 항해를 한다면 그 육로 여행에 걸리는 시간을 단축할 수 있으리라고 믿었다. 그러나 배는 거센 파도에 키를 잃고 만 뒤였다. 그래서 그들은 남아 있는 노로 새롭게 키를 만들었다. 그들이 제임스 커드 호를 다시 물에 띄웠을 때, 새로 만든 키는 마치 원래 그 자리에 있었던 것처럼 아무 문제없이 작동했다.

배를 타고 다시 육로 여행의 출발점에 도착했을 때, 그들은 빙벽을 기어오르는 문제를 두고 설전을 벌였다. 이때 다시 맥니쉬의 머리가 빛을 발했다. 그는 배에서 나사를 뽑아 신발마다 8개씩 나누어 박았다. 임시변통으로 등산화를 만든 것이다. 특히 이 등산화는 섀클턴에게 더 필요했는데, 그는 특유의 성품으로 자신이 신던 고급 버버리 부츠를 다른 대원에게 주고 자신은 거의 다 헤진 얇은 가죽 신발을 신고 있었다. 워슬리의 말에 따르면 섀클턴의 원칙은 '궁핍함은 어느 대원보다도 자신이 먼저 느껴야 한다'는 것이었다.

1916년 5월 19일 금요일 새벽 3시, 섀클턴, 워슬리, 크린 이 세 사람은 사우스조지아 섬 횡단을 시작했다. 쇠약해진 대원들은 함께 갈 수 없어 남았다. 그들은 두 개의 나침반과 15미터 길이의 로프, 얼음도끼(피켈) 대용으로 쓸 자귀 등 최소한의 장비만을 가지고 신속하게 출발했다. 그들이 가진 사우스조지아 섬의 지도는 채 완성되지 않은 것이었으며, 산의 위치 등도 부정확했다.

달빛을 등불 삼아 그들은 무릎까지 빠지는 눈 속을 철벅거리며 행군했다. 수백 미터 깊이의 깎아지른 듯한 절벽이 군데군데서 시커먼 아가리를 벌리고 있었다. 어둠에 둘러싸인 지형은 혼돈 그 자체였다. 그들은 종종 갔던 길을 되돌아와야만 했다. 자신들의 발자국을 따라 한 번 간 길을 되돌아오는 것은 신체적으로 지칠 뿐만 아니라 그야말로 맥 빠지는 일이었다.

짙은 안개 때문에 어떤 지점에서는 마치 거대한 운석이 떨어진 듯한 커다란 구덩이에 빠질 뻔하기도 했다. 그 후부터 그들은 로프로 서로를 묶은 채 행군했다.

밥을 먹는 것도 쉬운 일이 아니었다. 그들은 눈 위에 쪼그려 앉아 스토브가 바람에 꺼지지 않도록 몸으로 바람을 막았다. 그런 뒤 음식이 데워지면 차례로 그 음식을 한 스푼씩 떠먹었다. 그런 상황에서도 그들은 탐험 생활의 일부가 된 농담과 놀림을 멈추지 않았다. 섀클턴은 크린이 더 큰 스푼을 가졌다고 놀렸고, 크린은 워슬리가 더 큰 입을 가졌다고 놀렸다.

세 사람은 행군을 계속했다. 그 앞에 무엇이 있는지는 가 모기 선까지는 도저히 알 수 없었다. 그들은 건널 수 없는 절벽에 막혀 어렵게 간 길을 되돌아오고는 했다. 모진 추위 속에서 갔던 길을 되돌아오는 것은 참으로 고통스러운 일이었다. 그들은 세 방향으로 전진을 시도했지만 모두 실패로 끝났고 이제 오로지 한 방향만이 남아 있었다. 그들은 그 방향으로 얼마간 행군했다. 그런데 바다 쪽에서 짙은 안개가 몰려왔다. 갑자기 한 치 앞도 내다볼 수 없게 되었다.

그들은 진퇴양난의 곤경에 빠졌다. 그들은 약 해발 1,370미터의 빙하 위에 쪼그리고 앉았다. 앞쪽 뒤쪽 모두 짙은 안개에 싸여 어느쪽으로도 갈 수 없었다. 앞쪽은 경사가 몹시 가파른 내리막이었다. 그러나 그 경사가 어디까지 이어지는지는 알 수 없었다. 달빛이 다시 앞을 비추기를 기다리다가는 얼어 죽고 말 것이었다. 설령 달빛이 비춘다 하더라도 자귀로 발 디딜 곳을 하나하나 만들어 내려가는 데에는 오랜 시간이 걸릴 것이었다. 90미터를 내려가는 데 약 한 시간 반쯤 걸렸다. 그렇게 1천 미터 이상을 내려간다는 것은 거의 불가능한 일이었다. 그들에게는 기발한 해결책이 필요했다. 섀클턴은 잠시 생각에 잠겼다.

나에게 한 가지 생각이 떠올랐다. 저 아래쪽에서 무엇이 우리를 기다리고 있는지 알 수 없더라도 우리는 내려가야 한다. 이런 식으로는 가망이 없다. 1천 미터 이상을 이렇게 한 발 한 발 찍어서 내려갈 수는 없다. 엄청난 모험이지만 이 길밖에 없다. 미끄러져 내려가야 한다.

아래쪽에 무엇이 있는지도 모르는 상황에서 경사를 미끄러져 내려간다는 것은 실로 무모하기 짝이 없는 결정이었다. 내려가는 길에 바위라도 있거나 갈라진 틈이라도 있으면 그대로 끝장이었다. 그러나 이 방법만이 그들과 엘리펀트 섬에 남아 있는 다른 동료 대원들을 살릴 수 있었다. 워슬리는 당시 상황을 회상하며 이렇게 말했다.

"우리는 동료들을 구하기 위해 우리가 할 수 있는 모든 것을 다했다." 그리고 다음에 일어난 일에 대해 다음과 같이 적었다.

우리는 산 정상에서부터 글리사드glissade(제동활강. 눈의 사면을 등산화 바닥으로 속도를 조절하며 내려오는 기술)를 하기 위해 각자 몫의 로프를 동그랗게 말아 마치 방석처럼 엉덩이에 댔다. 우리는 앞으로 다가올 일에 대한 두려움을 떨쳐 버리기 위해 최대한 서둘렀다. 섀클턴이 제일 앞쪽에 앉았고, 나는 발로 그의 허리를 감은 뒤 목을 꼭 껴안았다. 크린도 마찬가지로 나를 그렇게 꼭 껴안았다. 우리는 마치 한 사람처럼 굳게 뭉쳐 있었다. 마침내 섀클턴이 발로 얼음판을 강하게 박찼다.

우리는 마치 허공 속을 날아가는 총알 같았다. 머리털이 곤두섰다. 그러나 순간 스릴이 몰려왔다. 나는 웃고 있었다. 그 상황을 즐기고 있었던 것이다. 정말 후련한 기분이었다. 우리는 그 경사면을 총알처럼 미끄러져 내려갔다. 나는 너무나 신이나 고래고래 소리를 질렀다. 섀클턴과 크린도 함께 소리를 질렀다.

섀클턴과 크린이 워슬리처럼 스릴을 느껴서 소리를 질렀는지, 아니면 단지 너무 겁이 나서 소리를 질렀는지는 확실하지 않다. 다만 경사면 아래에 도달했을 때 그들은 서로 기뻐하며 악수를 했고, 섀클턴은 이렇게 말했다. "자수 하고 싶은 짓은 아니군."

그들은 바위에 부딪히거나 눈사태를 일으키지도 않고 가파른 경사면을 성공적으로 내려왔다. 3분 정도 걸린 이 기발한 활강이 없었더라면 그들은 아마도 산꼭대기에서 얼어 죽고 말았을 것이다. 이 사례는 9번째 전략(기꺼이 커다란 위험을 감수하라)과 10번째 전략(절대로 포기하지 말라. 항상 대안이 있다)의 정신을 구체적으로 보여 준다.

사우스조지아 섬을 가로지르며 그들이 창의적인 방법으로 문제를 해결한 것은 그것이 마지막이 아니었다. 포경 기지에 접근했을 때 그들은 또다시 거의 수직에 가까운 빙벽 위에 서 있는 자신들을 발견했다. 그들은 자귀로 빙벽을 한 발자국씩 찍어 내려가려 했지만 속도가 너무 느렸다. 내려오는 중간에 돌풍이라도 불어닥친다면 그들은 곧 낭떠러지 아래로 떨어져 버릴 것이었다.

걸을 수도 없고 길 수도 없는 이 곤경에서 섀클턴은 무언가를 발견했다. 그 미끄러운 빙벽은 사실 바람에 날려 쌓인 눈 위로 얇은 얼음막이 쳐진 것이었다. 그 절벽을 내려갈 방법에 대해 이야기하는 동안 섀클턴에게는 생각이 하나 떠올랐다. 그것은 신발 뒤꿈치로 강하게 얼음막을 걷어차면 작지만 어느 정도 디딜 만한 발판을 만들 수 있다는 것이었다. 그는 시험 삼아 그 막을 걷어차 보았고, 예상은 적중했다. 워슬리와 크린은 섀클턴의 뒤를 따라 그 빙벽을 내려왔다.

포경 기지와 배가 시야에 들어오자 탈진한 세 사람은 환호하며 손을 흔들었다. 그러나 아직은 거리가 너무 멀어 그들의 환호성은 들리지 않는 것 같았다. 계속 고꾸라지며 앞으로 나아가는 그들 앞에 마지막 장애물이 나타났다. 거대한 빙하 폭포에 의해 길이 막힌 것이다. 로프를 묶을 곳이 없었기에 워슬리가 로프를 붙잡고 섀클턴과 크린이 그 로프에 의지해 미끄러지듯 얼음 폭포를 내려왔다. 워슬리는 낡은 로프를 바위틈에 끼워 넣고 조심스럽게 내려왔다. 그러나 로프가 짧아 얼음 폭포 중간에 매달렸다가 떨어져야만 했다.

1916년 5월 20일 오후 3시, 만신창이가 된 세 명의 탐험가들은 마침내 스트롬니스 포경 기지에 도달했다. 그들은 오직 식사할 때만 제외하고 단 한순간도 쉬지 않고 행군하며, 마침내 지도에도 나와 있지 않은 사우스조지아의 빙원을 36시간에 걸쳐 횡단했다.

그들은 그 기지 감독인 트랄프 쇠를레Thoralf Srlle에게로 갔다. 그는 짐승 같은 모습을 하고 있는 세 사람을 믿을 수 없다는 듯한 눈으로 쳐다보았다. 쇠를레는 섀클턴과 친구 사이였으나 그를 알아보지 못했다. "날 몰라보겠나?" 섀클턴이 물었다.

"목소리는 낯이 익은데…."

"나야. 섀클턴이야."

쇠를레는 눈물을 글썽였다. 세 사람은 곧 집 안으로 인도되어 음식을 먹고 따뜻한 목욕을 하고 깨끗한 옷으로 갈아입었다. 사우스조지아를 횡단한 그들의 영웅적인 노력은 동료들을 구했고, 극한상황 속에서도 결코 굴하지 않는 용기와 창의성을 잘 보여 주었다.

허드슨 강의 기적

3장에서 우리는 어려운 상황에서 조직을 이끌어 갈 때 낙천적인 태도를 유지하는 것이 중요함을 알았다. 그러나 낙천적인 시각은 비현실적인 장밋빛 꿈을 꾸는 것과는 다르다. 낙천적인 시각은 어떻게 해서든 결국 그 팀이 성공하리라고 믿는 것을 의미한다. 그러나 단기적으로는 많은 문제에 부딪힐 수밖에 없다.

일상생활에서 풀시 싫은 일이 벌어졌을 때 우린 곰처럼 놀라시 않는다. 종종 열쇠를 잃기도 하고, 약속을 잊기도 한다. 자동차 시동이 걸리지 않거나 컴퓨터가 고장 날 수도 있다. 그러나 조직이 극한상황에 처할 때 우리는 그때와는 전혀 다르게 반응한다. 나는 리더들이 조그만 문제, 혹은 사람이나 기계가 한계점에 달해 불가피하게 일어나는 사고를 두고 불같이 화내는 일을 많이 보았다.

리더는 이러한 상황에서 어떤 일이 잘되기를 기대하기보다는 일이 잘못될 때를 대비하고 있어야 한다. 사실 극한상황에서는 일이 평소보다 더 나빠지면 나빠졌지 좋아지지는 않을 것이다. 일단 이러한 현실을 인정하고 나면 해결하기 힘든 문제들도 자연스럽게 거쳐야 할 과정의 일부로 여겨진다. 리더가 할 일은 팀원들이 서로 협력하고 창의력을 발휘해 해법을 찾도록 격려하는 것이다.

러버 더키 III호를 탄 스티븐 캘러한은 76일간 2,900킬로미터를 떠돌았다. 섀클턴과 대원들은 조그마한 제임스 커드 호를 타고 16일간 1,287킬로미터를 항해했다. 지금 소개할 체슬리 설리 설렌버거Chesley B. "Sully" Sullenberger의 사례는 이와는 조금 다르다. 총 6분이 걸렸고, 그는 자신이 출발했던 도시로 되돌아왔다. 그러나 이 세 여행은 근본적으로 동일한 주제를 담고 있다.

설리가 US 항공 1549편 기장으로 라과디아 공항을 이륙했을 때, 그는 자신이 미국인들의 영웅이 될 거라는 생각은 꿈에도 하지 않았다. 2분 후 버드 스트라이크로 인해 좌우 엔진 모두가 고장이 나자 그는 승무원들과 150명의 승객을 구해야 했다. 설리는 마치 최악의 폭풍우가 몰려오기 직전 같았다고 그때를 회상한다.

캐나다기러기 무리가 비행기를 에워쌌다. 몇 마리는 조종석 앞 유리에 부딪혔고 몇 마리는 제트 엔진 속으로 빨려 들어갔다. 설리는 충격과 함께 쿵 하는 소리를 들었고, 엔진 작동을 멈추게 만든 새들의 냄새도 맡을 수 있었다.

설리가 조종하던 에어버스 320기는 낮은 고도에서, 그것도 세계에서 가장 많은 사람들이 살고 있는 도시 중 한 곳에서 추력을 완전히 잃어버렸다. 비행기는 상승을 멈추었고 속도는 떨어지기 시작했다. 기가 막히고 소름이 끼치는 상황이었다. 순식간에 비행기에 탄 전원이 사망할 수도 있었다.

설리는 버드 스트라이크의 충격을 떨치고 조종간을 잡았다. 그는 옆자리에 앉은 부기장 제프 스카일스Jeff Skiles에게 "내가 조종하겠네"라고 말했다. "기장님이 조종하십시오" 하고 응답이 돌아왔다. 이제 설리가 비행기를 조종하게 된 것이다.

설리는 42년의 비행 경력을 갖고 있었다. 공군 전투기와 글라이더도 조종해 본 경험 많은 조종사였다. 그런 그에게도 이번 비행과 착륙은 예전 어느 때도 경험해 본 적 없는 전혀 새로운 일이었다. 그가 조종하려는 비행기는 72톤에 달했다.

엔진이 작동을 멈추고 30초쯤 지났을 때, 비행기는 고도 900미터 상공에 있었다. 설리는 관제탑에 그들이 처한 상황을 알리며 최선을 다해 자신이 택할 수 있는 여러 방법들을 생각했다. "새와 충돌, 양쪽 엔진 모두 추력 상실했다. 라과디아로 회항한다."

라과디아 공항에서는 관제사 패트릭 하텐Patrick Harten이 고도로 집중해 사태를 파악하고 있었다. 10년이 넘는 관제사 생활 동안 10번도 넘게 비상 상황을 처리했지만 엔진의 추력이 완전히 없는 경우는 이번이 처음이었다. 희박한 확률이라는 것을 알고 있었지만 그는 침착하게 말했다. "오케이. 라과니아도 회항 허가한다. 방위 2-2-0으로 좌회전하라."

설리도 마찬가지로 침착하게 "2-2-0"이라고 응답했지만 마음은 그렇지 못했다. 라과디아로 회항하려면 일단 한 차례 비행기를 선회시킨 후, 활주로와 방향을 맞추기 위해 또다시 기수를 돌려야 했다. 선회를 시도할 때마다 추락할 위험은 더 커졌다. 이론적으로는 가능할지 모르지만, 엔진이 정지된 후 오던 방향으로 선회하는 것을 조종사들끼리는 '불가능한 턴'이라고 불렀다. 라과디아로 돌아가려다가 비행기에 탑승해 있는 사람들 전부는 물론이고 지상에 있는 사람들까지 죽을 수도 있었다.

관제탑의 하텐은 생각했다. 혹시 라과디아 1-3번 활주로라면 가능성이 있지 않을까? "만일 활주로 1-3번을 사용할 수 있다면 착륙을 시도할 생각이 있는가?" 설리가 응답했다. "불가능하다. 허드슨 강까지는 갈 수 있을지 모르겠다."

버드 스트라이크가 일어난 후 30초가 흘렀다. 설리가 조종하면서 관제사와 이야기하는 동안 부기장 스카일스는 엔진을 살리기 위해 최선을 다했다. 고도가 급속히 떨어지고 있었다. 다른 대안이 필요했고, 하텐은 계속해서 해결책을 찾았다.

"알았다. 왼쪽에 있는 3-1번 활주로 어떤가?"

"불가능하다."

"오케이. 착륙에 필요한 것은 뭔가?" 하텐은 대답을 듣지 못했다. "왼쪽에 있는 4번 활주로가 괜찮다면 4번 활주로 사용 가능하다."

느긋한 그의 목소리는 평범한 대화를 나누는 것 같았다. 마치 설리에게 식당에서 어떤 테이블에 앉고 싶은지 묻는 것 같았다. 그러나 실제 하텐의 속마음은 그렇지 못했다.

설리는 라과디아로 회항하는 선택지를 포기했다. 곧 다른 생각이 떠올랐다. "지금까지 이야기한 활주로에 착륙하는 것은 어려울 것 같다. 오른쪽은 어떤가? 뉴저지는 가능한가? 테터보로는 어떤가?"

"오케이. 비행기 오른편에 테터보로 공항이 있다. 그쪽으로 갈 생각이 있는가?"

"그렇다."

하텐은 전에 테터보로 공항과 협력해 일한 경험이 있었다. 그는 즉시 그쪽 관제사와 협조해서 비상착륙을 위해 1번 활주로를 준비했다. 1번 활주로가 최선의 선택지였다. 그 활주로를 이용할 경우 비행기는 정면에서 바람을 맞으며 부족한 양력을 보충할 수 있었다. 하텐은 설리에게 말했다. "방위 2-8-0으로 우선회하라. 테터보로 1번 활주로에 착륙할 수 있다."

"불가능하다."

"오케이. 테터보로 몇 번 활주로가 좋은가?"

"허드슨 강으로 갈 생각이다."

버드 스트라이크 사고 보고를 한 지 벌써 1분 52초가 지난 뒤였다. 설리는 이제 성공 가능성이 있는 유일한 선택지는 비행기를 착륙시킬 수 있을 만큼 크고, 표면이 평평하며, 기울어지지 않은 곳이라는 결론을 내렸다. 그곳은 허드슨 강이었다.

"뭐라고? 다시 말해 달라." 응답이 없었다. "비행기가 레이더에 잡히지 않는다. 뉴욕 공항도 2시 방향으로 11킬로미터 정도 떨어져 있다." 역시 응답이 없었다. 다른 조종사가 설리 대신 응답했다. "허드슨 강으로 간다고 들었던 것 같다."

하텐이 다시 설렌버거와 교신을 시도했다. "아직 교신 가능한가?" 설리의 무전기는 켜져 있었다. 그러나 그는 더 이상 활주로에 착륙할 생각이 없었다. 어떻게 해서든지 1996년 인도양에 불시착했던 에티오피아 항공사 비행기의 비극을 피하려고 전력을 다하고 있었다.

그 당시 비행기는 산산조각이 났고, 탑승했던 승객들 대부분은 사망했다.

그와 같은 비극을 막는 것은 쉬운 일이 아니었다. 양쪽 날개의 수평을 완벽히 유지한 채 기수를 살짝 들고 착륙해야 했다. 하강속도도 추락하지 않을 정도여야 했다. 최저 비행 속도보다 약간 높아야 하고, 그보다 떨어져서는 안 됐다. 그리고 이 모든 것들이 동시에 이루어져야 했다.

설리는 강을 살펴보았다. 강의 남쪽 부분에 정박해 있는 배들이 보였다. 배 근처에 비행기를 착륙시켜야 추후 인명구조가 쉬웠다. 설리 또한 그렇게 훈련받아 왔었다. 행운이었다. 그러나 마음을 가라앉히고 집중해야 했다.

물에 부딪치기 90초 전 설리는 기내 방송을 했다. "충격에 대비하시기 바랍니다." 90초는 승무원들이 비상착륙을 준비하는 데에는 충분한 시간이었지만 공포에 질린 승객들의 정신적 고통을 최소화하는 데에는 많이 부족한 시간이었다.

기내방송을 듣자마자 모든 승무원들이 즉시 기장의 지시에 따라 움직이기 시작했다. "머리 숙이세요. 숙인 채로 계세요. 머리 숙이세요. 숙인 채로 계세요. 머리 숙이세요…" 마치 기도처럼 들리는 승무원들의 목소리가 설리에게 위안이 됐다. 그가 비상착륙에 성공한다면 승무원들이 승객들을 탈출시킬 수 있을 것이다.

비행기가 강에 부딪쳤다. 강한 충격이 있었지만 성공적인 착륙이었다. 비행기는 강물 위를 미끄러져 갔다. 비행기 앞부분이 내려오고 속도가 떨어지기 시작했다. 비행기는 약간 좌측으로 기수가 돌아간 후 멈췄다. 설리와 스카일스는 서로를 바라보았다.

"음… 생각했던 것만큼 최악은 아니었어."

샤클턴이 빙하를 미끄러져 내려온 다음에 했던 말을 연상시키는, 영웅적이면서도 유머가 담긴 말이었다. 샤클턴이 비행기에 탑승하고 있었다면 그가 빙하를 내려와서 했던 이 말을 다시 하지 않았을까? "자주 하고 싶은 짓은 아니군."

이륙에서 착륙까지 걸린 시간은 겨우 6분이었다. 비행기는 부서지지 않고 물 위에 불시착하는 데 성공했다. 그러나 성공을 만끽할 여유는 없었다. 조종사들과 승무원들은 다시 탑승객 전원을 안전하게 기체 밖으로 탈출시키는 데 집중했다.

앞쪽은 상대적으로 질서정연하게 탈출이 이루어졌다. 승무원 두 사람이 객실 문을 열고 비상탈출 슬라이드를 작동시켰다. 뒤쪽은 달랐다. 물에 부딪칠 때의 충격이 심했고, 비상구가 물밑에 잠겨 있었다. 얼음같이 차가운 물이 객실로 들어오자 공포에 질린 승객 한 사람이 뒷문을 열었고, 더 많은 물이 안으로 쏟아져 들어왔다.

승무원 도린 웰시Doreen Welsh는 잠깐 동안 이제 다 끝났다는 생각을 했지만 다시 의지를 되찾았다. 그리고 승객들을 탈출시키는 일에 전력을 다했다. 그녀는 승객들에게 "의자를 타고 넘어가세요"라고 소리쳤다. 설리는 객실 통로를 두 번 왕복하면서 승객 전원이 탈출한 것을 확인한 다음 비행기에서 빠져나왔다.

순식간에 구조선들이 현장에 도착했다. 쾌속 구조선 마린 원 알파 Marine 1 Alpha를 탄 소방관 톰 설리번Tom Sullivan, 구소대상 리처드 존슨 Richard Johnson, 키잡이 존 리조John Rizzo는 마흔 개의 블록을 단 5분 만에 주파했다. 설리번이 물에 반쯤 잠긴 비행기의 날개 주위에 모인 승객들에게 구명구를 던졌다. 그런 뒤 여성 승객들과 아이들을 먼저 끌어올렸고, 그다음으로는 구명조끼를 입지 않은 승객들을 끌어올렸다. 설리번이 구조한 첫 번째 승객 비버리 워터스Beverly Waters는 "설리번이 자신을 너무도 가볍게 끌어올렸다"고 말했다.

마린 원 알파의 대원들은 승객 20명을 구출해서 서클 라인 터미널에 있는 응급의료센터로 데려갔다. 뉴욕 소방관답게 설리번은 그 상황에서도 "뉴욕에 온 것을 환영합니다" 하고 승객들에게 농담을 던졌다.

승객 150명과 승무원 5명이 모두 구출됐고, 이 사건은 '허드슨 강의 기적'으로 불리면서 널리 알려졌다. 이 일은 여러 면에서 기적이라고 불릴 만했다. 나중에 설리에게 그때 기도를 했는지 묻자 그는 하지 않았다고 대답했다. 객실에 있는 승객들이 기도해 주리라 믿고 조종에 집중했던 것이다.

허드슨 강의 기적은 어쩌면 신의 도움으로 가능했던 것인지도 모른다. 그러나 탁월한 리더십과 팀워크가 없었다면 이 일은 불가능했을 것이다. 조종사들과 승무원들, 관제사들, 그리고 구조대원들은 "절대 포기하지 말라. 항상 대안이 있다"는 전략을 실제로 구현한 것이다. 설리는 이렇게 이야기한다.

비행하는 내내 나는 문제를 해결할 자신이 있었다. 부기장 제프 스카일스와 나는 비행기 조종사가 마땅히 해야 할 일을 했다. 그것은 훈련받은 대로 하는 것 그리고 자신이 가진 삶의 철학에 따르는 것이다. 우리는 비행기에 탑승한 모든 사람들을 소중하게 생각했고, 비행기가 갑작스럽게, 완전히 고장 났음에도 불구하고 그들을 모두 구출하는 것이 우리가 해야 할 일이라는 것을 알았다. 우리는 결코 포기하지 않았다.

계획을 가지고 있었기 때문에 희망을 잃지 않을 수 있었다. 마찬가지로 해고, 파산 등의 위기가 닥쳐올 때, 아무리 상황이 암울하고 대처할 시간이 없더라도 해결책이 있다는 것을 기억하면 좋겠다. 어떤 곤경에 처하든 항상 빠져나갈 방법은 있다. 살아남을 수 있다.

새클턴과 설리의 사례는 문제 해결에 효과가 있는 전략과 그렇지 않은 전략을 구분하는 능력이 중요함을 보여 준다. 어떤 전략이 실패하면 실패를 인정하고 다른 방법을 찾아라. 기존의 방법을 모두 시도해 본 다음에는 기존에 없던 방법을 찾아라. 아무리 엉뚱한 것처럼 보이는 아이디어라도 제대로 고려해 보지도 않고 무시하는 일이 없도록 하라. 터무니없는 아이디어라도 떠올려 보라. 구성원들에게도 그렇게 하도록 권장하라. 항상 다른 길이 있다는 확고한 신념은 당신이 해결책을 찾을 수 있도록 에너지를 제공할 것이며, 창의성은 해결책을 찾을 수 있는 능력을 부여할 것이다.

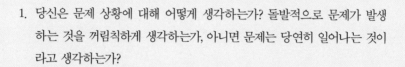
1. 당신은 문제 상황에 대해 어떻게 생각하는가? 돌발적으로 문제가 발생
   하는 것을 꺼림칙하게 생각하는가, 아니면 문제는 당연히 일어나는 것이
   라고 생각하는가?

2. 일이 잘못될 때 당신은 어떤 반응을 보이는가? 절망적인 일이 발생했을
   때 당신은 어디까지 참고 견딜 수 있는가?

3. 문제를 인식하고 해결책을 찾는 체계적인 과정이 있는가? 창의력을 발휘
   해 문제를 해결하고자 할 때, 팀의 모든 구성원들(문제대원까지)을 참여
   시키는가?

4. 당신과 조직이 정상에 도달하기 위한 돌파구는 무엇인가? 당신은 돌파
   구를 찾기 위해 창의성을 발휘하는 중인가? 당신과 탐험대의 능력을 극
   대화할 다른 방법은 없는가?

Leading at the edge

극한상황
리더십 훈련

어떤 일이든 너무 늦은 법은 결코 없다.
_ 조지 엘리어트

제1부에서는 리더들의 능력을 극대화하는 10가지 전략을 제시함
으로써 조직을 성공으로 이끄는 방법들을 다루었다. 제2부에서는
조금 더 개인적인 측면, 즉 삶에 대한 사고방식이나 행동, 태도 등을
다룰 것이다. 특히 여기에서는 내가 그동안 개인적으로 경험하고 배
운 다양한 자질과 행동들이 언급될 것이다.

무지와 무능력 일깨우기

내 아들 조너선은 열여섯 살이 되었을 때 15만 킬로미터가량을 주
행한 차를 갖게 되었다. 도요타에서 나온 '셀리카'라는 모델이었는

데, 상태가 꽤 양호했다. 나는 좋은 아빠가 되기 위해 상당히 오랜 시간에 걸쳐 자동차 정비의 중요성을 비롯, 내 아버지가 나에게 해 주었던 모든 말들을 기억하여 그 아이에게 들려주었다.

아마 모든 부모들은 자기가 하는 말이 세상에서 가장 중요하다고 생각할 것이다. 내 어머니는 심지어는 단어 하나하나까지도 정확하게 선택해 정확한 방법으로 이야기하곤 하셨다. 아버지의 경우는 당신의 삶에 있어서 가장 중요한 일 중 하나가 가족들의 차 엔진오일을 점검하고, 계량봉으로 양을 체크하는 것이었다.

나는 아버지만큼 열심히 오일 점검을 하지는 않지만, 아들 조너선에게 좋은 아빠로서 이 전통을 대물리기 위해 최선을 다했다. 조너선도 자신의 차를 좋은 상태로 유지하기 위해 닦고 기름칠하며, 녹을 벗겨 내고 오일을 점검하는 일을 조금도 게을리하지 않았다.

조너선은 매처럼 날카로운 눈빛으로 계량봉을 지켜보다가 오일을 갈 때가 되자 상기된 얼굴로 내 방으로 달려왔다. 그러고는 기타를 치고 있는 내게 깔때기를 하나 달라고 부탁했다. 나는 차고로 가 깔때기를 건네준 뒤 방으로 돌아와 다시 기타를 쳤다.

잠시 후 조너선이 들어와 말했다.

"아빠, 이건 너무 커요. 조금 작은 게 필요해요."

나는 다시 밖으로 나가 다른 깔때기를 건네주며 말했다.

"이걸로 하면 될 거야. 이게 가장 작은 것이니까."

그때까지 나는 왜 그 애가 그렇게 작은 깔때기를 원하는지 물을 생각을 하지 못했다. 잠시 후 나는 밖으로 나가 그 애가 어떻게 하고 있나 보았다. 조너선은 몹시 당혹스러운 표정을 짓고 있었다.

"어떻게 된 거니?"

조너선은 엔진을 가리켰다. 엔진 쪽을 들여다본 나는 아주 놀라운 모습을 보았다. 그 애는 화학 실험 도구상자에서 꺼내 온 가느다란 유리관을 깔때기에 꽂고 오일이 새지 않도록 테이프로 감은 채 엔진 오일을 주입하고 있었다. 기가 막혔다. 그 애는 엔진 위에 있는 구멍을 통해 오일을 넣지 않고 연필 크기만 한 계량봉 구멍을 통해 오일을 넣고 있었던 것이다.

"아빠, 이거 하루 종일 걸리겠는데요." 그렇게 한다면 정말로 하루 종일 걸릴 것이다.

나는 엔진 위쪽에 있는 5센티미터가량의 정상적인 구멍을 가르쳐 주었다. 그 애에게는 그 구멍이 있다는 사실이 마치 혁명처럼 느껴지는 듯했다. 우리는 그 작업을 3분 만에 끝마쳤다. 우리는 지금도 가끔 그 일을 떠올리며 웃음을 터뜨리곤 한다.

이 이야기의 교훈은 무엇일까? 두 가지를 생각해 볼 수 있다. 하나는 '절대로 포기하지 말라. 항상 대안이 있다(10번째 전략)'는 것으로, 창의성과 결단력만 있으면 전략이 완벽하지 않더라도 임무를 달성할 수 있다는 것이다. 조너선은 시간이 얼마가 걸리든 엔진에 오일을 넣었을 것이다.

나머지 하나는 어떤 능력을 계발하는 일은 어느 정도 무지와 무능에서 시작된다는 것이다. 우리는 손재주가 아주 뛰어난 사람들을 보고 그들은 태어날 때부터 그러한 재주와 지식을 가진 게 아닐까 생각하고는 한다. 그러나 우리는 어떤 분야에 대해 아는 게 하나도 없던 사람이 사람이 시간이 지남에 따라 매우 뛰어난 기술이나 지식을 갖추는 모습을 종종 보게 된다.

나의 해군 사관학교 동기 중 한 명인 존 달튼은 해군 장관이 되었고, 또 한 친구 척 크루락Chuck Krulak은 해병대 사령관이 되었다. 두 사람 모두 장래가 촉망되는 유능한 생도이기는 했다. 그러나 사관학교를 졸업한 지 30년 만에 국방부에서 이 두 사람을 만났을 때 이들이 모든 사람들로부터 경례를 받는 것을 보고 나는 놀라움을 금할 수 없었다. 우리는 애너폴리스 생도 1학년 시절, 침을 발라 군화에 광택 내는 법을 배울 때부터 알던 사이였다.

섀클턴의 삶을 연구하면서 나는 놀랍게도 그가 처음 남극 탐험 여행을 떠나기 전까지는 한 번도 텐트를 쳐 본 적도 없고, 침낭에서 잠을 잔 적도 없으며, 심지어는 텐트에서 하룻밤을 지새운 적도 없고, 야외에서 스토브로 몸을 녹여 본 적도 없다는 사실을 알게 되었다. 놀라운 일이었다. 그는 이러한 기초적인 훈련조차 받은 적이 없었다. 하지만 결국 그는 탐험대를 이끌고 지구에서 가장 인간에게 적대적인 환경에서 험난한 장애물들을 극복했다.

나라면 텐트를 치는 법조차 모르는 사람이 남극대륙에 가겠다고 한다면 자살 행위라며 극구 말렸을 것이다. 그러나 나는 우리 모두가 언젠가, 어디에선가는 시작을 해야 한다는 사실을 알고 있다. 극한상황에서 팀을 이끄는 법을 배우는 데 있어서 가장 중요한 요소는 무지와 무능을 인정하는 것이다. 당신이 현재 하고 있는 일에 대해 아는 게 없다고 해서 결코 당혹스러워하거나 뭔가가 잘못되었다고 생각할 필요는 없는 것이다.

처음에는 잘하지 못했지만 결국 뛰어난 능력을 발휘했던 사람들의 이야기는 수없이 많다. 레드 바론(1차 세계대전에서 활약한 최고의 전투기 조종사)은 첫 착륙에 실패했고, 마이클 조던은 고등학교 시절 농구팀에서 탈락했으며, 에이브러햄 링컨은 취임 초기에 우유부단하고 평범한 대통령으로 평가되었다.

어떤 직업에서나, 특히 리더의 자리에 오른 사람들의 경우, 최고 수준의 기술에 도달하기 위해서는 먼저 자신의 무능을 인정해야 한다. 이와 동시에 균형 감각과 넓은 아량, 유머를 유지하며 끊임없이 자신이 지향하는 목표 수준을 상향하고 더 높은 단계의 일들을 배워야 한다.

정체기를 사랑하라

나는 한때 작가이자 무술의 달인인 조지 레오나르드George Leonard 와 얼마간 같이 지낸 적이 있다. 나는 그의 여러 가지 생각들에 깊은 감명을 받았다. '통달master'에 대해 오랫동안 연구해 온 그는, 기꺼이 정체기를 받아들이는 마음가짐이 통달을 위한 중요한 조건이라고 주장했다.

오늘날 우리는 순간적인 만족, 즉각적인 처방, 간단한 해답을 중시하는 문화 속에 살고 있다. 우리는 모두 바쁘게 살아간다. 우리는 시간이 걸리는 것을 참지 못한다. 실제로 나는 '30분 만에 도인되기'라는 비디오테이프 광고문을 본 적이 있다. 29.95달러를 지불하고 30분만 시간을 내면 달라이 라마와 같은 깨달음을 얻을 수 있다는 것이다.

모든 것들이 점점 더 빠르게 변해 가는 문화 속에서 어떤 일이 빠른 속도로 진척되지 않으면 우리는 뭔가 잘못되고 있다고 생각하기 쉽다. "이 나무는 왜 이렇게 안 크는 거야? 뽑아서 뭐가 문제인지 살펴보자고."

진리는 결코 하룻밤 사이에 깨달을 수 없다. 물론 하루아침에 무언가 엄청난 것을 깨닫거나 습득하는 사람도 있을 것이다. 그러나 대부분의 능력은 상당 기간 정체기를 겪고 나서야 얻을 수 있다. 무술 훈련을 할 때든, 리더가 되기 위한 학습을 할 때든, 당장 진전되는 모습이 나타나지 않는 그 답답한 상황을 견딜 능력을 계발할 필요가 있다.

정체기를 견디는 여러 가지 방법들이 있다. 학습을 잠시 중단하고 바닷가에 나가 휴식을 취한 뒤, 다시 돌아와 아무 일도 없었던 것처럼 도전하는 것도 방법 중의 하나이다. 집중력, 에너지, 열정을 가지고 마치 당장 원하는 바를 얻을 것처럼 덤벼들어도 좋다.

나는 리더십 기술을 배운다는 것은 리더십 기술은 아주 오랜 기간 동안 천천히 발전한다는 사실을 받아들인다는 것과 같은 의미라고 생각한다. 정체기를 사랑하는 것이야말로 극한상황에서 훌륭한 리더가 되는 핵심적인 방법이다.

두려움을 받아들여라

대다수의 사람들은 이야기하는 것조차 꺼려하지만, 두려움은 분명 우리 삶의 중요한 부분이다. 내게 모든 것을 털어놓을 수 있을 만큼 나와 가까이 지낸 리더들은 모두 살다가 커다란 두려움을 겪은 적이 있다고 말했다. 필연적으로 리더들은 어떻게 하는 것이 좋을지 알 수 없는 상황에 처한다. 리더들은 이 불확실한 상황에 대처해 모호함을 제거해야 하는 현실에 부딪히고는 한다.

사실 우리가 두려움을 느끼는 것은 자연스러운 일이다. 그리고 이러한 심리작용은 중요한 기능을 가지고 있다. 우리가 위험을 피할 수 있도록 돕는 것이다.

생물학자들은 소뇌의 편도체가 두려움을 갖도록 한다는 사실을 발견했다. 오랜 세월에 걸쳐 자연이 만들어 낸 유전적 요소로 인해 우리는 위험한 상황을 피할 수 있는 것이다. 문제는 우리가 어떤 변화를 만들기 위해서는 종종 일이 잘못돼 두려운 일이 일어날지도 모르는 영역에 들어가야 한다는 것이다. 위험이 있는 곳에서는 실패할 수도 있고 당황할 수도 있다. 때로는 보다 심각한 결과가 일어날 수도 있다. 일자리를 잃을 수도 있고 심지어는 죽을 수도 있다. 두려움을 야기하는 많은 상황들이 있다.

두려움이 삶의 일부라면, 그리고 인간다움에 있어서 그토록 중요한 요소라면 우리는 마땅히 두려움에 대해 알아야 한다. 조 하이암스Joe Hyams가 그의 저서 『무예에 있어서의 선Zen in the Martial Arts』에서 말했듯이, 우리는 두려움과 친구가 되어야 한다. 즉 우리는 우리가 무엇을 가장 두려워하는지를 이해하고, 그것을 밀어내기보다는 껴안아야 한다.

두려움을 느끼는 대상은 각자 다르다. 어떤 사람은 많은 사람들 앞에서 연설하는 것을 두려워하고, 어떤 사람은 경제적 어려움이나 미지의 세계에 가는 것을 두려워한다. 서냉한 심료상담사인 버지니아 사티어Virginia Satir가 지적했듯이 "대다수의 사람들은 불확실한 불행보다는 확실한 불행을 선호한다".

두려움을 친구로 만들려면 첫째, 당신을 두렵게 하는 것의 정체를 파악해야 한다. 둘째, 두려움에 대한 당신의 반응을 파악하고 이해해야 한다. 예를 들어, 당신이 무언가를 두려워할 때 스스로에게 이렇게 물어보라.

- 나의 몸은 어떻게 반응하는가?
- 나는 스스로에게 무어라 말하고 있는가?
- 나의 감정은 어떠한가?

코카콜라의 전 CEO인 로베르토 고이주에타Roberto Goizueta는 업계 내에서 치열한 경쟁을 벌이던 어느 날 잘 잤느냐는 질문을 받자 "예, 어린아이처럼 잤어요. 두 시간마다 깨어나서 울었네요"라고 익살맞게 대답했다. 아마 당신도 같은 식으로 두려움에 대처할 수 있을 것이다.

마지막으로, 당신은 자신의 효율성을 극대화할 수 있도록 두려움의 독소를 제거하는 방법을 익혀야 한다. 예를 들면 다음과 같은 방법들이 있을 것이다.

- 두려운 이유를 종이에 적어 본다.
- 다른 사람에게 이야기한다.
- 과거에 두려움을 극복했던 방법을 생각해 본다.
- 친구에게 의견을 구한다.
- 현재 두려워하는 일보다 더 두려운 일에 대해 생각해 본다.

때때로 우리는 두려움이 어떤 것을 성취하는 데 장애가 된다고 생각하며 스스로에게 이렇게 말한다. "나는 할 수 없어. 두려워!" 하지만 나는 베트남에서 우리가 두려움 속에서도 얼마나 많은 것을 성취할 수 있는지를 배웠다.

두려워한다는 것이 당신이 어떤 일을 할 수 없다는 것을 의미하지는 않는다. 그것은 또한 뭔가 잘못되어 있음을 의미하지도 않는다. 수많은 상황에서 우리는 당연히 두려움을 갖는다. 어떤 일을 하는 동안 당신은 두려움을 느낄 수도 있고, 심지어는 겁에 질릴 수도 있다. 두려움을 인정하고 적극적으로 껴안을수록 당신을 가로막는 장벽을 덜 느끼게 될 것이다.

학습에 도움이 되는 환경을 찾아라

리더십을 계발하고 싶다면 도움을 줄 기관을 찾아라. 로버트 스콧은 영국 왕실 해군에서 리더가 되기 위한 교육을 받았다. 그는 해군의 리더들을 직접 관찰함으로써 자신의 기술을 더욱 연마한 후 리더란 어떠해야 하는가에 대한 자신만의 결론을 도출했다.

그러나 앞에서도 언급한 것처럼 그 당시 영국 해군은 여전히 넬슨 제독이 거둔 승리에 도취된, 그야말로 결함투성이의 조직이었다. 다른 나라의 해군들은 권총 손잡이에 탄알을 장전하는 최신 기술을 도입하는데, 왕실 해군은 여전히 총구에 탄알을 상선하는 구식 무기에 만족하고 있었다. 현실에 만족하는 조직은 현실에 안주하는 리더를 낳는다.

당시 영국 해군은 자신들의 찬란한 업적을 자랑하고 있었지만, 사실 그들은 가장 무능한 현실 안주형 리더들을 키워 내고 있었다.

데이비드 내들러David Nadler는 그의 저서 『변화의 챔피언Champions of Change』에서 1992년부터 1993년까지, 10여 개 이상의 대기업 CEO들이 해고당했던 시기를 자세히 다루었다. 'IBM' '제너럴 모터스General Motors' '아메리칸 익스프레스American Express' '코닥Kodak' '일라이 릴리Eli Lilly' '얼라이드시그널' '웨스팅하우스Westinghouse' '컴팩Compaq' 등 내로라하는 기업들의 CEO들이 자리를 내놓아야만 했다. 내들러는 이 기업들이 모두 지속적으로 성공가도를 달리고 있었고, 그러다 보니 '성공 증후군'에 빠졌다고 주장한다.

성공 증후군이란 다음과 같은 현상들을 일컫는 말로, 과거 영국 왕실 해군을 연상케 한다.

- 조직 내에 성역이 생긴다. 과거에 성공을 거두었던 정책이나 전략이 성역이 되어 이 정책이나 전략을 무시하면 안 되는 상황이 발생한다.
- 기업 내부의 일에 집중하는 경향이 생긴다. 경쟁과 같은 외부적 위협이 무시된다.
- 오만에 빠져 현실에 만족한다. 경쟁이 발생하더라도 그 상황이 일시적인 것에 불과할 것이라고 믿는다.
- 기업 내부의 절차나 사안 등이 복잡해진다. 그럼으로써 내부 정책과 관련된 문제나 권력 유지가 주요 관심사가 된다.
- 보수주의가 만연한다. 조직문화가 위험 회피형으로 변한다.
- 새롭게 배우는 일을 멈춘다. 기업 내에 새로운 생각이나 통찰이 유입되지 않는다.

역사가 증명하듯 이러한 요소들이 만연한 조직은 끔찍한 상황에 처하게 된다. 이 요소들은 또한 리더십에 직접적인 영향을 미치게 될 것이다. 직원들은 무조건적으로 상사를 따를 것이며, 조직의 주류문화가 강요하는 대로 행동하게 될 것이다.

만일 리더로서 자신의 능력을 최대한 발휘하기를 원한다면 먼저 당신이 일하게 될 조직의 문화를 살펴보라. 만일 그곳이 성공 증후군에 빠져 있는 것 같다면 다른 곳을 찾도록 하라. 제대로 된 환경에서만 로버트 스콧이 아니라 섀클턴이 될 수 있을 것이다.

'성공의 기술'을 연마하라

4번째 전략(자신을 돌보라. 체력을 유지하고 죄책감에서 벗어나라)에서 우리는 극한상황에서 리더가 자신을 돌보는 것이 얼마나 중요한 일인지를 배웠다. 그런데 자신을 돌본다는 것에 대해 조금 더 폭넓게 생각해 볼 필요가 있다. 나는 자신을 돌보는 일을 '성공의 기술'이라는 보다 넓은 관점에서 바라보고자 한다.

성공을 위해서는 지속적으로 자신의 경력과 삶의 질에 신경을 쓰며 그것 사이의 균형을 맞출 줄 알아야 한다. 그것이 바로 성공의 기술이다.

나는 일, 인간관계, 건상, 회복, 목표가 성공적인 삶을 보장한다고 믿는다. 균형감을 가지고 이 다섯 가지 요소를 성취해 나갈 때 삶은 활력을 찾고 더 나은 방향으로 나아갈 수 있을 것이다.

일

열정을 가지고 임할 때 일은 무척 재미있는 것이 된다. 아이작 스턴Isaac Stern은 자신의 음악 연주에 대해 이야기할 때 바이올린 연주는 자신에게 있어서 일이 아니라 삶의 한 방식이라고 말했다.

그것은 내가 무언가를 말하고 또 표현하는 방식이다. (…) 음악과 하나가 될 때 나는 엄청난 희열을 느낀다. 매우 특별한 순간이다. 음악가의 삶이란 그런 것이다.

음악가만이 자신의 일에서 희열을 느끼고 무언가를 창조적으로 표현할 수 있는 것은 아니다. 나는 컴퓨터 엔지니어에서부터 은행가에 이르기까지 어떤 일을 하는 사람이든 이러한 경험을 할 수 있다고 생각한다. 중요한 것은 그 일에 스스로 만족하며 의미 부여를 하는가, 또 그 일에 자신의 힘을 쏟고 있는가 하는 점이다. 다음 몇 가지 질문을 당신 스스로에게 던져 봄으로써, 일이 당신의 삶에 얼마만큼의 활기를 주는지 파악할 수 있을 것이다.

- 나는 내가 하는 일에 나의 고유한 힘과 능력을 사용하는가?
- 나는 일을 즐기는가?
- 나는 내가 하는 일에 본질적으로 흥미를 느끼는가? 그 일 자체가 매력적이라고 생각하는가?
- 일을 통해 나 자신의 모습을 창조적으로 표현하는가?

만일 위 질문들에 대해 대체로 '그렇다'고 대답할 수 있다면 당신은 아이작 스턴처럼 행복한 사람이다. 그러나 만일 '아니다'라고 대답한다면 당신이 하는 일에 대해 다시 생각해 볼 때가 아닌가 싶다. 일 자체가 문제일 수도 있고, 아니면 삶의 구조 어딘가에서 발생한 시스템상의 문제일 수도 있다.

인간관계

사회적 관계가 스트레스를 관리하고 삶의 질을 높이는 데 도움이 된다는 사실은 계속해서 입증되고 있다. 인간관계는 우리가 가진 많은 상처를 치유해 줄 수 있다. 그러나 사회적으로 성공한 사람들에게는 인간관계를 맺는 일 자체가 어려울 수 있다. 빠른 속도로 흘러가는 우리의 삶은 인간관계를 맺을 시간을 거의 주지 않는다.

특히 이사를 가거나, 새로운 조직에 합류하거나, 새로운 일을 시작할 때 더욱 그렇다. 이러한 변화의 시기에는 종종 이전에 맺었던 관계가 뿌리째 뽑히고 만다. 설상가상으로 업무에 적응하고 주위를 살피느라 새로운 환경 속에서는 또 다른 관계를 맺을 시간이 없는 것처럼 여겨지기도 한다.

관계를 맺기 위한 노력은 어쩌면 전환의 시기에 더욱 필요할지도 모른다. 따라서 당신은 인간관계에 대해 특별히 관심을 기울일 필요가 있다. 정기적으로 자신에게 다음과 같은 질문을 던져 보라.

- 나를 지지해 주고 내 삶에 낭분을 공급해 주는 사람은 누구인가?
- 나를 직위가 아닌 한 인간으로 대하며 걱정해 주는 사람은 누구인가?
- 직장에 우선해 어떤 모임이나 공동체에 소속되어 있다는 느낌을

받는가?

■ 중요한 관계를 만들 시간을 갖고 있는가?

건강

스파르타에서 전해 내려오는 경구가 있다. '건강한 몸에 건강한 정신이 깃든다.' 육체적으로 건강해야 현명한 의사결정을 할 수 있다. 나는 많은 리더들을 연구하며 육체적 에너지야말로 그들의 성공에 중요한 요소였음을 알았다. 그러나 일에 쫓기다 보면 건강을 챙기지 못하는 경우가 많다. 충분한 수면과 식사, 규칙적인 운동의 중요성은 아무리 강조해도 지나치지 않을 것이다. 스스로에게 다음과 같은 질문을 던져 보라.

■ 잠은 충분히 자는가? 숙면을 취하는가?

■ 균형 잡힌 식사를 하고 있는가? 카페인을 잠이나 운동의 대체수단으로 사용하고 있지는 않나?

■ 운동은 하는가? 규칙적인 운동은 체력을 키워 준다. 철인 3종 경기에 출전할 만큼 체력을 키울 필요는 없다. 일주일에 세 번씩 적당히만 걸어도 크게 도움이 된다. 산책은 아무런 기구가 없어도 할 수 있다. 출장을 간 뒤에도 운동하는 시간을 일정에 넣어 두면 좋다.

■ 하루에 15분이라도 휴식을 취하고 긴장을 푸는 시간을 가지고 있는가?

회복

어떤 사람들은 앞에서 말한 모든 요소에 주의를 기울이는데도 여전히 피곤하고 권태를 느낀다. 이 문제는 종종 회복하기 위한 시간을 갖지 않기 때문이다. 삶에 활력을 불어넣기 위한 개인적인 활동이 필요하다. 스스로에게 다음 질문을 던져 보라.

- 나의 삶에 다시 활력을 불어넣는 활동을 할 공간이나 시간이 있는가?
- 주변 상황을 완전히 잊을 만큼 어떤 일에 몰입한 적이 있는가?

목표

성공적인 삶을 위한 또 다른 요소는 삶에서 보다 깊은 의미를 발견하고 그것을 추구하는 능력이다. 이러한 목표 의식은 궁극적으로 무엇이 중요하고, 무엇이 옳으며, 무엇이 가치 있는 것인가에 대한 가치관을 토대로 하고 있다. 삶의 목표가 영적인 문제와 연결된 사람도 있을 테고, 과학적 진보나 기술의 발전, 지식 축적에 대한 신념과 연결된 사람도 있을 것이다. 혹은 인류에 무언가를 기여해야겠다는 마음이나 다른 사람에게 봉사하려는 마음이 목표의 기반이 될 수도 있다.

다시 아이작 스턴의 경우를 예로 들어 보자. 그는 이렇게 말했다. "나는 열다섯 살 때부터 콘서트를 해 왔다. 그 세계는 내게 너무도 멋진 것이었다. 나는 많은 것을 얻었고, 세상에 다시 무언가를 되돌려 주어야만 했다."

의미와 목적을 발견하는 능력은 개인의 삶에 있어 가장 중요한 요소이다. 이 문제에 대해 스스로 어떻게 느끼는지를 알아야 한다. 방향 감각을 상실하면 효율도 올라가지 않을 테고 성과를 거두기도 어려울 것이다. 잠시라도 시간을 내 다음 질문들에 답해 보라.

- 내 삶이 향하고 있는 방향에 대해 나는 어떻게 생각하는가?
- 나를 이끌어 가는 가장 중요한 가치는 무엇인가?
- 나의 삶을 이루는 다른 부분들이 내 목표와 부합하는가?

균형

성공적인 삶을 위해서는 이 다섯 요소들 사이에서 적절히 균형을 잡는 능력이 필요하다. 물론 그 누구도 완벽히 균형 잡힌 삶을 유지할 수는 없다. 개인적인 부분에서든 직업적인 부분에서든 우리는 변화와 시험, 위험에 직면하게 된다.

인위적인 시도들이 삶의 균형을 유지하는 게 아니다. 오히려 삶이 언제 균형을 잃는지, 그리고 언제 균형을 회복해야 하는지를 아는 능력을 갖추어야 한다.

우리는 평생에 걸쳐 이 능력을 계발해 나가야 한다. 유명한 무예 사범인 모리헤이 우에시바Morihei Ueshiba(일본 합기도의 창시자)는 제자로부터 다음과 같은 질문을 받은 적이 있다. "사부님, 공격을 받았을 때 어떻게 하면 균형을 잃지 않을 수 있습니까?" 그는 이 질문에 다음과 같이 대답했다. "나도 종종 균형을 잃는다. 하지만 상대가 눈치채기 전에 다시 균형을 잡는다."

성공을 위해서는 미지의 영역을 탐구하려는 용기를 갖고, 균형을 잃을지도 모르는 위험한 상황들을 기꺼이 감수해야 하며, 균형을 되찾으려는 끈기를 가져야 한다. 험난하고 어려운 여정이겠지만 그 보상도 클 것이다.

여유를 가져라. 나답게 행동할 수 있을 때까지

극한상황에서의 리더십에 관한 마지막 교훈은 테너 색소폰 연주를 해 보려는 나의 노력에서 얻어졌다. 학습 중 나는 오랜 정체기를 거쳤다. 그러나 나는 결코 좌절하지 않았다. 내가 이처럼 인내심을 가지고 노력할 수 있었던 이유 중 하나는 모든 수강생들을 최고 수준의 연주자로 만드는 스티브의 격려 덕분이었다.

나는 항상 스티브의 연주와 나의 연주를 다시 들을 수 있도록 녹음했다. 나는 내 연주를 들을 때마다 째지는 듯한 소음에 이를 꽉 물어야만 했다. 그러던 어느 날 내가 연주한 '블루 보사'라는 곡을 듣게 되었다. 나는 내 귀를 의심하지 않을 수 없었다. 나의 연주는 매끄러웠고 창의적이었으며 거의 완벽했다. 연주는 계속되었다. 그런데 연주 중 갑자기 내가 질문하는 소리가 들렸다. 놀랍게도 나는 이제 색소폰을 연주하면서 동시에 말을 할 수 있게 된 것이다.

순간 지난 일들이 떠올랐다. 사실 그동안 나는 수업 시간에 주로 스티브의 연주를 듣기만 하는 편이었다. 실망스럽더라도 나는 다시 힘을 내고는 했다. 내가 그에게 물었나. "스티브, 듣기만 하니까 별로 재미가 없군요. 내가 언제쯤 제대로 된 연주를 할 수 있을까요?"

그는 연필을 꺼내 내 악보 위에 다음과 같이 썼다. 'T-I-M-E'.

무언가를 배우는 일에는 시간이 걸린다. 일단 이 사실을 이해해야만 리더도 될 수 있고, 음악가도 될 수 있을 것이다.

모든 일에는 부단한 연습이 필요하다. 항상 열심히 노력해야 한다. 물론 트릭이나 테크닉이 있을 수도 있다. 그러나 당신 특유의 스타일을 갖게 되기까지는 나름의 시간이 걸릴 수밖에 없다. 위대한 트럼펫 연주자인 마일스 데이비스Miles Davis는 언젠가 이렇게 말했다.

"나는 누군가가 다른 음악가의 연주를 흉내 내면 금방 알 수 있다. 자신답게 연주하기 위해서는 오랜 시간의 연습이 필요하다."

에필로그 | 무엇이 탁월한 리더를 만드는가?

과학적인 발견을 위해서라면 스콧이 필요하다. 속도와 효율성에서는 아문센이 최고다. 그러나 재난이 닥치고 모든 희망이 사라지는 순간이 오면 무릎을 꿇고 섀클턴을 보내 달라고 기도하라.

_ 에드먼드 힐러리

인간에게 가장 적대적인 환경을 배경으로 한 섀클턴과 대원들의 이야기는 리더십 스타일, 성격, 전략, 혁신에 대한 열린 자세가 어떻게 서로 영향을 미치면서 성공과 실패를 결정하는지 설명해 준다. 또한 최고의 리더들이 어떻게 다른 사람들이 가진 최고의 능력을 끌어내어 자신의 한계를 부수어 가는지, 문화와 대중의 시각이 변화함에 따라 리더십에 대한 인식이 어떻게 바뀌는지도 보여 준다.

10여 년 전에 처음 이 책을 쓴 뒤에도 나는 얼어붙은 미지의 세계 남극에 도전한 용감한 탐험가들을 계속해서 연구했다. 섀클턴이 634일간 탐험한 장소들을 보기 위해 남극에 식섭 가 모기노 했다. 그 결과 나는 극한상황 리더십에 대해 얘기할 때 가장 흥미롭고 논란이 많은 주제, 아문센과 스콧의 경쟁에 관해 더 많은 것을 알게 되었다.

남극을 향한 경주

이 경주에서 누가 이겼는지에 대해서는 이견의 여지가 없다. 승자는 노르웨이 탐험가 로알 아문센이다. 뛰어난 스키 실력과 개를 다루는 능력 덕분에 노르웨이 탐험대는 비교적 수월하게 이동했다. 그들은 하루에 6시간만 움직이고 나머지 시간은 수면과 휴식에 사용했다. 세심하게 계획된 식단과 눈에 잘 띄게 설치된 저장소 덕분에 식량 부족 때문에 고통을 겪은 일은 없었다.

아문센이 이끄는 탐험대는 1911년 12월 14일에 남극에 도착했다. 탐험대원 다섯 사람 모두가 이 모험에 자신들의 목숨을 걸었다는 것을 인정하는 의미에서 아문센은 다섯 사람이 함께 노르웨이 국기를 꽂아야 한다고 주장했다.

아문센이 승리의 기쁨을 만끽하고 있을 때, 스콧과 대원들은 자신들이 이미 경주에서 패한 것도 모른 채 힘든 싸움을 계속하고 있었다. 스콧은 아문센에 비해 남극에서 약 110킬로미터 더 먼 곳에서 출발했을 뿐더러, 개와 함께 조랑말로 짐을 나르기로 하면서 더 격차가 벌어졌다. 그로 인해 그들은 '1톤 캠프'라고 이름 붙인 마지막 식량 저장소를 목표했던 것보다 40킬로미터 덜 미친 곳에 설치할 수밖에 없었다. 이를 포함한 몇 가지 실수와 계산 착오가 치명적인 결과를 낳았다.

1912년 1월 3일, 스콧은 늦은 시기에 갑작스런 결정을 내린다. 원래 남극점 정복 팀은 4명으로 계획되어 있었는데, 알 수 없는 이유로 한 명을 더 추가하겠다고 발표한 것이다. 썰매에는 4명분의 물품만 준비되어 있었고, 텐트도 4인용으로 설계되어 있었다. 따라서 이 계획은 상황을 더 복잡하게 만들었다. 스키도 4세트만 가져왔기 때문에 남극점 정복 팀 전체의 이동 속도는 추가된 1명이 걷는 속도에 맞춰질 수밖에 없었다.

스콧과 대원들은 1912년 1월 17일에 남극점에 도달했다. 아문센이 남극점에 도달한 지 35일 뒤였다. 노르웨이 팀의 텐트를 발견한 스콧은 이렇게 적었다. "세상에. 이곳은 정말 끔찍한 곳이다. 거기에다 엄청난 고생 끝에 왔는데도 처음이 아니라니. 이제 집에 돌아가는 일과 필사적인 싸움만 남았다. 이겨 낼 수 있을지 모르겠다."

그들은 이겨 내지 못했다. 대원 한 명이 한 달 후 혼수상태에 빠져 사망했다. 다음 달에는 두 번째 대원 티투스 오아테스Titus Oates가 심한 눈보라 속으로 걸어간 뒤 돌아오지 않았다. 심각한 동상 때문에 고통을 받고 있던 오아테스가 자기 때문에 나머지 대원들의 이동이 더 이상 지체되지 않도록 목숨을 버린 것이 분명했다.

3월 19일, 심한 눈보라가 살아남은 3명을 에워쌌다. 그들은 '1톤 캠프'에서 겨우 18킬로미터가량 떨어진 곳에 있었다. 그들이 가진 식량은 단 이틀분뿐이었다. 3월 29일, 스콧은 일지에 이렇게 적었다. "우리는 끝까지 버틸 것이다. (…) 그 끝이 멀지 않다. 신이여, 우리 대원들을 보호하소서."

8개월 뒤, 남극 탐험대의 생존자들은 남극점 정복 팀의 텐트를 발견했다. 그곳에서 스콧과 대원 두 명을 찾아냈을 때, 그들의 썰매에는 약 13킬로그램에 달하는 지질학 표본들이 실려 있었다. 이 표본늘이 그늘을 죽음에 이르게 한 주된 원인은 아니다. 그 돌들이 과학적으로 중요한 가치를 지녔을지도 모른다. 그러나 그 돌들은 그것들을 운반하면서 동시에 경주를 마무리하려고 한 시도가 얼마나 이율배반적인지를 상징적으로 보여 준다.

세 영웅에게서 배우는 리더십 교훈

지금까지도 많은 사람들이 남극 탐험 이야기에 매료되어 있다. 사람들은 오랜 기간 스콧을 영웅적인 인물로 생각했다. 그러나 20세기가 끝날 무렵, 역사학자들은 그가 보인 리더십에 의문을 던지기 시작했다.

스콧은 영웅이 아니라 판단 실수로 남극 정복에 실패하고 대원들의 목숨까지 희생시킨 서투른 아마추어로 생각되었다. 아문센은 그가 오로지 승리에만 집착했고, 거짓말로 승리를 훔쳤다고 비난을 받았다. 그리고 1909년 남극점 도달 직전에 후퇴했던 섀클턴은 애국심이 부족하다는 이유로 공격을 받았다. 자신과 대원들의 목숨을 희생하지 않아 외국인이 경주에서 이길 수 있도록 했다는 것이다. 그러나 그는 이후 634일간에 걸친 고난을 뚫고 대원 전원을 무사히 돌아오게 함으로써 탁월한 리더로 부상했다.

이 세 사람 중에 최고의 리더 단 한 명을 꼽을 수 있을까? 만일 그렇다면 그들의 남극 탐험에서 우리가 끌어낼 수 있는 본질적인 교훈은 어떤 것일까?

목표를 분명히 하라

아문센이 원래 가지고 있던 꿈은 북극에 가장 먼저 발을 딛는 것이었다. 그러나 쿡Frederick Cook과 피어리가 먼저 북극점에 도달해 버리자 아문센은 즉시 남극점으로 관심을 돌렸다. 이 새로운 목표가 그의 탐험의 전부가 되었다. 최초로 남극점에 도달한다는 확고하고 단일한 목표 속에서 아문센은 계획을 세우고 우선순위를 정했다. 어떤 타협도 않는 확고한 목표 덕분에 그는 남극에 가장 먼저 도달할 수 있었고, 또 대원들을 무사히 집으로 돌려보냈다.

그에 비해 스콧은 목표가 명확하지 않았다. 과학적인 성취를 위해 그는 남극 탐험 역사상 가장 능력이 뛰어난 과학자들과 최고의 장비로 팀을 꾸렸다. 그러면서도 그는 탐험대의 또 다른 목적 중 하나가 대영제국의 영광을 위해 남극점에 최초로 도달하는 것이라고 말했다. 스콧은 이 두 가지 목표를 동시에 달성하려다 경주에 졌다. 남극점을 향한 행군과 과학적인 연구는 동시에 이룰 수 있는 목표가 아니었다.

새로운 아이디어를 받아들여라

아문센과 스콧의 경주에서 배울 두 번째 교훈은 혁신에 관한 것이다. 혁신은 새로운 아이디어를 받아들이는 열린 자세와 경험에서 배우는 능력이 서로 결합되며 생긴다. 혁신이라는 관점에서 볼 때, 아문센의 리더십과 섀클턴과 스콧 두 사람의 리더십 사이에는 커다란 차이가 있었다.

아문센과 노르웨이 탐험대의 성공은 스키, 개, 의복, 식단 등 극지 탐험에 대비한 우수한 기술 덕분이었다. 영국인들은 스키에 대해 아는 것이 별로 없었다. 노르웨이 탐험대원들에게 스키는 일상적인 삶의 한 부분이었다. 그럼에도 아문센은 평생 스키 타는 기술을 갈고 닦았다. 과거 벨지카 호의 사례에서 배우고 에스키모들로부터 새로운 아이디어를 얻으면서, 아문센은 극지 생활과 여행에 필요한 기술들을 체계적으로 습득했다. 그 결과 놀랍게도 그의 남극 탐험은 일상적인 행동인 듯 이루어졌고, 스콧이 견뎌야 했던 혹독한 기후도 피할 수 있었다.

아문센과는 대조적으로 스콧과 섀클턴은 이미 효과가 검증된 좋은 방법들을 사용하는 데 소극적이었다.

1902년 그들이 처음 남극점 정복을 시도할 때 최고의 기술을 사용하지 않은 것은 그래도 이해할 수 있다. 사용할 장비를 사전에 시험해 보지 않았다는 스콧의 말은 여전히 놀랍긴 하지만 말이다. 그러나 그 이후 탐험에서도 그들이 충분히 검증되지 않은 방법을 계속해서 사용한 것은 이해하기가 어렵다.

스콧은 자신이 과거의 실수에서 배웠다고 믿었지만 증거들은 그렇지 않다는 것을 보여 준다. 이후 탐험에서 섀클턴과 스콧은 모터 썰매와 조랑말을 사용해 봤지만 실패했고, 두 사람 모두 개와 스키를 효과적으로 사용하지 못했다. 결국 두 사람은 사람이 직접 썰매를 끄는 방법에 의존할 수밖에 없었다. 느리고 체력을 많이 소진시키는 방법이었다.

스콧은 젊음이 주는 가능성과 체력을 갖고 있었지만 새로운 아이디어에 대한 열린 자세를 갖지는 못했고, 실수에서 무언가를 배우는 능력도 없었다. 마지막으로 남긴 말에서도 그는 그들이 겪은 비극을 오직 불운 탓으로 돌리고 있다. 스콧의 긴 여정은 탐험대원들을 가혹한 날씨에 시달리게 했다. 동일한 조건이었지만 아문센은 신속하게 이동함으로써 불운을 피할 수 있었다. 아문센의 성공은 우연이 아니었다. 세심하게 잘 짜인 계획, 준비, 경험 덕분이었다. 아문센은 이렇게 말한다.

가장 커다란 승리 요인은 아마 탐험 채비를 한 방식, 어려움을 사전에 예측하고 그 어려움에 부딪치거나 회피할 대책을 강구한 방식에 있을 것이다. 모든 것을 완벽하게 준비한 사람에게는 승리가 기다리고 있다. 사람들은 그것을 행운이라고 말한다. 필요한 준비를 소홀히한 사람은 패배할 수밖에 없다. 사람들은 그것을 불운이라 부른다.

팀원들의 지혜를 활용하라

스콧은 상황을 분석하고 결론을 이끌어 내는 것이 리더인 자신의고유한 책임이라고 믿었다. 혼자 결정했고, 어떤 결정을 내렸는지는최후의 순간까지 비밀에 부쳤다. 남극점 정복 팀에 한 사람을 추가한 결정이 대표적이다. 스콧은 다른 사람들의 의견을 의사결정에 활용하지 않았다. 스콧의 탐험대원들은 의사결정 과정에 참여하지 못했기 때문에 그가 왜 그런 결정을 했는지 잘 알지 못했다.

아문센과 섀클턴은 그 점에서 스콧과 극명한 대조를 이룬다. 아문센과 섀클턴 두 사람 모두 팀원들에게 아이디어를 구하는 일을 중요하게 생각했다. 그 결과 그들은 충분한 정보를 갖고 의사결정을할 수 있었다. 또한 그렇게 아이디어를 구하는 과정 자체가 팀원들에게는 스스로가 상황을 통제한다는 느낌을 갖게 했고, 팀원들은더 커다란 주인 의식을 갖고 헌신하게 되었다.

탁월한 리더는 팀이 일체감을 갖도록 한다

남극 탐험 이야기들을 살펴보면 탁월한 리더가 이끄는 팀은 강한일체감을 갖는다는 것을 알 수 있다. 그 일체감으로 인해 팀은 도저히 이겨 낼 수 없을 것 같은 어려움에 봉착하더라도 모두 한마음이되어 힘을 모은다. 이러한 면에 있어서도 스콧은 섀클턴이나 아문센과 달랐다. 스콧도 팀 내 소수의 멤버들에게는 일체감을 갖게 하는 데 성공했다. 비극적 종말을 맞은 남극점 정복 팀이 최후의 순간까지 함께였다는 것을 보면 알 수 있다. 그러나 스콧은 팀원들과 거리를 두었고, 지위를 중시했으며 일방적으로 결정을 내리고는 했다. 이런 그의 스타일은 팀이 일체감을 갖는 데 장애물이 되었다.

섀클턴과 아문센 두 사람이 이끄는 탐험대에도 불화가 없었던 것은 아니다. 그러나 두 사람은 자신의 역량을 발휘해 팀을 하나로 뭉치게 만들었다. 섀클턴은 패기만만한 데가 있었고, 아문센은 매사에 절제하는 성격이었다. 그러나 그들이 팀을 단합시키기 위해 보여준 행동들은 놀랄 만큼 비슷했다. 그들은 팀원들의 감정 상태에 무척 예민했고, 팀원들의 사기가 떨어지면 개입했다. 둘 다 갈등을 다루는 데 능숙했고, 문제를 일으킬 가능성이 있는 대원들을 잘 관리했다. 또한 그들은 계급이나 사회적 지위보다 개인의 역량을 더 중시했다. 자질구레하고 힘든 일은 대원들과 함께했고, 결코 다른 대원들로부터 스스로를 격리시키지 않았다. 이런 행동들은 실질적이면서도 상징적이어서, 팀에 '우리는 하나'라는 메시지를 불어넣었다. 스콧은 팀원들의 감정 상태를 잘 파악하지 못했다.

그러나 이 유명한 탐험가들은 몇 가지 중요한 특징을 공유하고 있는데, 그것은 바로 이 세 사람 모두 불굴의 인내력과 결단력, 그리고 용기를 통해 고난을 견뎠다는 것이다. 이 자질은 어떠한 상황에 처한 리더든 그들의 성공과 실패를 좌우하는 결정적인 요인이다.

성공과 실패를 보는 관점

수많은 극한상황을 헤쳐 나가야 하는 오늘날의 리더들이 던질 법한 의문이 있다. 바로 섀클턴은 성공한 리더인가 아니면 실패한 리더인가 하는 점이다. 그는 남극 탐험 역사상 가장 위대한 모험에서 대원들을 안전하게 이끌었다. 그러나 당초 목표를 달성하지는 못했다.

어떤 사람들은 남극의 얼음 상황이 그토록 좋지 않았다면 사우스조지아 섬에서 출발하지 말아야 했고, 탐험대가 더 우수한 장비를 갖추어야 했다고 주장한다. 또한 그가 애초에 만일의 사태에 제대로 대비하지 못했다고 말한다. 그러나 한편으로 섀클턴을 리더로 존경하는 사람들도 있다. 이 사람들은 그가 리더로서 갖추어야 할 모든 것을 갖추고 있었다고 믿는다.

나는 섀클턴을 성공한 리더 또는 실패한 리더로 나누려는 시도는 문제의 초점을 잃은 것이라고 생각한다. 그의 탐험대가 원래의 목표를 달성했는지의 여부도 논쟁거리가 아니다. 섀클턴이 리더로서 성공했는지의 여부는 결코 단순히 확답할 수 있는 문제가 아니다. 그 대답은 섀클턴이 보여 준 리더십을 어떤 기준으로 판단하느냐에 따라 다르다.

한 개인으로서 섀클턴이 비범한 결단력과 강인함을 보여 주었다는 점에 대해서는 의심할 여지가 없다. 또한 그는 그 이상의 것을 해냈다. 그는 굶어 죽기 직전의 상황에서도 마지막 비스킷 한 조각을 기꺼이 나누어 먹으려 한, 유대가 강한 팀을 만들어 냈다. 또한 섀클턴과 그의 팀은 일치단결하여 엄청난 장애물들을 극복했다. 비록 남극대륙 횡단에는 실패했지만, 섀클턴은 대원들을 모집할 때 홍보 문안에 기록했던 약속(인듀어런스 호를 타는 사람들은 명예를 얻고 인정을 받게 될 것이라는)을 지켰다.

성공을 측정하는 척도에 따라 섀클턴은 성공한 리더 또는 실패한 리더, 혹은 양쪽 모두로 여겨질 수도 있다. 그런데 나는 섀클턴의 사례와 이 책에 나온 다른 사례들이 제기하는 더욱 중요한 질문은 훨씬 더 개인적인 차원에 있는 것이라고 생각한다. 즉 당신은 리더로서 어떤 기준을 가지고 자신의 성공을 측정하느냐는 것이다. 당신 자신의 성과를 측정하는 기준이 무엇이냐는 것이다.

원래의 목표를 달성했는지를 기준으로 두고 성공을 측정하는 것이 가장 분명한 방법일 것이다. 그러나 이 측정법도 막상 적용시켜 보면 얼핏 생각하기보다 훨씬 복잡하다. 당신의 목표 달성 여부는 당신 자신의 노력과 능력뿐 아니라 외부의 상황(비유적으로 말하자면 바다와 얼음의 상태)에도 영향을 받는다.

다른 변수들도 있다. 당신이 목표한 바의 난이도는 어떤가? 어느 정도까지 이루어야 성공이라고 할 수 있을 것 같은가? 상대적으로 이루기 쉬운 사안을 목표로 설정함으로써 성공 가능성을 높일 수도 있을 것이다. 이러한 전략은 성공의 가능성을 높여 주지만 극한상황 리더십의 핵심과는 멀리 떨어져 있는 것이다.

탐험 정신, 즉 새로운 세계를 개척하고 한계를 극복하려는 정신을 가져야 정상에 도달할 수 있다. 탐험은 본질적으로 예상치 못한 사안들로 인해 목표를 변경할 수밖에 없는 가능성을 내포하고 있다.

물론 실패와 불확실한 상황을 좋아하는 사람은 아무도 없다. 특히 오늘날의 비즈니스 환경에서는 더더욱 그렇다.

나는 만일 크리스토퍼 콜럼버스가 CEO로서 월스트리트의 투자 분석가들과 만났다면 어떤 질문을 받았을지 상상해 보았다.

콜럼버스 씨, 당신은 일본을 향해 떠날 때 아시아에 무역 기지를 건설하고, 중국 황제와 관계를 구축한 뒤 향료와 금을 싣고 돌아오겠다고 약속했습니다. 그러나 당신은 이 중 어떤 것도 이루지 못했습니다. 당신은 전혀 엉뚱한 곳에 상륙했고, 옥수수와 면, 해먹… 그리고 담배만 약간 가지고 돌아왔습니다. 물론 당신은 새로운 세계를 발견했을지도 모릅니다. 하지만 당신은 약속을 지키지 못했습니다. 이 보잘것없는 성과를 어떻게 설명하시겠습니까?

불행하게도 새로운 세계를 찾아 나서는 일(지리적인 문제에서든, 경제적인 문제에서든)은 본질적으로 위험하고 불확실하다. 모든 일이 정확하게 계획된 대로 된다는 보장이 없다. 더욱이 목표의 난이도를 설정할 방법도 없다. 그러나 확실한 것은 비범한 일(극한상황으로 나아가는)을 하고자 하는 사람은 위대한 목표를 세운다는 것이다. 그리고 자신이 노력해 이룬 결과를 다른 사람들이 실패라고 생각한다 해도 그리 신경 쓰지 않을 것이다.

이와 같이 성공 여부를 판단하는 데에는 많은 기준들이 있을 수 있다. 그중 몇 가지를 예로 들자면 다음과 같다.

- 공표한 목표를 달성했는가
- 목표를 변경하였다면, 새로운 목표는 달성했는가
- 과감히 도전했는가
- 실패를 피하지는 않았는가
- 명예를 얻고 인성을 만났는가
- 경제적 성공을 이루었는가
- 동료들에게 충실했는가

이러한 기준들 중 어떤 것이 중요한지 그리고 각 기준들이 어떻게 평가되어야 하는지를 결정해야 한다. 궁극적으로 그 평가는 가치관에 따라 달라질 것이다. 그리고 그 가치관들이 다시 리더의 행동을 결정할 것이다.

칼럭 탐험대의 리더인 스테팬슨은 북극 탐험 초기에 다음과 같이 선언했다.

> 탐험대의 목적 달성이 대원들의 무사 귀환보다 더 중요하다. 탐험대의 생명을 지키기 위해 최대한 주의를 기울여야 하겠지만, 탐험대의 후원자들은 물론 탐험대원들마저도 생명보다는 목표 달성을 더 우선으로 생각한다.

이러한 가치관을 지니고 있었기 때문인지 스테팬슨은 대원들을 버리고 홀로 떠났고, "제1차 세계대전으로 수백만 명이 죽었음을 생각해 보면 과학의 발전을 위해 10여 명이 죽은 일은 사소한 것"이라고 주장하며 대원들의 죽음을 하찮은 것으로 말할 수 있었다. 그는 그 비극이 자신의 오만과 직무유기, 무능한 리더십 때문에 벌어진 일이라는 점에 대해서는 아무런 언급도 하지 않았다. 그러니 스테팬슨의 시각에서 보면 탐험은 대성공이었다. 그는 탐험을 통해 북극에 대한 새로운 사실들을 많이 밝혀냈으며, 이렇게 밝혀진 사실들이 다시 그의 야심을 북돋았다.

스테팬슨이 칼럭 호와 그 승무원들의 운명에 무관심했던 것과는 정반대로, 섀클턴은 대원들을 무사히 귀환시키는 데 온 힘을 기울였다. 인듀어런스 호가 침몰한 날 밤 섀클턴은 텐트에서 뜬눈으로 밤을 지새며 오로지 자신에게 주어진 새로운 책임에 온 정신을 집중했다.

이제 내게 주어진 일은 대원들을 무사히 고향으로 데리고 가는 것이다. 그 목적을 위해 나는 내 모든 에너지와 정신력을 바치고, 그동안 탐험 경험에서 얻은 모든 지식을 동원해야 한다. 길고도 험난한 여정을 거쳐야 할 것이다. 단 한 명도 잃지 않고 무사 귀환하기 위해서는 냉정을 잃지 말아야 함은 물론 철저한 계획이 뒤따라야 한다.

바로 이러한 책임감 때문에 그는 항상 자신보다 대원들을 먼저 생각했다. 그는 자신의 장갑과 부츠를 벗어 그것을 더 필요로 하는 대원들에게 주었고 항상 제일 먼저, 그리고 가장 오랫동안 경계 임무를 서고는 했다.

보트를 타고 사우스조지아 섬까지 항해하는 동안에도 섀클턴은 남겨 두고 온 대원들의 안전을 걱정했다. 그는 출발하기 전 프랭크 워슬리에게 이렇게 털어놓았다. "스키퍼, 만일 저들이 나를 기다리는 동안 무슨 일이 벌어진다면 나는 살인자가 된 기분일 거야." 이러한 책임감 때문에 그는 사우스조지아 섬에 도착한 뒤에도 지칠 줄 모르고 구조선을 구하러 다녔고, 마침내 엘리펀트 섬에 남아 있는 동료들을 구할 수 있었다.

이처럼 섀클턴이 대원들을 진정으로 배려하고 생각했기에, 섀클턴은 죽을 때까지 대원들로부터 흔들리지 않는 충성심을 이끌어 낼 수 있었다. 워슬리는 이렇게 말했다.

섀클턴을 기억하기 위해 강풍이 몰아치는 사우스조지아 섬의 언덕 위에 우리가 세운 그의 묘비와 무덤을 바라보며 (…) 나는 그의 모든 업적과 승리 중에서도 그의 한 가지 실패가 가장 찬란하게 빛나는 것을 느꼈다. 그는 목숨을 건 철저한 자기희생으로 대원들 한 사람 한 사람의 목숨을 구했다.

다른 사람들이 그의 업적을 어떻게 생각하든지 간에 섀클턴과 가장 가까운 사람들이 리더로서, 그리고 동료로서 그를 어떻게 느꼈는지에 대해서는 의심의 여지가 없다.

나는 섀클턴을 포함하여 인간의 한계에 직면했던 여러 사람들이 우리에게 참으로 귀중한 유산을 남겨 주었다고 믿는다. 이들이 남긴 유산은 이 책에서 언급한 리더십 전략 그 이상의 것이다. 우리는 다른 사람의 경험에서 교훈을 얻음으로써 가치관을 명확히 정립하고 어떤 종류의 리더가 될 것인가에 대해 생각해 볼 수 있다. 그렇게 우리 스스로에 대해 생각하고 정의를 내려 봄으로써, 목표했던 정상에 도달할 가능성을 높일 수 있을 것이다.

Leading
at the edge

리더십을 키우기 위한
몇 가지 도구들

리더십 능력 측정표 / 리더십 계발 계획 세우기

리더십 탐험 지도 / 숨은 갈등 파악하기

합기도에서 배우는 갈등 해소 전략

부록에서는 리더십을 계발하고 학습을 지속하는 데 도움이 될 몇 가지 도구들을 다룬다. '리더십 능력 측정표'는 앞부분에서 명시한 10가지 전략을 당신이 얼마나 실천하는지 평가하는 도구이다. 이 표는 당신 스스로 자신이 어떠한 성향의 리더인지 생각해 보게 하기 위해 만들어진 것이다. 물론 이 표가 당신의 리더십 능력에 대한 최종 평가라고는 할 수 없을 것이다.

그러나 당신은 이 표를 통해 자신의 능력을 되돌아봄으로써 효과적으로 피드백을 받을 수 있을 것이다. 나는 다른 사람들에게 나를 대상으로 이 표를 작성해 달라고 하여, 이 표가 내 리더십 스타일에 대해 많은 것을 알게 해 주는 효과적인 자료임을 알게 되었다.

두 번째 도구는 '리더십 계발 계획 세우기'다. 이 도구는 '리더십 능력 측정표'를 통해 얻은 결과와 제1부의 '탐험일지'에 당신이 답한 내용을 종합하여 리더십 계발을 위한 계획을 수립하도록 도와준다.

'숨은 갈등 파악하기'에서는 '테이블 위의 사슴' 모델을 사용하는 방법을 자세히 안내함으로써 생산성과 팀워크를 떨어뜨리는 장애요인을 파악하는 것을 돕는다.

'합기도에서 배우는 갈등 해소 전략'에서는 갈등의 원인이 파악된 문제들을 해결하는 방법을 배운다. 합기도의 원리를 응용한, 갈등 해소에 대한 새로운 관점을 제공한다.

리더십 능력 측정표

특정 상황에 처하거나 리더 역할을 맡았을 때 스스로 어떻게 행동하는지 한번 생각해 보면서 질문에 답해 보자. 당신이 어떻게 리더십을 발휘하는지, 업무 중의 곤경에 처할 때 어떤 식으로 자기 자신이나 조직을 격려하고 이끄는지 등을 미리 생각해 보면 도움이 될 것이다.

각각의 질문에 다음과 같이 점수를 주면 된다.

> 1점   전혀 그런 일이 없으며 사실이 아니다.
> 2점   좀처럼 그런 일이 없다.
> 3점   가끔 그런 일이 있다.
> 4점   자주 그런 일이 있다.
> 5점   거의 항상 그렇다.

만약 질문에 대답하기 어려운 경우에는 스스로 생각하는 자기의 모습에 가장 가까운 항목에 답을 하면 된다.

1. 조직의 미래와 방향에 대한 명확한 그림을 가지고 있다. ① ② ③ ④ ⑤

2. 강력한 메시지를 전달하기 위해 상징이나 이미지를 활용한다. ① ② ③ ④ ⑤

3. 구성원들에게 낙천성과 자신감을 불어넣는다. ① ② ③ ④ ⑤

4. 충분히 수면을 취하고, 규칙적으로 운동하며, ① ② ③ ④ ⑤

   좋은 음식 등을 먹음으로써 체력을 유지한다.

5. 단합의 중요성을 강조한다. ① ② ③ ④ ⑤

6. 허드렛일도 기꺼이 떠맡고는 한다. ① ② ③ ④ ⑤

7. 갈등을 잘게 쪼개어 해소함으로써 긴장을 완화시킨다. ① ② ③ ④ ⑤

8. 어려운 상황에서도 축하할 일을 찾는다. ① ② ③ ④ ⑤

9. 필요한 위험이라면 감수한다. ① ② ③ ④ ⑤

10. 곤경에 처하더라도 인내심을 발휘한다. ① ② ③ ④ ⑤

11. 조직의 미래와 방향을 구성원들에게 명확히 전달한다. ① ② ③ ④ ⑤

12. 행동함으로써 모범을 보인다. ① ② ③ ④ ⑤

13. 직면한 상황을 냉철하게 판단한다. ① ② ③ ④ ⑤

14. 실수로 인한 죄책감을 금방 떨친다. ① ② ③ ④ ⑤

15. 각 구성원이 어떻게 조직에 기여하는지 명확히 ① ② ③ ④ ⑤

    설명할 수 있다.

16. 팀 구성원들 간에 위화감을 불러일으킬 수 있는 ① ② ③ ④ ⑤

    특권을 최소화한다.

17. 구성원들이 갈등보다는 해결해야 할 문제에   ① ② ③ ④ ⑤

  초점을 맞추도록 함으로써 불필요한 다툼을 피하게 한다.

18. 적절한 유머로 긴장을 완화시킨다.   ① ② ③ ④ ⑤

19. 과감하게 새로운 아이디어를 시도한다.   ① ② ③ ④ ⑤

20. 구성원들에게 미래를 위한 희망의 메시지를 전달한다.   ① ② ③ ④ ⑤

21. 구성원들의 에너지를 현실적인 단기목표에 집중시킨다.   ① ② ③ ④ ⑤

22. 비유나 사례를 들어 자신의 생각을 전한다.   ① ② ③ ④ ⑤

23. 반대 의견이나 부정적 시각의 좋은 점을 고려한다.   ① ② ③ ④ ⑤

24. 일상생활 속에서 항상 몸과 마음을 새롭게 한다.   ① ② ③ ④ ⑤

25. 회의나 특별 행사에 전 구성원을 참여시킨다.   ① ② ③ ④ ⑤

26. 구성원들을 진정으로 존중하고 배려한다.   ① ② ③ ④ ⑤

27. 문제를 일으키는 구성원이나 나와 대척점에 있는·   ① ② ③ ④ ⑤

  사람과도 자주 접촉한다.

28. 구성원들 간의 정기적인 사교 활동 기회를 제공한다.   ① ② ③ ④ ⑤

29. 실수를 통해 배운다는 생각을 적극 강조한다.   ① ② ③ ④ ⑤

30. 어려운 상황이 발생했을 때 한발 물러나   ① ② ③ ④ ⑤

  창의성을 살릴 수 있도록 격려한다.

점수 환산

1단계 : 각 질문에 대한 당신의 점수를 아래 표에 적어 보자. 각 전략마다 세 개의 질문이 할당되어 있다. 세 가지 질문의 점수를 합산하라.

전략 1	목표
질문	점수
1	....
11	....
21	....
총점	( )

전략 2	상징과 솔선수범
질문	점수
2	....
12	....
22	....
총점	( )

전략 3	낙천성과 현실 파악
질문	점수
3	....
13	....
23	....
총점	( )

전략 4	자기 관리
질문	점수
4	....
14	....
24	....
총점	( )

전략 5	팀 메시지
질문	점수
5	....
15	....
25	....
총점	( )

전략 6	예의와 상호 존중
질문	점수
6	....
16	....
26	....
총점	( )

전략 7	갈등 해소
질문	점수
7	....
17	....
27	....
총점	( )

전략 8	사기 진작
질문	점수
8	....
18	....
28	....
총점	( )

전략 9	위험 감수
질문	점수
9	....
19	....
29	....
총점	( )

전략 10	창의성과 대안
질문	점수
10	....
20	....
30	....
총점	( )

2단계 : 1단계에서 얻은 각 전략별 총점을 다음 표에 기록하라.

	목표	상징과 솔선수범	낙천성과 현실 파악	자기 관리	팀 메시지	예의와 상호 존중	갈등 해소	사기 진작	위험 감수	창의성과 대안
15										
10										
5										
1										

리더십 분석 가이드

1. 측정표에서 특별히 높거나 낮은 점수를 기록한 부분이 있는가?

2. 만일 그렇다면 그 전략의 개별 질문들을 면밀히 분석한 뒤 당신의 모습을 파악해 보라.

3. 10가지 전략 중 당신의 강점, 즉 가장 잘 계발된 전략은 무엇인가?

4. 보다 강화하거나 추가로 계발해야 할 전략은 무엇인가?

리더십 계발 계획 세우기

탐험을 할 때 지도는 매우 유용하다. 리더십을 계발하는 데 필요한 지도를 지금 건네줄 것이다. 그 지도는 다음과 같은 5단계로 구성되어 있다.

1. **평가** : 당신은 지금 누구인가?
2. **비전** : 당신은 누구이기를 원하는가?
3. **장애물 극복** : 당신의 길을 가로막는 장애물은 무엇이며
   그 장애물들을 어떻게 극복할 것인가?
4. **행동** : 목표를 달성할 구체적인 방법은 무엇인가?
5. **유지** : 어떻게 어려움에 대처하며 사기를 유지할 것인가?

물론 이 단계들은 그저 가이드에 불과할 뿐이다. 실제 리더십 능력은 저 단계에 따라 순차적으로 계발되지 않는다. 예를 들자면 당신은 목표를 명확히 함으로써(비전) 아마도 내가 누구인지 알 수도 있을 것이다(평가). 다음에 나오는 질문과 훈련들은 각각의 단계에 맞는 전략을 구사할 수 있도록 함으로써 당신의 리더십 능력 계발에 도움을 줄 것이다.

1. 평가

1) 리더로서 당신의 강점은 무엇인가? 극한상황에 있는 조직을 이끈다고 가정할 때, 당신은 어떠한 강점을 가지고 있다고 할 수 있는가? (기술, 지식, 인간성 등)

2) 당신이 계발해야 할 필요가 있는 리더십 기술은 무엇인가? 즉, 계발함으로써 리더로서의 능력을 증대시킬 수 있는 기술은 무엇인가?

3) 당신에게 힘을 준다고 생각하는 활동, 즉 당신의 힘을 증진시키고 당신이 본능적으로 즐거워하는 활동은 무엇인가?

4) 당신의 핵심 가치는 무엇인가? 즉, 당신의 리더십에 방향과 의미를 부여하는 신념은 무엇인가?

2. 비전

1) 당신의 비전이 미래의 어느 때에 이루어진다고 상상해 보라. 그렇게 함으로써 당신은 리더로서 당신이 가진 잠재력을 깨닫고 구성원들이 최고의 성과를 달성하도록 이끌 수 있다.

2) 당신 자신이 누구인지, 그리고 무엇을 할 것인지 상세하고 생생하게 기록하라. 당신이 좋아하는 일상은 어떤 것인가? 그러한 일상을 보낼 때 당신은 무엇을 생각하고 느끼는가? 그 이미지를 최대한 상세하게 포착하도록 하라.

3) 당신이 추구하는 비전의 본질을 드러내는 한 문장을 적어 보라.

4) 당신의 목표를 상징화할 구체적인 이미지가 있는가?

3. 장애물 극복

1) 당신과 당신의 목표 사이에 놓인 장애물은 무엇인가? 이 장애물은 외부적인 것일 수도 있고, 내부에서 당신이 가진 능력의 최대치를 발휘하지 못하게 막는 어떤 것일 수도 있다. 그 장애물들의 목록을 작성하고 각 장애물을 '나는…'이라는 문장 형태로 표현해 보자(예를 들어, 나는 내성적이기 때문에 카리스마를 가진 리더가 될 수 없다).

2) 가장 문제가 되는 장애물은 무엇인가? 당신은 이 장애물을 어느 정도나 통제할 수 있는가?

3) 이 장애물을 처리할 아이디어를 가능한 한 많이 떠올려 보라. 친구나 동료에게서 도움을 받을 수도 있다. 아이디어를 얻기 위한 다른 방법들로는 다음과 같은 것들이 있다.

- 기회라고 생각해 보기 : 그 문제에 어떤 기회가 숨어 있지는 않은가?
- 비유를 이용하기 : 문제를 구체적인 이미지(예를 들어 담벽, 산, 얼음 덩어리)로 비유해 보라. 이러한 상징을 이용함으로써 해결책을 찾을 수도 있다.
- 잘게 쪼개기 : 문제를 잘게 쪼개 보라. 이제 문제 해결을 위한 실마리를 찾을 수 있는가?

4. 행동

1) 당신은 비전을 수립한 뒤 장애물을 극복하기 위한 일련의 전략들을 계발했다. 이제 비전을 향해 나아갈 행동 계획을 세워야 한다. 행동 계

획은 다음과 같아야 한다.

- 구체적이어야 한다. 예를 들어 '갈등 해결 기술을 키운다'와 같은 광범위한 목표보다는 '모 대학에서 개설한 갈등 해결 세미나를 듣는다'와 같이 구체적으로 목표를 설정해야 실천하기에 좋다.
- 긍정적이어야 한다. 어떤 것을 회피한다거나 하지 않는 것이 아니라 적극적으로 무엇을 해야 하는 것이다.
- 달성 가능한 것에 도전해야 한다. 포부를 크게 가져라. 단, 비현실적인 기대는 금물이다.

2) 장기적 목표(3~5개년 계획)와 단기적 목표(6개월 내지 1년 계획)를 동시에 세우는 것이 도움이 될 것이다.

5. 유지

리더십 계발을 지속하는 데 도움이 될 만한 것들을 적어 보라. 다음 질문들에 답해 보라.

1) 리더십을 강화하기 위해 다른 사람들로부터 어떻게 도움과 지원을 얻을 것인가?

2) 약점과 장애물을 극복하기 위한 대안은 무엇인가?

3) 목표의 진전 상황을 언제, 어떻게 점검할 것인가?

4) 단계적 성과에 대해 어떻게 스스로 보상하고 축하할 것인가?

5) 목표에 계속 집중하도록 도와주는 구체적인 상징물은 무엇인가?

리더십 탐험 지도

커다란 종이를 꺼내 놓고 당신의 탐험을 보여 주는 도표를 그려라. 출발점은 당신 자신이 지금 서 있는 곳이다. 목적지는 당신의 비전이다. 당신이 가야 할 길을 그리고 나서 중요한 중간 목표들과 장애물, 그 장애물을 극복할 방법 그리고 목표 달성 예정일을 함께 표시한다. 항상 창의적이 되도록 노력하고 풍부한 상상력과 함께 생생한 이미지를 활용하라.

숨은 갈등 파악하기

리더들이 직면하는 핵심 이슈 중의 하나는 어떻게 하면 탐험의 속도를 떨어뜨리는 숨은 갈등을 찾아낼 수 있는가 하는 것이다. 갈등 원인을 찾을 때까지 문제는 계속 악화될 가능성을 안고 있다. 갈등에 대해 토론하고 궁극적으로는 해결까지 할 수 있는 안정된 절차를 만들어야 한다. 리더가 진정으로 문제를 이해하고 차근차근 해결해 가고 싶다면 아래와 같은 방법이 도움이 될 수 있다.

7장에서 설명한 것처럼, 사슴은 누구나 알고 있지만 누구도 이야기하지 않는 잠재된 갈등을 의미한다. 예를 들어 성과 문제, 비효율적인 조직 구조, 그리고 혼란스런 메시지를 전하는 리더십 행동 같은 것들이다. '사슴 찾기'의 목적은 이런 문제들이 공개적으로 다루어질 수 있도록 찾아내는 것이다.

언뜻 생각하면 숨어 있는 갈등을 '사슴'으로 비유하는 것이 부자연스럽게 느껴질 수도 있다. 그러나 사슴 비유는 종종 사슴 인형 그리고 심지어 사슴 울음소리와 함께 사용되기도 하는데 실제로 이와 같은 방법은 무척 효과적이었다.

'사슴 찾기'를 하기 전에 먼저 세 가지 질문을 해 봐야 한다. 첫 번째 질문은 지금이 적절한 시점인가 하는 것이다. 숨겨진 갈등을 찾아낼 필요가 있더라도 탐험 도중 눈사태를 만났다면 그칠 때까지 기다리는 것이 올바른 선택일 것이다. 두 번째 질문은 솔직한 피드백을 받아들일 자세가 되어 있는가 하는 것이다. '사슴 찾기'는 리더와 팀원들이 문제에 대해 솔직하게 이야기하고 함께 해결책을 찾으려고 할 경우에만 효과가 있다.

세 번째 질문은 '사슴 찾기' 뒤에 알아낸 문제를 그룹 토론에서 다루는 것이 좋은가 아니면 각 개인과 따로 논의하는 것이 좋은가 하는 것이다. 주의할 점은 그룹 토론이 필요한 사안을 한 사람씩 따로 만나 해결하지 않는 것이다. 그룹 전체의 문제라면 팀 전체가 함께 모여 대화해야 한다. 이 세 가지 질문에 대한 답이 나왔다면 다음 단계는 '카우보이'를 선정하는 것이다. 카우보이는 조직을 잘 이해하는 사람으로 중요한 이슈에 관해 믿고 이야기할 수 있는 사람이어야 한다. 리더와 직속 상하관계가 아닌 사람이 좋다. 카우보이의 역할은 '사슴 찾기'를 위해 토론이 필요한 주요 이슈를 수집하는 것이다.

카우보이가 선정되면 리더는 조직원들을 모아 사슴 찾기 활동의 개념, 절차, 그리고 이 활동에서 기대하는 결과를 설명한다. 질문이나 걱정되는 것이 있으면 서슴없이 이야기하도록 한다. 이때 리더가 신뢰할 수 있는 분위기를 조성하고 걱정되는 일이 있을 경우 처리해 주겠다는 진정성을 보이는 것이 중요하다.

그다음 카우보이는 팀원들에게 워크시트를 배부, 기록하도록 요청한다. 다음 페이지에 있는 워크시트 양식에서 보듯이 사슴은 1에서 10으로 평가되는데 1은 '약간 거슬림'이고 10은 '극도로 큰 문제'를 의미한다. 워크시트는 무기명으로 작성, 카우보이에게 제출하는데 이때 가장 중요한 것이 작성자의 비밀 보호다. 팀원들 중에는 글씨체 때문에 자신의 신원이 노출될지 모른다고 걱정하는 사람이 있을 수 있다.

워크시트가 모두 제출되면 카우보이는 팀원들이 작성한 내용을 십세한다. 각 이슈의 점수는 팀원들이 적은 점수의 평균값이다. 예를 들어 한 이슈가 네 팀원의 워크시트에 적혀 있다면, 그 이슈에 대한 각 팀원들의 점수를 합한 후 넷으로 나눈다. 카우보이와 리더는 큰 값부터 작은 값

순으로 정리된 사슴 리스트를 검토한다. 카우보이와 리더가 사슴 리스트를 검토하기에 가장 적절한 시점은 팀 전체 토론 직전이다. 리더는 토론에서 어떤 이슈들이 제기될지 알 필요가 있지만 너무 빨리 알아서 과도하게 깊이 생각하지 않는 것이 바람직하다.

사슴에 해당되는 이슈들이 파악되면 리더와 팀원들은 그 이슈들에 대한 해결책을 찾는다. 해결책을 찾아내는 데 시간이 걸릴 수 있지만, 갈등이 일단 밖으로 드러나면 그 갈등은 더 이상 '사슴'이 아니다. 공개적으로 토론할 수 없는 비밀이어야만 '사슴'이기 때문이다.

'사슴 찾기' 워크시트

'사슴'은 누구나 알고 있지만 아무도 이야기하지 않는 숨어 있는 갈등을 의미한다. 아래 칸에 조직 내에 숨겨져 있는 이슈 또는 갈등을 적어라. 그다음 각각의 '사슴'을 1에서 10으로 평가하라. 1은 '약간 거슬림'이고, 10은 '극도로 큰 문제'를 말한다.

사슴	평가(1~10)

합기도에서 배우는 갈등 해소 전략

갈등 해소에 관해서는 다양한 사고방식이 존재한다. 리더에게 주어진 과제는 특정한 상황을 올바르게 보는 제대로 된 렌즈를 찾는 것이다. 갈등을 보는 한 가지 방법은 갈등을 전쟁에 비유하는 것이다. 이 경우 항상 승자와 패자가 존재한다. 이런 관점은 전투에는 적합하지만 조직 내의 갈등에는 잘 들어맞지 않는다. 함께 협력해서 일하는 동료를 적으로 볼 수는 없기 때문이다.

조직 내의 갈등은 서로 반대 의견을 가진 사람들이 모두의 욕구를 동시에 충족시키는 창조적인 해결책을 찾기 위해 함께 노력할 때 가장 잘 해결될 수 있다. 문제는 이처럼 건설적인 파트너십을 형성하고 유지하는 것이 말처럼 쉽지 않다는 것이다. 갈등은 많은 사람들에게, 심지어 경험이 많은 경영자들에게도 본능적으로 두려움을 느끼게 하고 그로 인해 효과적으로 문제를 해결하는 것을 어렵게 만든다.

나는 리더들이 위축되어 어디로 숨거나, 매사에 유연성을 잃고 대응하면서 분노를 표출하는 모습을 보아 왔다. 신체적인 폭력을 휘두르는 경우도 있었다. 이와 같은 부정적인 반응을 극복하는 것이 쉽지는 않지만 불가능한 것은 아니다. 갈등을 효과적으로 해결하기 위해 리더는 다음과 같이 하지 않으면 안 된다.

- 부정적 반응을 유발하는 상황을 조심한다.
- 갈등을 건설적으로 해결할 수 있는 전략을 갖춘다.
- 그 전략을 머릿속으로 연습한다.

- 갈등 상황을 갈등 해결 기술 향상의 기회로 여긴다.

갈등 해결 능력을 향상시키는 것은 어려운 일이어서 우리가 일반적으로 사용하는 사고의 틀을 벗어나야 할 때도 있다. 나는 합기도에서 갈등 해결에 도움을 주는 원리를 발견했다.

합기도의 뿌리는 고대로 거슬러 올라가지만, 현재 사용하는 무술은 20세기 초 일본의 유명한 무술가 모리헤이 우에시바에 의해 만들어졌다. 합기도는 '상대방의 정신 또는 에너지와 조화를 이루는 방법'이라는 의미다. 합기도의 고유한 특징 중 하나는 상대방을 해치지 않으면서 자신을 보호해야 한다는 도덕적 의무를 지니고 있다는 점이다. 실제로 합기도를 수련하는 사람들은 상대방의 힘에 직접 맞부딪치는 대신 상대의 힘을 나의 힘과 합친 후 그 힘의 방향을 바꾸는 방법을 배운다. 이는 원윈의 결과를 필요로 하는 조직에서 갈등을 해결할 때 특히 도움이 되는 방식이다.

합기도의 갈등 해결 방식은 서로 받아들일 수 있는 해결책을 찾아내는 것이 중요한 상황일 때 효과가 크다. 즉 상대방과 긍정적인 관계를 유지할 필요가 있고, 시간 투입을 정당화할 만한 가치가 있는 상황이다. 이러한 조건이 충족될 경우, 아래와 같은 방식은 긍정적인 결과를 내는 데 도움을 준다.

1. 의식을 확장하라

- 나 자신을 안다. 갈등에 대한 자신의 반응을 이해한다. 즉 스스로에게 어떤 이야기를 하고, 자신이 무엇을 느끼고, 어떻게 행동하는지 안다. 자신의 감정적 방아쇠가 무엇이고, 그 방아쇠가 언제 공격적이고 부적절한 행동을 유발하는지 파악한다.

- 상대방을 안다. 상대방이 과거에는 갈등에 어떻게 반응했고, 여러 가지 다른 접근 방식에 어떻게 반응했는지 파악한다. 상대방의 감정적 방어쇠가 당겨질 가능성에 대해서도 검토한다. 어떤 것들이 상대방에게 부정적인 반응을 불러일으킬 것인가? 어떻게 그 상황을 피할 수 있는가?

- 상황을 파악한다. 이 문제는 대결을 해야 할 문제인가 아니면 맥니쉬의 항명처럼 대응이 불필요한 문제인가? 경우에 따라서는 사슴 리스트에 포함시킬 필요도 없이 그냥 피하는 것이 더 쉬운 해결책일 수도 있다. 감정적인 충돌 상황에서는 이 선택지를 거의 생각해 보지 않겠지만 합기도에서는 이렇게 자주 상대방과의 충돌을 피한다.

2. 균형을 유지하고 마음의 안정을 잃지 말라

- 자신의 공간을 유지하라. 의미 없는 갈등 상황은 피해야 되겠지만 그렇다고 해서 동네북이 될 필요는 없다. 상대방이 당신을 마음대로 좌지우지하도록 내버려 두지 말라.

- 긴장을 풀어라. 어려운 이슈를 다룰 때는 자연히 긴장하게 된다. 근육이 긴장하고 있는지 살펴라. 어깨가 치켜 올라가 있지는 않은가?

- 심호흡을 하라. 깊은 복식호흡은 요가와 무술에서 신비한 힘을 가진 것으로 묘사되기도 한다. 몇 차례 숨을 깊이 들이쉬고 천천히 내뱉어 보라. 깊고 느린 호흡은 놀랄 만큼 긍정적인 영향을 미친다.

- 자신과 대화하라. 감정적인 동요를 가져오는 문제를 처리하기 전에 마음의 안정 유지에 도움이 되는 짧은 말을 생각해 두라. "침착해" "속지 마" "10까지 숫자를 세자" 같은 말을 사용할 수 있다.

- 유머를 이용하라. 긴장을 해소하는 데 유머가 얼마나 중요한 역할을

하는지는 8장(함께 웃을 일을 만들라)에서 설명한 바 있다. 유머는 갈등 해소에도 큰 도움을 준다. 명심할 것은 유머가 재미없어서는 안 되고, 상대방을 조롱하는 무기로 사용되어서도 안 된다는 것이다.

- 올바른 대화 장소를 찾아라. 이야기가 다른 사람들에게 들리는 번잡한 곳이 아닌, 편안하고 조용한 환경을 골라라. 힘의 균형이 깨지는 것을 막을 수 있도록 유불리가 없는 중립적인 장소를 선택하라.
- 올바른 시간을 택하라. 적절한 시간에 '사슴 찾기'를 하는 것이 중요한 것처럼, 갈등도 스트레스 요인들이 적은 시간에 해결해야 한다.
- 마음의 안정을 회복시켜 주는 상징을 활용하라. 갈등을 해결하기 전에 자신이 어떻게 행동할 것인지 그리고 상대방에게 어떤 모습으로 보이고 싶은지 미리 생각해 두라. 예를 들자면, 자신이 땅에 굳게 뿌리를 내리고 있지만 부드럽게 흔들리는 대나무라고 상상해 보라. 자신이 갈등을 효과적으로 잘 해결하는 사람이라고 상상하고 그 이미지를 머릿속에 담고 있을 수도 있다.

3. 상대방과 나의 생각을 합쳐라

- 적대적이지 않은 방식으로 갈등을 처리하라. 어떤 이슈에 관해 대화를 할 때는 온전히 집중하고, 자신의 태도를 결정하라. 상대방이 검토할 수 있도록 내 의견을 분명하게 이야기하라.
- 상대방의 관점에서 상황을 볼 수 있도록 진정성을 갖고 노력하라. 대답하기 전에 먼저 상대방이 한 말을 정확하게 이해하라. 상대방이 이야기를 먼저 요약한 후에 대답을 하는 것은 무척 유용한 대화 기법이다.
- 현재 상황에서 서로 합의할 수 있는 것이 무엇인지 찾아라. 아무리 작은 것이라도 합의할 수 있는 것을 찾으면 대화를 진전시킬 수 있다.

4. 긍정적인 해결책을 마련하는 데 에너지를 사용하라

- 이상적인 갈등 종료 상황을 시각화하라. 유명한 드라이빙 스쿨의 창립자인 스킵 바버Skip Barber는 다음과 같이 말했다. "쳐다보는 곳으로 가게 된다. 가고 싶은 곳을 쳐다봐라." 합기도 사범들도 이 말과 유사한 행동을 한다. 그들은 학생들에게 시각화를 통해서 '기'를 키우도록 한다. 성공적인 해결책을 머릿속으로 선명하게 그리는 것은 갈등이 고조된 상황에서 중요한 길잡이 역할을 한다.

- 공격을 받으면 공격으로 대응하지 말고 자신의 입장을 유지하라. 갈등을 키울 수 있는 자극적인 말을 하지 말라. 인정하고 대화를 진전시켜라.

- 과거보다는 현재와 미래에 초점을 맞춰라. 누가, 무엇을, 언제 했는지 따지는 것은 합의에 도달한다는 목적에서 멀어지게 할 뿐이다.

- 상대방이 체면을 잃지 않고 입장을 바꿀 수 있는 기회를 제공하라. 퇴로를 제공하고, 상대방이 잘못했다는 것을 증명하려고 하지 말라.

- 모든 사람의 목표를 동시에 충족시키는 대안을 찾아라. 여러 의견을 통합하는 제3의 대안 또는 통합적인 해결 방안을 강구하라.

- 새로운 차원의 가치 창출을 통해 교착 상태에서 벗어나라. 자신이 양보할 수 있는 것, 즉 상대방에게는 중요하지만 나에게는 피해가 크지 않은 것을 찾아 유연성을 발휘하라.

- 공동의 목표에 관한 합의를 수정해 가라. 서로 의견이 일치하는 것들에 상대방의 에너지와 관심을 돌리면서 계속해서 서로 의견을 통합해 가라.

지은이 데니스 N.T. 퍼킨스

데니스 N.T. 퍼킨스 박사는 애너폴리스의 미 해군사관학교를 졸업한 뒤 하버드 대학에서 MBA를 취득했고, 미시건 대학에서 심리학 박사학위를 받았다. 이후 예일 대학에서 교수로 일하다 기존의 리더십 관련 연구들이 경영 현장과 괴리된 모습을 보고 새로운 리더십 모델을 연구, 섀클턴을 이상적인 리더로 제시하며 세계적인 명성을 얻는다. 현재는 극한상황 리더십 교육에 중점을 둔 컨설팅 회사 '신크레틱스 그룹 Syncretics Group'의 대표로 재직하며 아메리칸 익스프레스, 시티은행, 코닝, 존슨& 존슨, 제록스 등 많은 유명 기업들의 리더십 컨설턴트로 활약하고 있다.

옮긴이 최종옥

최종옥은 한국외국어대학교를 졸업하고 서강대학교 대학원에서 경제학을 공부했다. 대한항공 국제금융팀을 거쳐 코카콜라 자금부장을 지낸 그는 현재 북코스모스 대표이자 프리랜서 번역가로 활동 중이다. 옮긴 책으로 『유럽 제국주의 경제학』 『나는 3M에서 일하고 싶다』 『어니스트 섀클턴 자서전 SOUTH』 『섀클턴 평전』 등이 있다.

옮긴이 홍성화

홍성화는 고려대학교 경영학과와 연세대학교 교육대학원을 졸업하고 숭실대학교에서 평생교육학 박사학위를 받았다. 현대건설, 현대인재개발원, 현대휴먼플러스에서 일했으며 현재 중부대학교 교수로 재직 중이다. 옮긴 책들로는 『Maximum Achievement 잠들어 있는 성공시스템을 깨워라』 『존 맥스웰 리더십 불변의 법칙』 『선략석 세일스』 『널낭을 생샥하나』 등이 있나.